Liselotte Schweiger

Ein Leben für die Tiere

Erinnerungen

Copyright: © 2019: Michaela Schweiger
Lektorat: Erik Kinting – www.buchlektorat.net
Umschlag & Satz: Erik Kinting

Verlag und Druck:
tredition GmbH
Halenreie 40-44
22359 Hamburg

978-3-7482-4471-4 (Paperback)
978-3-7482-4472-1 (Hardcover)
978-3-7482-4473-8 (e-Book)

Bibliografische Information der Deutschen Nationalbibliothek:
Die Deutsche Nationalbibliothek verzeichnet diese Publikation in der Deutschen Nationalbibliografie; detaillierte bibliografische Daten sind im Internet über http://dnb.d-nb.de abrufbar.

Wie sagt man so schön: *Gesundheit ist nicht alles, aber alles ist nichts ohne Gesundheit.* Richtige Tierliebe ist ein Geschenk Gottes, denn sie kann uns viel Glück im Leben geben. Tierliebe ist nicht erlernbar, man hat sie oder man hat sie nicht. Manchmal schlummert sie in einem Menschen und wird durch bestimmte Umstände wachgerufen.

Es gibt verschiedene Arten von Tierliebe oder *sogenannter Tierliebe*. Die verbreitetste Art ist die, die nur ein Tier betrifft, meist Hund oder Katze. Die werden verhätschelt und teilweise vermenschlicht. Für andere reicht es nicht mehr. Die andere Variante ist genauso extrem: möglichst viele Tiere in Käfigen zu halten; Meerschweinchen, Ratten, Hasen und dergleichen, die sich dann lustig vermehren, bis man der *Plage* nicht mehr gewachsen ist. Günstigstenfalls landen sie dann im Tierheim oder werden tragischerweise anderweitig entsorgt. Nicht viel anders ergeht es dem lieben Federvieh. Wie viele Vögel fristen ein trauriges Dasein, alleine in eine Ecke gestellt, obwohl doch jeder weiß, dass Vögel Gesellschaftstiere sind und ihresgleichen brauchen, um glücklich zu sein.

Das Tier in der heutigen Gesellschaft ist ein Verbrauchsobjekt und wird nach Lust und Laune gekauft und wieder weggeworfen. Der Tierhandel boomt und die Züchter verdienen sich goldene Nasen. In meinen Augen müsste es verboten sein, Tiere in Schaufenstern auszustellen, um damit Kaufinteresse zu wecken. Aber inzwischen sind sie ja im Internet verfügbar und man kann sie sich schicken lassen.

Jedes Tier ist ein Individuum und hat das Recht, artgerecht gehalten zu werden. Ich denke hier nicht an Nutzvieh, sondern an Tiere, die der Freude des Menschen dienen und als *bester Freund* gehalten werden. Nebenbei bemerkt: Was heute mit dem Nutzvieh gemacht wird, ist haarsträubend, und es ist nicht verwunderlich, dass sich Krankheiten wie BSE, Schweinepest oder Vogelgrippe verbreiten. Fleischliebhaber sollten sich einmal in einem Kälbermast-, Schweinezuchtbetrieb oder einer Geflügelfarm umsehen, das wird so manchen zum Vegetarier machen.

Dieses Buch handelt aber nur von Tieren, die aus reiner Tierliebe gehalten wurden.

Jeder Mensch hat eine andere Vorstellung beziehungsweise bevorzugt ein anderes Tier als Freund. Ich kenne Leute, die lieben ihren Wellensittich über alles und behandeln ihn auch dementsprechend. Sobald man sich mit einem Tier intensiv beschäftigt, für das Tier also *Artersatz* ist, fühlt sich auch ein einzelner Wellensittich wohl. Die echte Tierliebe betrifft die gesamte Tierwelt, jedes Tier auf seine Art.

Ich persönlich habe Angst vor Spinnen, würde aber nie eine töten. Wenn eine im Haus ist, rufe ich meinen Mann, der sie an die frische Luft setzt, oder ich nehme Schaufel und Besen und befördere sie selbst raus.

Ich muss zugeben, dass manche *Experimente* die ich anfangs mit meinen Tieren gemacht habe, nicht ganz ungefährlich waren und nicht zum Nachahmen geeignet sind. Heute würde ich vieles anders machen. Teilweise habe ich sehr viel Glück gehabt, dass nichts passiert ist. Ich denke aber, dass meine Tiere trotz der Strapazen, die teilweise aus Unerfahrenheit entstanden – doch glücklich waren.

Wie alles anfing

1938 wurde ich in München geboren. Meine Eltern waren beide aus Köln, hatten sich in derselben Firma kennengelernt und wurden nach München versetzt, wo sie dann heirateten. Mein Vater stammte aus einer naturverbundenen Familie, die Haus, Garten, Tiere usw. hatte. Er war sehr tierlieb. Meine Mutter kam aus einem sehr musikalischen Haushalt und hatte zu Tieren überhaupt keine Beziehung. Für sie war jedes Tier unrein. Wir wohnten in einer schönen Wohnung in München-Obersendling, einer Gegend, wo man sich noch wie auf dem Lande fühlte, in der Nähe des Tierparks Hellabrunn.

Als mein Vater in den Krieg ziehen musste, machte er sich große Sorgen um uns. Er hatte einen Kriegskameraden, der in der Nähe von Oberammergau in einem kleinen Dorf wohnte. Dieser arrangierte es, dass wir dort eine ehemalige Wirtschaft mieten konnten. Meine Mutter war zwar sehr dagegen – sie war ein reiner Stadtmensch –, aber die nächtlichen Angriffe in München wurden immer intensiver und mein Vater bestand auf der Evakuierung.

So wuchs ich mehr oder weniger auf dem Lande auf – es war für mich die schönste Zeit meines Lebens.

Wenn meine Mutter mich suchte, brauchte sie nur bei unserem Nachbarn in den Stall zu gehen, dort war ich zwischen Pferden und Kühen. Im Sommer waren die Viehweiden mein Spielplatz. Selbst der Bauer schwitzte manchmal Blut und Wasser, wenn ich bei dem Bullen war, aber kein Tier tat mir etwas zuleide. Die Bauernkinder hatten für mich kein Verständnis, lachten mich aus und hänselten mich. Zudem hatte ich rote Haare, was noch ein Grund mehr zum Ärgern war. Ich war aber glücklich in meiner Welt und die Tiere mochten mich.

In dieser Zeit wurde mein Bruder geboren und ich war sehr glücklich darüber, nicht mehr alleine zu sein. Wir liebten uns sehr – auch heute noch – und er war damals der Einzige, der meine Tierliebe teilte.

Ein paar Jahre nach Kriegsende gingen wir wieder nach München in unsere ehemalige Wohnung. Wir wohnten etwas außerhalb an der Peripherie, gleich in der Nähe befand sich ein großer Bauernhof. Der Bauer hatte zwar viele Kühe, die auch auf der Weide grasten, doch für mich waren die Tiere tabu. Ich durfte weder in den Stall noch auf die Weide, weil das zu gefährlich war. Hin und wieder unternahm ich einen Versuch, ein Tier mit nach Hause zu bringen, was aber meist scheiterte, da meine Mutter kein Tier in der Wohnung duldete. So brachte ich eines Tages ein kleines Kätzchen mit, das mir der Bauer geschenkt hatte. Umgehend musste ich die kleine Katze wieder zurückbringen, da meine Mutter eine Abneigung gegen Katzen hatte. Von einer Freundin bekam ich eine kleine weiße Maus geschenkt, die meine Mutter sofort in der Toilette versenkte. – Das habe ich ihr nie verziehen.

Nun musste ich mir etwas anderes einfallen lassen. In unserer Nachbarschaft war eine Kohlenhandlung, die von einem Kettenhund bewacht wurde. Diese bemitleidenswerte Kreatur war Tag und Nacht angekettet, das Fressen wurde ihm mit einer Stange hingeschoben, da die Besitzer Angst vor ihrem eigenen Hund hatten. Das Fell war verfilzt – es war ein Riesenschnauzer – und das Halsband viel zu eng. Nach langem Bitten und Betteln waren die Besitzer und meine Eltern einverstanden, dass ich mich um den Hund kümmern durfte.

Da ich überhaupt keine Angst hatte und der Hund anscheinend froh war, etwas Zuspruch zu bekommen, passierte gar nichts. Er schaute mich zuerst zwar misstrauisch an, nahm das Stück Wurst aber ganz ruhig aus meiner Hand und ließ sich streicheln. Der Bann war gebrochen. Ich freundete mich mit ihm an und war jeden Tag bei ihm. Nach einer gewissen Zeit wartete er schon auf mich und empfing mich mit freudigem Gebell. Inzwischen durfte ich ihn schon von der Kette lassen und wir tollten auf dem Grundstück umher. Die Besitzer kamen aber nicht mit dazu und hatten nach wie vor Angst vor ihm. Er ließ sich sogar von mir in einem großen Wasserscheffel baden, das Fell wurde gebürstet und teilweise geschnitten und er sah aus wie *neu*. Durch gutes Zureden konnte ich die Besitzer sogar überzeugen, dass sie ihn in der Nacht frei laufen ließen. Spazieren gehen durfte ich nicht mit ihm, das war zu gefährlich.

Im Grunde war Rex, so hieß er, kein böser oder bissiger Hund, er war nur das Produkt seiner Erziehung. Er wurde von seinen Besitzern nur schlecht behandelt und nebenbei noch geärgert, wenn er an der Kette war. Er war für mich der liebste Spielkamerad. Unser Glück dauerte allerdings nur drei Jahre, dann starb er an Altersschwäche. Wir hatten uns viel zu spät kennengelernt. Ich haderte damals mit dem Schicksal, hatte ihm aber die letzten Jahre seines Lebens doch noch etwas erträglicher gemacht.

Mein Wunsch nach einem eigenen Hund war aber nach wie vor unerschütterlich. Jedes Jahr zu Weihnachten wünschte ich mir einen Hund. Meine Mutter war aber in dieser Beziehung unerbittlich.

Mein Drang nach einem Hund war so stark, dass ich auf der Straße freilaufende Hunde ohne Begleitung ansprach und mit nach Hause nahm. Einmal erwischte ich einen Schäferhund, der sehr lieb war. Meine Eltern waren beide nicht zu Hause und so konnte ich ihn ungehindert mitbringen. Als mein Vater nach Hause kam und die Tür aufsperrte, stand der Hund Zähne fletschend und knurrend vor ihm und ließ ihn nicht in die Wohnung. Von da an war auch das vorbei.

Als es meinen Eltern zu viel wurde – jedes Jahr zu Weihnachten der gleiche Zirkus, immer Tränen – bekam ich einen Wellensittich. Er war blau und hatte ein schönes gelbes Gefieder. Wir nannten ihn *Maxi*. Maxi hatte zwar einen schönen Käfig, durfte aber den ganzen Tag fliegen. Er wurde sehr zahm, konnte sprechen und wir hatten unseren Spaß mit ihm. Es war ein ausgesprochen lustiger Vogel und den ganzen Tag um uns herum.

Einmal im Jahr besuchte meine Mutter ihre Verwandten im Rheinland. Sie hatte sich mittlerweile auch an Maxi gewöhnt und mochte ihn sehr gern. Beim Abschied gab sie uns noch Ratschläge wegen des Futters – besondern wegen dem Salat, den wir nicht vergessen durften – und dass wir aufpassen sollten, wenn die Fenster geöffnet wurden, dass Maxi dann im Käfig sei. Wir versprachen alles zu beachten und Mama fuhr guten Mutes ins Rheinland.

Die ersten Tage funktionierte alles bestens, aber Kinder machen halt ab und zu Fehler, in diesem Falle wurde das Fenster geöffnet, ohne an Maxi zu denken. Als wir es merkten, war es schon zu spät und Maxi flog auf Nimmerwiedersehen davon. Trotz Suchanzeige und Flugblättern an allen möglichen und unmöglichen Orten blieb Maxi verschwunden. Nun musste unbedingt ein neuer Vogel her. Wir bekamen auch einen ähnlich aussehenden Wellensittich, doch er hatte nicht das gelbe Gefieder. Zudem war er sehr scheu und konnte auch nicht sprechen.

Meine Mutter kam nach zwei Wochen zurück und ihr fiel gleich auf, dass Maxi kein gelbes Gefieder mehr hatte und auch nicht sprechen konnte. Auf ihre Frage, weshalb sich der Vogel so verändert hätte, sagten wir, dass wie nicht soviel Zeit für ihn hatten und ihm ab und zu keinen Salat gaben.

Am nächsten Tag kam eine Schulfreundin von mir, und fragte meine Mutter, ob wir den Vogel wiederhätten, wegen dem überall

Zettel hingen. Nun mussten wir mit der Wahrheit rausrücken und bekamen eine gehörige Standpauke.

Der neue Maxi bekam zwar nie ein gelbes Gefieder, wurde aber genauso zahm und nett wie sein Vorgänger. Wir hatten auch mit ihm viel Freude und er starb eines natürlichen Todes.

Mittlerweile hatte ich mich damit abgefunden, keinen eigenen Hund zu haben. Nun hatte ich eine neue Möglichkeit entdeckt, mit Hunden zusammen zu sein: In der Nachbarschaft waren mehrere Hunde, deren Besitzer teilweise berufstätig waren und die mein Angebot, mit den Hunden Gassi zu gehen, freudig annahmen.

Zu meinen neuen Schützlingen gehörte unter anderem eine schwarz-weiße Dogge namens *Blitz*, eine braune Setterhündin, *Senta*, und der kleine Dackel *Batzi*. Die drei Hunde waren sehr gut erzogen und ich hatte kein Problem, mit allen gleichzeitig spazieren zu gehen. Im Nachhinein wundere ich mich noch heute, wie ich als Kind, ich war ja gerade erst 14 Jahre alt, so gut klargekommen bin, zumal ich stundenlange Spaziergänge machte und die Hunde auch frei laufen ließ.

Unser Vierergespann bestand so lange, bis nach und nach einer nach dem anderen in die ewigen Jagdgründe abtrat. Batzi war der Letzte und es war jedes Mal ein schmerzliches Erlebnis.

Mein Berufsziel war eigentlich Tierärztin. Aus verschiedenen Gründen wurde nichts daraus, zumal ich in der Schule auch nicht allzu fleißig war. Da ich mit Kindern sehr gut umgehen konnte, entschloss ich mich, Kinderpflegerin zu werden. Als Anreiz versprachen mir meine Eltern – wenn mein Staatsexamen gut ausfiele – einen eigenen Hund. Ich lernte und büffelte, das Examen fiel super aus und so stand dem eigenen Hund nichts mehr im Wege.

In dieser Zeit waren meine Mutter und mein Bruder wieder einmal bei unseren Verwandten im Rheinland. Eigentlich sollten wir warten, bis sie wieder zurück waren, da sie über unseren neuen Hausgenossen mitentscheiden wollten. Ich konnte es aber vor Ungeduld nicht mehr aushalten und so entschlossen wir uns, schon vorher unseren neuen Mitbewohner auszusuchen.

Einen Tag nach dem Examen fuhren mein Vater und ich ins Tierheim nach Karlsfeld. Ich wollte nur einen Hund aus dem Tierheim. Wir fuhren morgens los, waren mittags da und standen vor geschlossener Pforte – Mittagspause. Damit die Zeit verging, gingen wir in eine Wirtschaft zum Mittagessen. Der Wirt setzte sich zu uns und wir sprachen über den Grund unseres Hierseins. Freudig überrascht erzählte er uns, dass er Foxterrier züchte und gerade einen Wurf zum Verkauf hätte. Er wollte uns auch einen sehr guten Preis machen. Er führte uns zu dem Zwinger und die Hundebabys waren wirklich allerliebst. Mein Vater war sofort bereit, einen zu kaufen, und animierte mich, mir einen auszusuchen. Insgeheim wusste er wahrscheinlich schon, was ihm noch bevorstand, und hatte Angst davor. Er hatte die Rechnung aber ohne mich gemacht: Mein Entschluss stand fest, ich wollte nur einen Hund aus dem Tierheim. Mein Vater war zwar etwas sauer, denn die Hunde gefielen ihm sehr gut, aber er akzeptierte meine Haltung und wir verabschiedeten uns von dem verkaufstüchtigen Wirt.

Im Tierheim empfing uns dann ein ohrenbetäubendes Gebell. Eine Mitarbeiterin führte uns an den Boxen mit den Hunden vorbei – es war furchtbar. Aus der ganzen Hundeschar konnte ich nur einen aussuchen und mitnehmen. Aus jedem Zwinger sahen uns traurige Augen an, die bettelten: *Nehmt mich mit.*

In einem Käfig war ein besonders wild bellender und jaulender Hund. Ich blieb vor ihm stehen, schob meine Hand durch das Gitter und versuchte, den Hund zu streicheln. Er hörte sofort mit dem

Bellen auf und schleckte meine Hand ab, schaute mich einen Moment ganz ruhig an, bellte dann aber sofort wieder weiter.

Der war es!

Mein Vater sagte entsetzt: »Der doch wohl nicht! Schau nur, wie der aussieht.«

Na ja, gut sah er nicht aus. Das Gesäuge hing ihm runter, das Fell war stumpf, die Ohren demoliert … aber der Blick.

Die Mitarbeiterin nahm ihn an die Leine und wir gingen ins Büro. Dort war man über meine Wahl sehr erstaunt, aber auch sehr froh, denn es war eine sehr aufsässige und aggressive Hündin. Jeder atmete auf, dass sie wegkam. Die Leiterin des Heimes erzählte uns dann, dass dieser Hund vor Kurzem Junge hatte, die aber schon alle weg waren. Die Hündin selbst war etwa fünf Jahre alt, hieß *Schätzchen* und gehörte einem Amerikaner, der wieder nach Amerika zurückging und sie hier abgab. Die Rasse war undefinierbar, Boxer aber vorherrschend. Beim Abschied schob die Leiterin dem Hund noch eine Tablette ins Maul.

Wir zahlten eine Spende, füllten den Vertrag aus und ich hatte meinen Hund. Noch heute kann ich mich erinnern, was ich damals für ein Glücksgefühl empfand. Ich war der glücklichste Mensch auf Erden – endlich ein eigener Hund!

Der Name paßte natürlich überhaupt nicht. Mein Vater sagte, ich könne auf der Straße doch nicht *Schätzchen* rufen, wer sich da alles angesprochen fühlen würde. So nannten wir sie Lassie, nach dem damaligen Fernsehhund. Sie hatte zwar mit dem Filmhund nichts gemein, war aber für mich der schönste und liebste Hund der Welt.

Lassie ging gut an der Leine, ab und zu schaute sie uns an und konnte es anscheinend gar nicht fassen, dass sie nicht mehr in diesem Gefängnis war. Sie lief neben uns her, als ob wir schon immer zusammengehört hätten. Wir fuhren vom Tierheim direkt nach

Hause, damit wir dort noch spazieren gehen konnten und Lassie ihre neue Umgebung kennenlernte.

In unserer Wohnung angekommen, musste sie sich erst mal genau orientieren und schnuppern, ob doch nicht noch ein anderer Mitbewohner da sei. Nachdem alles zu ihrer Zufriedenheit ausfiel, legte sie sich auf ihr Lager und schaute uns erwartungsvoll an: Etwas zum Fressen wäre nicht schlecht. Da ich alles schon vorbereitet hatte, gab ich ihr Futter, was sie sofort verschlang. Dann legte sie sich auf ihren Platz und wir aßen zu Abend. Anschließend ging ich noch Gassi mit ihr.

Nach einem ausgiebigen *Schmuseabend* mit Lassie gingen mein Vater und ich ins Bett. Lassie lag auf ihrem Platz, als ob sie schon immer da gewesen wäre.

Als ich am nächsten Morgen aufwachte, hörte ich meinen Vater laut schimpfen und lamentieren: »Da hätte ich doch besser in die Hose gesch…, als diesen Hund genommen.«

Zaghaft kam ich in die Küche und sah die Bescherung: Lassie hatte einen Haufen hingelegt, hinter dem hätte sich eine fünfköpfige Familie verstecken können. Ehrlich gesagt war ich auch sehr erschrocken und es war mir vor meinen Vater sehr unangenehm. Es war aber passiert. Lassie war nicht zu sehen. Sie hatte sich im äußersten Winkel der Küche unter der Bank versteckt und sah uns sehr schuldbewusst an.

Man brauchte sie nicht auszuschimpfen, denn sie wusste genau, dass sie etwas Schlimmes gemacht hatte. – Hunde machen nicht mit Absicht in die Wohnung, es ist für sie genau so unschön wie für Menschen. Ich machte die Bescherung weg und sah Lassie dabei strafend an.

Das war der einzige Ausrutscher in ihrer Laufbahn bei uns. Ich denke, dass die Tablette, die sie im Tierheim bekommen hatte, der Auslöser war.

Nach acht Tagen kamen meine Mutter und mein Bruder zurück. Gemeinsam mit Lassie holten wir sie vom Bahnhof ab. Voller Spannung, was sie zu unserem neuen Hausgenossen sagen würden, warteten wir am Bahnsteig. Als meine Mutter den Hund sah, verschlug es ihr die Sprache. Da ich sie aber so flehend ansah, gab sie ihr Einverständnis und alles war gut. Mein Bruder schloss gleich Freundschaft mit Lassie, da sie anscheinend merkte, dass beide zur Familie gehörten.

Lassie wurde der Liebling der Familie und sie dankte es mit ihrer Treue und Liebe. Meine Mutter gewöhnte sich auch an sie und mochte sie sehr.

Zwei Episoden sind mir noch heute gut im Gedächtnis:

Lassie ging auf alles los, was sich bewegte. Sie mochte andere Hunde überhaupt nicht und fing sofort an zu raufen, sobald ihr einer zu nahe kam. Mit Katzen war es genauso.

Eines Tages machten wir eine Wanderung in der Nähe eines kleinen Dorfes. Vor der Dorfwirtschaft saßen ein paar Leute, unterhielten sich und vor ihnen lag ganz friedlich in der Sonne schlafend eine Katze. Lassie sah sie und stürzte wie von der Tarantel gestochen auf sie los. Die Katze sprang mit einem Satz durch das offene Fenster über Kommoden und Schränke in die Stube. Man hörte einen ohrenbetäubenden Lärm von Krügen, Tellern und Gläsern, die zu Bruch gegangen waren. Mein Vater pfiff Lassie sofort zurück, rief sie zur Ordnung und leinte sie an. Dann kamen die Wirtsleute aus dem Haus – die Katze vor ihnen, mit einem riesigen Buckel – und forderten uns auf, den Hund nochmals von der Leine zu lassen. Wir ergriffen aber mit Lassie die Flucht, nachdem sich die Situation geändert hatte und für uns doch sehr bedrohlich wirkte. Die Katze war im Umgang mit Hunden wohl sehr geübt und wir wollten es nicht zu einer Rauferei kommen lassen. Außerdem waren wir nicht gewillt, die Rechnung für das zerbrochene Geschirr zu bezahlen. In dieser Gegend sind wir nie wieder gewandert.

Meine Mutter hatte einen Bruder, der blind war. Jedes Jahr besuchte er uns für einige Wochen. Da er schlecht schlafen konnte, hatte er die Angewohnheit, nachts aufzustehen und in der Wohnung spazierenzugehen. Eines Nachts, wir schliefen alle, öffnete Lassie die Schlafzimmertür meiner Eltern – was bis dahin noch nie passiert war – und stupste meinen Vater so lange, bis er aufstand. Als er in die Küche kam, lag dort mein Onkel völlig hilflos auf dem Boden und konnte sich nicht mehr bewegen. Der herbeigerufene Notarzt stellte zwar keine lebensbedrohende Situation fest, doch hatte der Hund meinen Onkel vor größeren Schwierigkeiten bewahrt.

Lassie war der perfekte Familienhund. Wenn Besuch kam, musste man allerdings aufpassen. Sie merkte sofort, wenn Leute keine Tiere mochten. Wir hatten eine Nachbarin, die ab und zu kam, die konnte sie absolut nicht leiden. Sie tat ihr zwar immer recht schön, aber sie durfte sie nicht streicheln oder berühren. Das war die einzige unangenehme Seite von Lassie.

Sie wurde 13 Jahre alt und musste, da sie völlig verkrebst war, eingeschläfert werden. Mein Vater und ich brachten sie in die Universitätstierklinik in der Königinstraße. Damals habe ich meinen Vater zum ersten Mal weinen gesehen, als er mit dem Halsband und der Leine von Lassie aus dem Behandlungszimmer kam. Ich selbst war zu feige, um mit dabei zu sein. Von der Trauer meines Vaters war ich sehr erschüttert.

In der Zeit, als Lassie noch lebte, verbrachte ich ein Jahr als Aupair-Mädchen in der Schweiz. Dort hatte ich drei Kinder zu betreuen. Wir wohnten in Zürich und ich hatte ein kleines ebenerdiges Appartement gegenüber des Nachbarhauses meiner Ersatzfamilie. Abends ab 19:00 Uhr hatte ich frei, ebenso Samstags ab 14:00 Uhr bis Montagmorgen.

Da ich mich nach Arbeitsschluss immer sehr einsam fühlte, kaufte ich mir ein Meerschweinchen. Er war schwarz-weiß, hatte Rosetten und die vorderen Haare fielen ihm ins Gesicht. Er sah aus wie einer der Beatles. Ich nannte ihn *Bambi*. Ein großer geräumiger Käfig stand neben dem Fenster. Wenn ich mit den Kindern im Garten spielte, konnte er uns sehen, wenn er Männchen machte. Er war sehr schlau. Sobald er uns draußen hörte, pfiff er, da er wusste, dass ich ihn dann holte und er im Garten herumlaufen durfte.

Am Wochenende fuhr ich, wenn schönes Wetter war, mit Bambi im Korb auf den Ürtliberg. Das ist ein Ausflugsziel in der Nähe von Zürich, damals noch nicht so überlaufen wie heute. Dort nahm ich Bambi an die Leine – ich hatte ihm ein Brustgeschirr aus Stoffbändern gemacht. Er lief zwar nicht wie ein Hund nebenher, es machte ihm aber sichtlich Spaß herumzuhüpfen, da und dort etwas zu fressen und dabei zu sein.

Alle zwei Monate fuhr ich am Wochenende nach Hause. Mein ganzes Gepäck bestand aus dem Korb von Bambi und einer Tasche. Damals gab es noch Zollkontrollen und die Zöllner waren jedes Mal sichtlich erstaunt, wenn sie den Korb mit Bambi kontrollierten. Zuhause bei meinen Eltern gab es mit Lassie sonderbarerweise keine Probleme. Sie akzeptierte sofort den kleinen Kerl und er konnte sogar bei ihr schlafen. Neben dem Hundekorb stand der Toilettenbehälter von Bambi, den er auch brav benutzte.

Als meine Zeit in Zürich abgelaufen war und ich wieder nach Hause kam, duldete meine Mutter das Meerschweinchen nicht und ich musste es schweren Herzens abgeben. Ich kannte einen Wärter vom *Tierpark Hellabrunn*, der die Tiere vom Streichelzoo betreute.

Nach vielen Bitten und Erklärungen – dass Bambi sonst einge-schläfert würde – erbarmte er sich und ich durfte Bambi dorthin bringen. (Im Allgemeinen ist es nicht erlaubt, Tiere im Zoo abzu-geben, schon alleine aus Krankheitsgründen.) Bambi fühlte sich offensichtlich wohl unter seines Gleichen und hatte keine Probleme mit seinen Artgenossen. Mit meiner Mutter stand ich einige Zeit auf Kriegsfuß wegen ihrer harten, unerbittlichen Entscheidung. Es war aber nichts daran zu ändern.

Nach meiner Zeit in Zürich entschloss ich mich den Beruf als Kin-derpflegerin aufzugeben. Einerseits wollte ich in keinen Privat-haushalt mehr gehen, andererseits waren die Verdienstmöglichkei-ten sehr gering. So gab ich dem Drängen meiner Eltern nach, be-suchte Kurse und schulte auf *Kontoristin* um. Ich bekam eine Stelle als Fakturistin in einer Tochtergesellschaft der *Farbwerke Höchst*, genau am Marienplatz in München. Die Büros waren super und auch mit den Kollegen kam ich sehr gut aus.

Nach einiger Zeit wurde ich in die Fernschreibstelle versetzt, da dort eine Kollegin ausgefallen war. Diese Arbeit machte mir mehr Spaß und war auch vielseitiger und interessanter. Eine meiner Kol-leginnen hatte eine Freundin, die beim Polizeipräsidium angestellt war. Diese besuchte uns des Öfteren, da sie Schichtdienst und sehr oft frei hatte. Eines Tages fragte sie mich, ob ich nicht Lust hätte, auch zur Polizei zu gehen, da man auch dort Fernschreiberinnen suche. Meine Kollegin wollte nicht, da sie verheiratet war und Schichtdienst für sie nicht infrage kam. Für mich hatte das aller-dings schon seinen Reiz und so stellte ich mich bei der zuständigen Dienststelle vor. Der Dienststellenleiter hörte sich meine Bewer-bung an und klärte mich über den Schichtdienst auf: morgens von 9:00 bis 19:00 Uhr, am nächsten Tag von 19:00 bis 9:00 Uhr, dann zwei Tage frei. Feiertage gab es natürlich nicht. Ich brauchte gar nicht lange zu überlegen – das war meine Arbeit. Nach der Kündigungszeit – mein ehemaliger Arbeitgeber war etwas sauer – fing ich im Polizeipräsidium in München in der Fernschreibstelle an.

Zu Anfang war es schon eine schwierige Umstellung. Wir waren zu dritt in einer Schicht und die Schichtführerinnen waren alle etwas ältere Damen, führten ein sehr strenges Regiment (manche waren sogar im Krieg in Italien als Fernschreiberin tätig gewesen). Im Laufe der Zeit gewöhnte ich mich aber an ihre Art und Weise und es gefiel mir sehr gut. Ich hatte viel Freizeit und mit den Kolleginnen und Kollegen in meinem Alter verstand ich mich bestens.

Nachdem uns Lassie verlassen hatte, wollte ich natürlich wieder einen Hund. Da ich mit meinen Eltern in Urlaub fahren wollte, entschlossen wir uns, nach dem Urlaub einen Hund aus dem Tierheim zu holen.

In der Mittagspause ging ich meist durch die Fußgängerzone und machte einen Schaufensterbummel. Eines Tages musste ich auf dem *Viktualienmarkt* Besorgungen machen und kam notgedrungen an einer Tierhandlung vorbei, um die ich sonst immer einen Bogen machte. Das Geschäft war mir schon immer ein Dorn im Auge gewesen, da dort junge Hunde angeboten wurden. Vor dem Schaufenster war eine Menschenmenge und jeder redete mit jedem. Kinder bearbeiteten ihre Eltern, Frauen ihre Männer. Der Grund: Im Fenster saßen acht junge Hunde der verschiedensten Rassen. In einer Ecke saß ganz apathisch ein kleiner Boxer, auf dem anscheinend das ganze Leid dieser Erde lastete. Er sah erbarmungswürdig aus. Anscheinend wurden ihm vor Kurzem die Ohren kupiert, denn die Pflaster waren noch sehr neu (Gott sei Dank, darf man diese Quälerei in unserem Land heute nicht mehr durchführen). Ich blieb eine Weile stehen und sah mir die Menschen an. Es war normal, dass alle von den jungen Hunden begeistert waren. Im Grunde betrachteten die meisten sie als Spielzeug. So werden die Menschen manipuliert, indem sie gar nicht wissen, was mit einem Hund auf sie zukommt. Mir tat der kleine Boxer leid – und wieder hatte die *Zur-Schaustellung* Erfolg. Ich ging in den Laden und sagte, dass ich den Boxer kaufen wolle, ihn aber nicht sofort mitnehmen könnte. Im Büro angekommen rief ich meine Eltern an und teilte ihnen mein Vorhaben mit. Da sie nicht so begeistert waren, ich den Hund aber unbedingt haben wollte, trafen wir einen Kompromiss: Ich fuhr nicht mit in den Urlaub, durfte aber den Hund kaufen. Am nächsten Tag holten wir ihn gemeinsam ab. Es war eine Hündin und etwa drei Monate alt. Da sie angeblich reinrassig war, bekamen wir einen Stammbaum, Impfpass, und Ohrensalbe mit dem Hinweis, die Pflaster in zehn Tagen zu entfernen. Wir bezahlten 350,- DM und fuhren auf dem schnellsten Weg nach Hause.

Nach einigen gemeinsamen Überlegungen nannten wir sie *Tinka*. Tinka war nach wie vor ein Häufchen Unglück. Sie wurde zwar ruhiger und man merkte, dass sie froh war, aus dem Trubel weg zu sein, doch bei der kleinsten Gelegenheit fing sie an zu zittern. Sie war eigentlich ein sehr freundlicher und liebenswerter Hund. Damit sie stubenrein wurde, gingen wir sehr viel mit ihr Gassi, was ihr immer Vergnügen bereitete, denn sobald man die Leine nahm, kam Leben in sie und ihr Stummelschwänzchen bewegte sich.

Durch die verpflasterten Ohren hatten wir gar nicht bemerkt, dass mit ihrem Gebiss etwas nicht stimmte. Trotz mehrmaliger Fütterung am Tag nahm sie fast nicht zu und wurde auch nicht viel größer. Das Futter landete mehr am Hinterteil als im Maul. Sie entwickelte sich zu einem extremen Vorbeißer und hatte etwas Ähnlichkeit mit *Dracula*. Als wir einen Tierarzt hinzuzogen, stellte er fest, dass sie fast nicht lebensfähig war. Durch die extreme Fehlstellung der Zähne konnte sie nicht genügend Futter aufnehmen (Boxer sind meist Vorbeißer, bedingt durch ihre platte Schnauze, aber in vorliegendem Falle war dies schon ein gravierender Fehler, zumal mit zunehmendem Alter die Verformung noch stärker wurde.) Der Züchter hatte dies bestimmt bemerkt und den Hund trotzdem verkauft. Als wir in der Tierhandlung den Fehler des Hundes beanstandeten, wollten sie den Hund wieder zurücknehmen. Dies wollten wir dem Hund aber unter keinen Umständen antun. Auf Rat eines weiteren Tierarztes ließen wir Tinka schweren Herzens einschläfern. Wir haben nie wieder einen Hund in einer Tierhandlung gekauft.

Nun hatten wir wieder keinen Hund.

Gute Bekannte von uns hatten einen Boxer, das absolute Ideal von einem Boxer. Es war eine Hündin und ihr Name war *Kitty*. Kitty war ein sehr großer, rehbrauner Boxer mit schwarzer Maske und einer wunderbaren ebenmäßigen Figur. Ich kannte Kitty schon als Baby, da in dem Bürohaus, wo ihr Herrchen Hausmeister war, meine erste Arbeitsstelle war. In unserer hundelosen Zeit lieh ich mir Kitty immer mal aus. Die Besitzer waren sehr froh darüber, da sie nicht immer die Zeit hatten, sich um den Hund zu kümmern. Sie bewohnten eine sehr schöne Dachterrassenwohnung direkt über dem Marienplatz. So schön die Wohnung auch war, für Kitty war sie nicht geeignet – im Sommer sehr heiß und im Winter sehr rutschig. Kitty war die Woche über bei uns und am Wochenende bei ihren Besitzern. Sie schien es zu genießen. Ich hatte Schichtdienst und viel Freizeit, ansonsten waren meine Eltern für sie da.

So schön und lieb Kitty war, genauso dumm und tollpatschig war sie. Ich habe nie wieder einen so dummen Hund getroffen – sie möge es mir verzeihen. Trotz aller Mühe konnte man ihr keinen Gehorsam anerziehen. Sie kam nur, wenn sie sich ausgetobt hatte, dann wollte sie aber nicht mehr weitergehen und legte sich einfach hin. Das Schlimmste aber war ihre Seiberei: Ohne Handtuch konnte man mit ihr nicht außer Haus gehen. Sie schüttelte sich einmal und alles war voller Speichel. (Deswegen ekeln sich auch manche Menschen vor Boxern.) Wenn sie sich freute, musste man sich an die Wand stellen, denn vor lauter Liebe sprang sie einen voll an, und wer nicht standfest war, fiel um.

Eines Tages sprachen uns die Besitzer von Kitty an, warum wir uns nicht selbst wieder einen Boxer aus dem Zwinger von Kitty holten. Da die ganze Familie – einschließlich meiner Mutter – Boxerfans geworden waren, fuhren wir nach Mühldorf zu besagter Züchterin. Kitty war mit dabei, da sich die beiden Hunde ja vertragen mussten. Was wir dort vorfanden, übertraf unsere schlimmsten Vorstellungen: Das ganze Anwesen war eingezäunt und überall liefen Hunde umher – es herrschte absolutes Chaos. Überall lagen leere Futterdosen, Kot, altes Brot, Knochen, Plastiktüten … Die Züchterin, eine alte Frau, war mit der ganzen Hundemeute völlig überfordert. Sie sagte uns, dass sie eigentlich nicht mehr züchten wolle, aber nicht wüsste, wohin mit den vielen Hunden. Ab und zu verkaufe sie zwar einen Hund, aber die meisten Leute ergriffen die Flucht, wenn sie den Saustall sahen. Die Boxer waren durch die unkontrollierte Inzucht auch teilweise degeneriert. In der ganzen Meute war kein Hund wie Kitty. Wir entschieden uns für eine kleine verängstigte Hündin, die nicht zum Züchten geeignet und auch schon etwas älter war. Über unsere Entscheidung waren wir sehr froh, so hatten wir doch wenigstens einem schwachen Geschöpf den weiteren Kampf um das tägliche Brot erspart.

Unser neuer Hausgenosse hieß *Sissy* und beide Hunde vertrugen sich sehr gut. Kitty war zwar die Dominantere, aber Sissy war froh, sich nur mit *einer* Rivalin auseinandersetzen zu müssen. Sissy hatte eigentlich nichts von einem Boxer. Sie blieb bis zu ihrem Lebensende ein Sensibelchen, sehr ängstlich, aber liebenswert.

Kitty war aber weiterhin die Woche über bei uns, am Wochenende bei ihrem Herrn. Die beiden Hunde waren ein Herz und eine

Seele. Des Öfteren kam es auch vor, dass Kitty gar nicht zu ihrer Familie wollte, wenn sie merkte, dass es nach Hause ging.

Wir hatten mit beiden Hunden eine schöne Zeit. Obwohl es große Hunde waren und die meisten Menschen ihnen anfänglich etwas ängstlich entgegentraten, gab es nie Probleme mit ihnen. Sie waren anderen Hunden gegenüber völlig neutral, ebenso mit Kindern und Katzen. Kinder waren sie zwar nicht gewöhnt, aber jedes Kind konnte sie streicheln. Durch Sissys ruhige Art wurde Kitty auch etwas disziplinierter und beide Hunde waren sehr manierlich und folgsam. Das einzig Unangenehme war nach wie vor Kittys Seiberei, an die wir uns aber im Laufe der Jahre gewöhnt hatten. Sissy hatte diesbezüglich kein Problem, da sie keinen so ausgeprägten Kopf hatte.

Ich war nun älter, wollte selbstständig werden und von zu Hause weg. Meine Jugendliebe – der Sohn des Bauern, bei dem ich als Kind immer im Stall war – nahm mich mit meiner Liebe nicht ernst, zudem konnte er nicht verstehen, dass ich als Stadtmensch aufs Land wollte. Wir hatten immer schon ein freundschaftliches Verhältnis. Ich besuchte ihn öfter und wir führten auch entsprechende Gespräche, blieben aber immer nur gute Freunde. Bei ihm war es genau umgekehrt: Er war in seinem Herzen kein Bauer und sein Wunsch war es, in der Stadt zu leben. Zudem war er 15 Jahre älter als ich, und seine Eltern gaben mir – obwohl sie mich mochten – wegen meiner Jugend auch keine Chance. Schweren Herzens gab ich meine Träume Bäuerin zu werden auf. Bis heute besuche ich ihn noch ein- bis zweimal im Jahr und wir haben viel Spaß zusammen, wenn wir von früheren Zeiten sprechen. Im Nachhinein bezweifle ich schon, ob ich diesen Beruf wirklich so perfekt erlernt hätte. Mit Tierliebe allein kann man diese schwere und anstrengende Arbeit nicht schaffen.

Durch Bekannte lernte ich meinen zukünftigen Mann kennen. Er lebte in einer schönen kleinen Kreisstadt in der Nähe von München. Da er auch sehr naturverbunden und tierlieb war, heirateten wir bald. Ich wollte unbedingt eine eigene Familie mit mehreren Kindern und vielen Tieren.

Mein Mann brachte einen vierjährigen Buben mit in die Ehe und ich eine zweijährige Tochter. Mit im Hause lebten mein Schwiegervater und Bazi, ein Rauhaardackel.

Im Laufe der Zeit musste ich feststellen, dass nicht alle Menschen so tierlieb waren wie ich. Speziell mein Schwiegervater war ein sehr schwieriger Mensch. Das Wort *Tierliebe* kannte er nicht. Mit Bazi stand er auf Kriegsfuß. Sobald beide alleine waren, war Kampfstimmung angesagt. Das sah so aus, dass Opa mit dem Stock auf den Hund losging, der ihn wiederum ins Bein oder sonst wo biss. Alles gute Zureden half nichts. Bevor mein Schwiegervater mich rauswarf, musste der Hund weg. Meinen Mann interessierte das alles nicht, da er diesen Zirkus schon gewohnt war. Ich konnte es nicht verstehen, denn der Hund war zu den Kindern und anderen Leuten total brav. Selbst wenn meine Eltern mit Sissy kamen, gab es keine Probleme, nur mein Schwiegervater war ein rotes Tuch für ihn (der Hund wusste schon warum – und ich auch). Nach verschiedenen Diskussionen – die Kinder hingen sehr an dem Hund – siegte wieder einmal der Altersstarrsinn und Bazi musste weg. Er kam zu einem Bauern und durfte dort seine Tage verbringen. Von da an hatte ich ein gestörtes Verhältnis zu meinem Schwiegervater.

Als ich heiratete, hatte ich mir vorgenommen, falls meine Kinder auch so tierlieb würden wie ich, bekämen sie auf jeden Fall einen Hund. Die Kinder trauerten sehr um Bazi und so versprach ihnen mein Mann einen neuen Hund.

Da mein Mann Jäger war, bekamen wir einen Jagdhund. Er hieß *Treff* und war ein *Deutsch Drahthaar*. Treff war acht Wochen alt, als er zu uns kam. Wir suchten ihn uns bei einem Züchter aus. Er war richtig nett und sah mehr wie ein kleiner Bär aus. Sein Fell war braun-weiß mit einem kurzen Stummelschwanz. Für Franzi war er der ideale Spielgefährte, sehr tollpatschig, unempfindlich und brav. Ich lehrte Franzi aber auch, dass ein Hund kein Spielzeug sei und genauso Schmerzen verspüre wie sie. Wenn der Hund schläft oder frißt, muss man ihn in Ruhe lassen.

Da ich nicht berufstätig war, passte ich sehr auf, dass mit Treff nicht dasselbe passierte wir mit Bazi. Ich wachte mit Argusaugen über meinen Schwiegervater, dass er weder den Kindern noch dem Hund etwas tat.

Im zweiten Jahr unserer Ehe kam meine Tochter Christine zur Welt und mein Schwiegervater verstarb. Treff hatte sich inzwischen zu einem stämmigen Hund entwickelt und die Tauglichkeitsprüfungen für die Jagd abgelegt. Nun bin ich kein Freund der Jagd, muss aber auch gestehen, dass es auch gute Jäger gibt, die das Wild hegen und nach Möglichkeit nur kranke Tiere schießen. Zu denen gehörte mein Mann.

Treff war ein sehr guter Jagdhund und hatte vor allem eine ausgezeichnete Nase. Hin und wieder, wenn ein Wild angefahren oder angeschossen wurde, kamen Jäger und liehen sich Treff aus. Er war sehr folgsam und ging mit jedem Jäger mit. Bei Jagdhunden ist es üblich, dass man sie bei Bedarf von ihrem Herrn ausleihen kann. Da Treff ein sogenannter *Gebrauchshund* war, durften wir verschiedene Dinge mit ihm nicht machen. Die Kinder oder ich durften nicht mit ihm spazierengehen. Er musste im Zwinger gehalten werden und durfte nicht verhätschelt werden. Die Kinder konnten zwar mit ihm spielen, aber nur begrenzt, damit er seine Schärfe nicht verlor. Mein Mann nahm ihn nur mit, wenn er auf die Jagd ging. – Zur damaligen Zeit war ich noch eine folgsame und gefügige Ehefrau, darum habe ich das alles mitgemacht, obwohl mir diese Art von Hundehaltung total gegen den Strich ging.

Leider wurde Treff nicht alt. Da er im Grunde sehr freiheitsliebend war, büxte er des Öfteren aus. Bei einer dieser Gelegenheiten wurde er von einem Auto überfahren. Für uns alle war es ein sehr schmerzvoller Verlust.

Es dauerte nicht lange, da brachte mein Mann einen neuen Jagdhund mit: Cora, eine junge Drahthaarhündin. Im Gegensatz zu Treff war sie viel graziöser und sehr sensibel.

Als wir Cora bekamen war sie ein junger, verspielter, unbeschwerter Hund. Sie spielte mit den Kindern und war ausgesprochen lieb und unkompliziert. Mein Mann hatte sie aber nicht als Spielgefährte für die Kinder gekauft, sondern wieder als Gebrauchshund für die Jagd. Als sie in das Alter kam, um für die Jagd abgerichtet zu werden, kam sie für drei Monate zu einem Jäger. Wieder zu Hause bei uns, erkannte ich sie fast nicht mehr. Sie war total verschüchtert, ängstlich, sehr folgsam und ausgesprochen liebesbedürftig. Am schlimmsten war ihre Aggressivität gegenüber Fremden und allgemein allem, was sich im Garten bewegte. Sobald sie etwas hörte, war sie in Kampfstimmung. Man musste sie stets unter Kontrolle halten. Zur Familie war sie aber nach wie vor brav und lieb.

Was in den drei Monaten mit dem Hund passiert ist, weiß ich nicht. Meines Erachtens wurde mit Gewalt ihr Wille gebrochen. Die reine Lust zum Töten wurde forciert, denn sie brachte nun alles um, was sie erwischen konnte – und absoluter Gehorsam wurde ihr eingebläut.

Eines Tages lief uns ein kleines Kätzchen zu. Cora schlief und merkte nichts. Da mein Mann katzenlieb war, wollte er es behalten.

Auf meinen Hinweis, Cora hätte bestimmt etwas dagegen, meinte er nur, sie mache bestimmt nichts, wenn ich ihr das befehlen würde. Ich hielt das Kätzchen in den Händen und mein Mann holte Cora. Wir saßen auf dem Boden und redeten beruhigend auf Cora ein. Sie schaute ganz interessiert auf das Kätzchen, dann wandte sie den Kopf zur Seite, als wenn sie sagen wollte: *Das ist nichts für mich.* Wir streichelten beide Tiere und Cora zeigte keinerlei Reaktion. Von ihrer sonstigen Gier, Katzen zu jagen, merkte man nichts. Ich setzte das Kätzchen auf den Boden und es schaute Cora ruhig an. Wir waren ganz happy und dachten, dass wir es geschafft hätten. Ich stand auf – das Kätzchen saß immer noch – da machte Cora einen Satz, packte die Katze, schüttelte sie und brach ihr das Genick. Es dauerte keine zehn Sekunden. Anschließend brachte sie ihrem Herrn die Beute. Wir waren beide so erschrocken, dass wir nicht wussten, was wir machen sollten. Einerseits lernte sie bei ihrer Ausbildung, Katzen zu töten, andererseits war die Lust am Töten stärker als ihr Gehorsam. Das war der erste und letzte Versuch, eine Katze in unser Haus zu bringen.

Ab diesem Tag war unser Garten eine katzenfreie Zone. Sämtliche Katzen in der Nachbarschaft machten einen Bogen um unser Grundstück. Mittlerweile hatte ich durchgesetzt, dass Cora nicht mehr im Zwinger, sondern im Haus gehalten wurde. Wir durften auch mit ihr spazierengehen und die Kinder konnten mit ihr spielen. Wenn Bekannte oder Freunde kamen, die keine Hunde mochten, musste man sehr aufpassen, denn sie war sehr feinfühlig. Sie merkte sofort, was ein Mensch über sie dachte, und reagierte entsprechend. Wegen verschiedener Attacken gegen Bekannte, wurde meinem Mann die Haftpflichtversicherung gekündigt.

Damals flog mein Mann in Urlaub nach Kanada. Während dieser Zeit waren meine Eltern bei uns zu Hause und kümmerten sich um die Kinder und den Hund, da ich dienstlich viel unterwegs war. Sissy war mittlerweile verstorben und so war nur noch Cora in der Familie.

Ich brachte meinen Mann zum Flughafen. An diesem Tag hatte ich Nachtdienst und wollte nicht mehr nach Hause fahren. So versuchte ich, meine Zeit irgendwie zu verbringen. Da in der Nähe das Münchner Tierheim war, entschloss ich mich, dort einen kurzen Besuch zu machen. Grundsätzlich hatte ich nicht vor, ein Tier mitzunehmen, ich wollte mich nur informieren und umsehen.

Im Wartezimmer zum Büro saß ein junges Pärchen mit einem Hund und weinte. Wir kamen ins Gespräch und sie erzählten, dass sie den Hund abgeben mussten, da ihnen sonst die Wohnung gekündigt würde. Der Hund fiel mir zuerst gar nicht auf, da er sich unter der Bank versteckt hatte. Nach vielen guten Worten und mithilfe Leckerlis kam er zum Vorschein. Nach eingehender Betrachtung kam ich zu dem Ergebnis, noch nie einen so hässlichen Hund gesehen zu haben. Sämtliche Hunderassen waren in ihm vertreten: der Kopf war vom Schäferhund, die Beine vom Bassett, der Körper vom Dackel und – man glaubt es nicht – den Schwanz vom Schwein. Das Fell war kurzhaarig, schwarz-weiß-grau. Er war so hässlich, dass er fast wieder schön war. Eine unglaubliche Mischung. Ich sprach ihn mit seinem Namen – Anka – an und, oh Wunder, er wedelte sofort mit dem Schwanz und freute sich. Seine Augen strahlten. Es war Liebe auf den ersten Blick – auf beiden Seiten. Die jungen Leute brauchten mich nicht weiter zu überreden, es war mein Hund. Sie erzählten mir noch einiges über ihn: Kinder mochte er sehr gerne, was für mich sehr wichtig war, mit anderen Hunden und Tieren vertrug er sich auch gut. Ansonsten war er ein sehr ausgeglichener, braver und folgsamer Hund. Der Besitzerwechsel war kein Problem. Beide Parteien waren zufrieden und Anka tat, als ob wir uns schon ewig kannten. Wir tauschten die

Adressen aus, ich bekam Decke, Spielzeug und Fressnapf, gab eine Spende an das Tierheim und verließ mit unserem neuen Hausgenossen das Tierheim.

Da ich bis zum Dienstanfang noch etwas Zeit hatte, machte ich mit Anka noch einen Spaziergang, weil der Nachtdienst doch ziemlich lang war. Sie lief ohne Leine neben mir her, als ob wir schon immer zusammengehört hätten. Als ich ins Präsidium kam – vor dem Tor standen immer Posten, die den Eingang kontrollieren – wurde ich gefragt, ob das ein neuer Polizeihund wäre. Wir ließen uns aber nicht beirren und gingen freudestrahlend in mein Büro. Dort angekommen empfing mich meine Kollegin, die fast einen Lachkrampf bekam, als sie Anka sah. Ich hatte schon öfter einen Hund mitgebracht – Sissy und Kitty waren bekannt –, aber Anka war anscheinend ein etwas anderer Hund. Sie benahm sich während der ganzen Zeit mustergültig. Sie bellte nicht, wenn jemand am Schalter war, beim Essen bettelte sie auch nicht … mit einem Wort: ein wohlerzogener lieber Hund.

Am nächsten Morgen, als wir Dienstschluss hatten, lobte meine Kollegin Anka. Sie war angenehm überrascht von dem disziplinierten Verhalten des Hundes. Nun fuhren wir nach Hause.

Zu Hause angekommen, ließ ich Anka im Auto. Ich ging ins Haus und berichtete meinen Eltern von meiner Aktion mit Anka. Sie waren zwar etwas geschockt, aber es war mein Haus. Und mein Hund.

Wir überlegten, wie wir die beiden Hunde zusammenbringen konnten. Es war nur außerhalb des Gartens möglich. Wir entschlossen uns, uns auf der großen Wiese zu treffen. Ich stieg wieder ins Auto, mein Vater nahm Cora, und so trafen wir uns auf neutralen Gebiet. Ich war zuerst dort und ließ Anka frei laufen. Mein Vater kam mit Cora und sie sah mich sofort, freute sich. Dann sah sie Anka, ging ohne Vorwarnung auf sie los und schon war die schönste Rauferei im Gange. Wir gingen sofort dazwischen. Anka war sehr tapfer und hatte sich gut verteidigt. Ich konnte ihr das leider nicht ersparen, denn Cora war nun mal der erste Hund und sie musste sich mit ihr auseinandersetzen. Zu Hause wäre es mit Sicherheit schlimmer ausgegangen. Mein Vater nahm sich Cora zur Brust – sie liebte ihn abgöttisch – und wir marschierten in Richtung Heimat. Beide Hunde an der Leine.

Vor der Gartentür gab ich Cora noch einmal Verhaltensregeln und so betraten wir die heimatlichen Gefilde. Sie schaute mich fragend an – *der etwa auch?* – da waren wir schon im Garten. Als die Kinder – die übrigens Anka süß fanden – rausgestürmt kamen, ging die Rauferei wieder los. Diesmal war es aber nur ganz kurz, da Anka doch kräftig zubiß und Cora die Schnauze dann voll hatte.

Die beiden Hunde wurden zwar keine Freundinnen, sie akzeptierten sich aber und Raufereien gab es nur selten. Sie gingen sich aus dem Weg. Vor allem Anka war sehr nachgiebig und tolerant. Ich denke auch aus Liebe zu uns haben sie nicht mehr gerauft, da wir sie dann beide mit Verachtung bestraft haben. Cora war meines Vaters Liebling und das wusste sie auch. Es war für sie das Schlimmste, wenn sie von ihm nicht dauernd gestreichelt wurde. Ansonsten hatten beide Hunde gleiche Rechte.

Nach drei Wochen kam mein Mann wieder zurück. Bei unseren gelegentlichen Telefonaten erwähnte ich Anka nicht. Ich holte ihn wieder vom Flughafen ab. Zu Hause angekommen begrüßten uns die Hunde freundlich am Gartentor. Als er Anka sah, fragte er voller Zorn: »Was soll das denn sein?« Meine Antwort wartete er gar nicht ab und ging schmollend ins Haus. Er wollte, dass der Hund sofort wieder wegkam.

Es war das erste Mal, dass ich mich gegen ihn auflehnte. Der Hund blieb. Es gab im Grunde auch überhaupt keinen Anlass, warum der Hund weggesollt hätte. Wir hatten genügend Platz im

Haus, der Garten war auch nicht gerade klein und Anka war ein braver lieber Hund. Selbst mein Vater, der normalerweise auf der Seite meines Mannes stand, hatte kein Verständnis dafür. Der Hund war absolut problemlos. Das Problem war mein Mann beziehungsweise die Erkenntnis, dass ich zum ersten Mal nicht seinen Willen befolgte. Wir hatten vier Tage Funkstille, bis er wieder mit mir redete. Über Anka wurde kein Wort gesprochen. Er hat sie nie akzeptiert, was sie natürlich merkte und ihn ebenfalls nicht beachtete.

Ungefähr drei Monate nach dem Einzug von Anka waren mein Mann und ich auf eine Hochzeit von Freunden in der Nähe von Gießen eingeladen. Ich hatte fünf Tage für unsere Reise geplant und meine Eltern versorgten wieder Kinder und Hunde. Anka hatte sich inzwischen voll eingelebt und beide Hunde hatten keine Probleme mehr miteinander. Bevor wir wegfuhren, machte mein Mann noch seinen üblichen Spaziergang mit Cora. Anschließend fuhr er nochmals weg. In der Zwischenzeit packte ich die Koffer.

Als ich damit fertig war, wollte ich mit Anka noch Gassi gehen, doch sie war nicht da. Die Kinder waren in der Schule, meine Eltern beim Einkaufen, so hatte niemand etwas mitbekommen und keiner wusste, was wirklich passiert war. Als mein Mann zurückkam, meinte er nur: »Sie war doch eben noch da. Sie wird schon wiederkommen.«

Aber alles Rufen und Suchen half nichts, Anka blieb verschwunden. Der Hund ist nie alleine aus dem Garten gelaufen, selbst wenn das Tor offen stand. An diesem Tage bestimmt auch nicht. Doch half alles nichts, wir mussten fahren. Meine Eltern und die Kinder suchten weiter. Selbst Anzeigen und Flugblätter halfen nichts. Anka war wie vom Erdboden verschluckt.

Damals hatte ich einen schlimmen Verdacht, über den ich aber nicht weiter nachdenken wollte, der sich aber nach Jahren bestätigte.

Nachdem wir nun schon einmal zwei Hunde gehabt hatten, wollte ich wieder einen eigenen Hund. Nach einigen Diskussionen mit meiner besseren Hälfte erlaubte er mir, in das Tierheim in der nächstgelegenen Stadt zu fahren und einen Hund zu holen. Im Grunde hatte ich eigentlich keine genaue Vorstellung, was ich wollte. Es musste nur Liebe auf den ersten Blick sein. Insgeheim schwärmte ich von einem Boxer, ähnlich wie Kitty, es war aber nur eine Idee.

Im Tierheim angekommen, fand ich ähnliche Verhältnisse wie in München vor. Tierheime haben insgesamt eine bedrückende Atmosphäre. Überall Hunde, die einen wie hypnotisiert ansehen, in der Hoffnung, mitgenommen zu werden, aber aus dem ganzen Elend kann man nur einen erlösen. Ich ging durch die Zwingerreihen und traute meinen Augen nicht: ein Boxer, ähnlich wie Kitty. Es war ein sehr stämmiger großer Rüde, hellbraun mit schwarzer Maske. Er lag ganz gelassen in seinem Zwinger, sich seiner Würde voll bewusst. Auf meinen Zuspruch reagierte er fast gelangweilt, als ob es eine Ehre wäre, wenn er mir Audienz gewähren würde.

Als ich dem Tierheimleiter meine Wahl mitteilte, sagte er: »Sie müssen erst einmal ausprobieren, ob sie mit dem Hund klarkommen.« Das hatte mir noch niemand gesagt. Der Mann war genauso arrogant wie der Hund. Ich bekam eine Leine, ging in den Zwinger und wollte den Hund festbinden. Da er anscheinend merkte, dass sich etwas rührte, freute er sich und sprang wie wild an mir hoch. Ich kippte fast aus den Schuhen und hätte einen Salto gemacht, wenn mich der Mann nicht gestützt hätte. Aha, deshalb die Probe. Nun hatte ich den Hund an der Leine und wir marschierten los. Neben mir der Tierheimleiter. Sobald der Hund Anstalten machte, Gas zu geben, wurde er von ihm zur Ordnung gerufen. Nach zehn Minuten machten wir kehrt – ich hatte schon Muskelkater im Arm – und der Tierheimleiter sagte zu mir: »Sie sehen ja, er ist etwas ungestüm, aber sie werden ihn schon in den Griff bekommen. Sie müssen nur streng mit ihm sein.« Ich und streng zu einem Hund. Es bedurfte aber keiner weiteren Überlegung, es war mein Hund.

Astor, so hieß er, war fünf Jahre alt, ein schöner Hund, aber ein total ungehobelter Flegel ohne Erziehung, stur, typisch Boxer, dickschädelig, faul, unfolgsam, aber sehr verschmust und liebenswert. Mit gemischten Gefühlen fuhr ich nach Hause. Mein Mann duldete keine Widerrede – und dann dieser Büffel.

Zu Hause angekommen war die Freude groß. Der Tierheimleiter sagte mir ja bereits, dass Astor sehr kinderlieb wäre, was die Grundbedingung war. Man merkte es auch: Er lief sofort auf die Kinder zu und begrüßte sie freundlich. Komischerweise sprang er sie nicht an, da er wusste, dass er sie umwerfen würde. Cora war fasziniert. Die beiden Hunde begrüßten sich, als wären sie alte Freunde. Astor war von Cora begeistert und für sie war er kein Rivale, sondern ein Spielkamerad. Cora bekam durch Astor wieder mehr Lebensfreude und genoss es.

Nach wie vor ging mein Mann mit Cora auf die Jagd, ich kümmerte mich um Astor. Zum Einkaufen durfte er stets mitgehen und ich hatte so meine Probleme mit ihm. An der Leine zu gehen war für ihn Zwang und Zwänge mochte er absolut nicht. Wenn er seinen Rappel hatte, zog er mich dermaßen, dass ich ihn am nächsten Baum oder Pfosten anhängen musste. Er war ungemein stark und ungestüm. Hatte er sich wieder beruhigt, ging er ganz manierlich neben mir her, und freute sich, dass ich ihn wieder mitnahm. Nachmittags gingen die Kinder und ich mit ihm spazieren. Dann durfte er frei laufen und sich austoben. Zu anderen Hunden hatte er ein gutes Verhältnis, er war kein Raufer. (Das hätte mir gerade noch gefehlt.) Unser Verhältnis war schon etwas gestört, wenn ich ihn zurückrief – oder pfiff, denn mein Hund kam nicht. Er kam erst, wenn er fix und fertig war und nach Hause wollte. Dann konnte es auch passieren, dass er sich hinlegte und nicht mehr weiterging. Mit einem Wort: Astor war für mich ein Fiasko. Sämtliche Nachbarn und Hundebesitzer lachten schon, wenn sie uns kommen sahen. Der Hund machte mit mir, was er wollte.

Mein Mann sah diesem Treiben eine Weile zu und erbarmte sich schließlich meiner. Da er von Hundedressur etwas verstand und selbst sehr dominant war, brachte er Astor den nötigen Gehorsam bei. Bei dieser Prozedur war ich allerdings nicht zugegen. Es war für beide ein Machtkampf, den mein Mann logischerweise gewann. Es dauerte ein paar Tage und Astor hatte sich zu seinem Vorteil verändert. Er wurde leinenführig und man konnte ihn überall hin mitnehmen, ohne dass er seine Anfälle bekam. Wenn er frei lief, kam er brav zurück, wenn ich ihn rief.

Hin und wieder schlug er meinem Mann ein Schnippchen. Wir hatten eine Gartenlaube, in der mein Mann jeden Mittag – im Sommer – seinen Mittagsschlaf machte. Astor wusste das und bevor mein Mann die Laube betrat, lag er auf der Couch. Jeden Mittag der gleiche Kampf. Schimpfen alleine half nichts. Er wartete darauf, runtergeworfen zu werden, dann trabte er ganz zufrieden davon, als wenn er sagen wollte: *Jetzt hab ich dir wieder gezeigt, wer hier der Chef ist.*

In dieser Zeit kaufte ich mir in der Nähe ein ehemaliges Bahnwärterhaus. Es fiel mir auf, weil es einen wunderschönen großen Obstgarten hatte. Da Christine von meinem Mann das Haus erbte, dachte ich an Michaela, da sie auch nicht leer ausgehen sollte. Es war auch geeignet als Ruhesitz für meine Eltern. Das Haus wurde umgebaut und es wurde ein Schmuckstück daraus. Da meine Eltern ihre Stadtwohnung in München aber nicht aufgeben wollten, benutzten sie das Häuschen als Sommerresidenz.

Mein Vater war ein ausgesprochener Hundefreund und Cora war sein Liebling. Kitty und Sissy waren schon längst im Hundehimmel und meine Eltern wollten sich selber keinen Hund mehr anschaffen. Cora war die ganze Zeit fast nur bei ihnen. Meinem Mann passte das zwar nicht und er holte sie jeweils zur Jagd ab, sobald sie aber konnte, riss sie von zu Hause aus. Der Hund war hin und her gerissen, einerseits die Pflicht, andererseits die Liebe zu meinem Vater. Selbst Astor konnte sie nicht bremsen. Es war ja auch zu schön für sie.

Mein Vater widmete sich ganz dem Hund. Er ging sehr viel spazieren mit ihr und zu Hause wurde sie unentwegt gestreichelt. Eines konnte er ihr aber auch nicht abgewöhnen: ihren Hass auf Katzen. Sobald eine Katze in ihrer Nähe war, gehörte sie ihr. Selbst beim Spazierengehen war nichts sicher vor ihr. Sie roch jede Katze schon meilenweit. Einmal fing sie einen riesigen Kater, der sich fürchterlich wehrte, er biss und kratzte sie, aber Cora ließ nicht los. Sie schleppte ihn in den nahegelegenen Bach und ertränkte ihn. Anschießend brachte sie ihre Beute meinem Vater als Geschenk. Der Hund hatte das gelernt, er tat nur seine Pflicht. Selbst starke Verletzungen oder Bisswunden konnten ihn nicht davon abhalten.

Das Haus lag in der Nähe des Bahndammes. Cora war wieder einmal von zu Hause ausgerissen und auch bei meinen Eltern nicht angekommen. (Wir riefen uns immer sofort an, wenn Cora abgängig war.) Die ganze Familie suchte den Hund, denn es war sehr ungewöhnlich, dass er nicht bei meinen Eltern angekommen war. Nach zwei Stunden kam der Schrankenwärter zu meinen Eltern und teilte ihnen mit, dass Cora oben am Bahndamm läge und von einem Zug überfahren worden sei. Der Schock war groß. Wir holten sie – ihr Körper war nur noch ein Fleischklumpen – und gruben sie im Garten ein. Mein Vater und ich machten uns große Vorwürfe, dass wir sie nicht einfach bei meinen Eltern gelassen hatten, da mein

Mann sowieso nicht mehr so oft auf die Jagd ging. Nun war es leider zu spät. Warum sie auf dem Bahngleis war, wurde nie geklärt. Wir nahmen an, dass sie einer Katze nachgelaufen war, aber wer weiß …

Da meine Mutter sich in dem großen Haus fürchtete, musste wieder ein Hund her. Meinem Vater und mir war das nur recht. Nach dem Tod von Cora wollte mein Mann keinen Jagdhund mehr. Astor wollte ich nicht hergeben, da er mein Hund war, und so suchten wir einen neuen Hund. Wir stießen auf ein Inserat für einen Schäferhund, der abzugeben war. Da meine Mutter eine gewisse Sympathie für Schäferhunde hatte, meldeten wir uns. Der Hund war nicht im Tierheim, sondern noch bei seiner Besitzerin, die die Vermittlung dem Tierschutzverein übertragen hatte. Meine Eltern, die Kinder und Astor fuhren auch mit, denn der neue Hausgenosse musste sich ja mit allen vertragen. Besagter Hund gehörte einer älteren Frau, die in einem netten Gartenhäuschen wohnte. Sehr idyllisch, aber wie so oft im Leben musste sie Platz für ein größeres Bauvorhaben machen. Sie bekam eine Stadtwohnung und konnte keine Tiere mitnehmen. Sie hing sehr an dem Hund, aber für sie gab es keine Alternative.

Als wir dort ankamen, bellten sich beide Hunde durch den Gartenzaun heftig an. Als aber die Gartentüre geöffnet wurde und sie sich eingehend beschnuppern konnten, was alles in Ordnung und sie verstanden sich bestens. Meinen Eltern gefiel der Hund sehr gut. Bei meiner Mutter war es Liebe auf den ersten Blick. (Ich hatte meiner Mutter diese Sympathie zu einem Tier gar nicht zugetraut, und war angenehm überrascht.)

Gundi war eine fünfjährige Schäferhündin, sehr brav und folgsam, mochte Kinder, andere Hunde und auch Katzen. Sie war genau der richtige Hund für uns. Rote Papiere hatte sie auch, was für uns aber absolut unwichtig war, da wir ja nicht züchten wollten. Da es für uns klar war, dass wir Gundi haben wollten, wollten wir sie auch gleich mitnehmen. Wir erzählten der Besitzerin, wo der Hund hinkäme und dass sie uns jederzeit besuchen könne. Sie war damit einverstanden und sehr froh, dass der Hund einen so guten Platz bekam, vor allem wieder einen Garten.

Wir hatten aber nicht mit der Sturheit der vermittelnden Person vom Tierheim gerechnet, die immer wieder einen Grund fand, die Vermittlung hinauszuzögern. Es dauerte noch drei Wochen, bis wir Gundi endlich abholen konnten. Wir versicherten der Besitzerin noch einmal, dass es Gundi gut habe bei uns, und unter Tränen übergab sie uns den Hund. Über eine Spende freute sie sich sehr. Gundi sprang problemlos ins Auto, legte sich brav hin und wartete auf die Dinge, die da kommen würden.

Zu Hause angekommen, lief sie in den Garten und begutachtete alles. Astor begrüßte sie auch gleich und wir wollten eigentlich gleich zu meinen Eltern fahren. Da bei uns aber fast immer das Gartentor offen stand, jetzt auch, war Gundi plötzlich verschwunden. Wir dachten schon, dass sie vielleicht wieder zu ihrer Besitzerin gelaufen sei und machten uns Vorwürfe, dass wir nicht besser aufgepasst hatten, aber nach zwei Stunden (es war eine Ewigkeit) stand sie plötzlich wieder im Garten, sah uns erwartungsvoll an und legte sich hin, als wenn sie sagen wollte: *Ich hab's mir überlegt, ich bleibe bei euch.* Nun konnte ich sie getrost zu meinen Eltern bringen. Ab diesem Zeitpunkt lief sie keinen Meter mehr ohne meine Eltern oder uns weg. Gundi war ein wunderbarer Hund, einer meiner besten.

Sie hatte aber zwei Gesichter. Zu meinen Eltern war sie sehr behutsam, sie bewachte sie stets, sie brauchten ihr auch keine Kommandos oder Anweisungen zu geben, sie wusste alles selbst. Sie war nie stürmisch oder laut, brauchte auch keine Leine beim Gassigehen. Wenn dagegen die Kinder mit Astor kamen, tollte sie mit uns herum, bellte uns an und sprang wie ein junger Hund. Zudem war sie ein ausgesprochen guter Wachhund, was man von Astor nicht sagen konnte. Gundi hörte alles, selbst wenn sie schlief. Astor konnte man wegtragen, er hörte gar nichts. Außerdem schnarchte er wie ein Bär.

Als die kalte Jahreszeit anbrach, wollten meine Eltern wieder nach München in ihre Wohnung. Gundi blieb bei uns, denn die Etagenwohnung im zweiten Stock war nicht geeignet für den Hund, zumal sie auch den Garten gewohnt war. Die Hunde schliefen bei uns zwar im Haus, konnten aber jederzeit in den Garten.

Am Wochenende kamen meine Eltern meist wieder und wie selbstverständlich war Gundi dann bei ihnen. In dieser Beziehung war sie flexibel und problemlos.

Im Laufe des Sommers hatten wir wieder einmal Zuwachs bekommen. Er hieß Oskar und war eine Zwergziege. Und das kam so:

Einmal im Monat fand in Meitingen bei Augsburg ein Kleintiermarkt statt. Da mein Mann Tauben hatte, wollte er noch ein paar neue dazukaufen. Auf diesem Markt gab es so ziemlich alles, was kreuchte und fleuchte. Die Kinder und ich waren zum ersten Mal auf so einem Markt und waren erstaunt über das ganze Viehzeug. Jeder wollte ein Tier mitnehmen. Aber der Papa zog die Bremse – nichts ging. Plötzlich sahen wir eine Ziege, die an einem Baum festgebunden war. Das Seil war ganz kurz, sie ließ den Kopf hängen und sah zum Erbarmen aus. Die Kinder und ich beschlossen, das arme Tier zu kaufen. Mit vereinten Kräften bearbeiteten wir meinen Mann, der aus allen Wolken fiel, als er unseren Wunsch hörte. Ich muss dazu sagen, dass mein Mann vor unserer Ehe schon einen Rehbock in seinem Garten hatte und das hielt ich ihm nun vor. Nach langem Bitten und Betteln – keiner wollte etwas zu Weihnachten, wenn wir die Ziege bekämen – gab er endlich nach und wir kauften das Tier.

Nun hatten wir unsere Ziege und nannten sie Oskar. Sie war zwar weiblich, aber das machte uns nichts aus, denn der Name war genau passend. Oskar wurde ins Auto verladen und wir fuhren frohen Mutes heim.

Die Hunde schauten zwar etwas verwundert, als wir mit diesem komischen *Hund* ankamen, der nicht bellte, sondern meckerte, aber nach gegenseitigem Beschnuppern ging man zur Tagesordnung über, als ob nichts gewesen wäre, zumal Oskar eine sehr brave und ruhige Ziege war.

In unserem Garten stand ein größerer Stadel, der früher zur Aufbewahrung von Heu und Holz diente. Mit vereinten Kräften bauten wir einen Stall, organisierten Heu und Rüben sowie Stroh als Unterlage, und hatten bald einen wunderschönen Unterstand für unseren Oskar. Nachmittags gingen wir dann mit den Hunden und Oskar noch eine Runde spazieren. Oskar machte es sichtlich Spaß da und dort Gras zu fressen. Für unsere Nachbarn war es eine Gaudi.

Oskar lebte sich gut ein und war mit seinem neuen Heim sichtlich zufrieden. Tagsüber lief er im Garten umher, ging mit uns spazieren und abends trottete er in seinen Stall.

Eines Tages, wir hatten ihn knapp drei Wochen, schüttete es wie aus Kannen. Oskar im Regen und rührte sich nicht, obwohl Ziegen normalerweise sehr wasserscheu sind. Aber alles Zureden und Locken half nichts, er stand wie eine Statue da. Als ich ihn mir genauer ansah, bemerkte ich, dass ihm die Zunge ein Stück heraus hing. Ich packte ich ihn ins Auto und fuhr zum Tierarzt. Der stellte zu meinem Entsetzen fest, das Oskar eine tödliche Infektion hatte, die erst jetzt, nach drei Wochen zum Ausbruch gekommen war. Mittlerweile hing die Zunge ganz heraus und er reagierte auf gar nichts mehr. Laut Aussage des Tierarztes war keine Hilfe mehr möglich und es war nur eine Frage der Zeit, wann Oskar sterben würde. Schweren Herzens ließ ich ihn einschläfern.

Über das kurze Gastspiel unserer Ziege war ich sehr geschockt, zumal ich gar nicht wusste, wie ich es den Kindern beibringen sollte, die sehr an ihr hingen. Ich fuhr zu meinem Bruder, der in der Nähe wohnte, und berichtete ihm die traurige Geschichte. Gemeinsam kamen wir zu dem Entschluss, den Kindern eine Notlüge zu erzählen.

Als ich nach Hause kam, merkten sie natürlich sofort, dass etwas nicht stimmte. Ich war dem Weinen näher als dem Lachen und musste mich sehr zusammenreißen um, nicht die Wahrheit zu sagen. Dann erzählte ich, dass Oskar sehr krank sei und stationär bei dem Tierarzt zu Überwachung bleiben müsse.

Jeden Tag fragten sie, ob sie nicht Oskar besuchen dürften, da der Tierarzt ganz in unserer Nähe wohnte. Im Nachhinein denke ich, dass Franzi etwas gemerkt hatte, er war der Älteste von den dreien, sagte seinen Schwestern aber nichts von seinem Verdacht.

Insgeheim hörte ich mich bei Bekannten aus der Landwirtschaft um, ob nicht irgendwer eine Ziege zu verkaufen hätte.

Endlich, nach drei Wochen erzählte mir eine Freundin, in Starnberg hätte sie Bekannte, die eine Zwergziege verkaufen würden. Nun konnte ich Oskar offiziell sterben lassen, da eine neue Ziege in Aussicht war. Die Kinder waren zwar sehr traurig als sie die Nachricht vom Tode Oskars vernahmen, aber der Gedanke an einen neuen Oskar tröstete sie.

Wir machten einen Termin mit den Besitzern der Ziege aus, und fuhren nach Starnberg. Da meine Freundin die Kinder nicht dabeihaben wollte, fuhren wir mit ihrem Auto, einem R4, bei dem die

Gangschaltung aus einem Hebel bestand, den man vor- oder zurückschob. Diese Fahrt war der absolute Horror. Meine Freundin kämpfte stets mit der Gangschaltung, die immer länger wurde, der starke Autoverkehr machte sie anscheinend auch nervös, da sie die Autobahn nicht gewohnt war. Das Auto gab Geräusche von sich, als ob es jeden Moment auseinanderbrechen wollte.

In Starnberg angekommen – mein Puls war bestimmt auf 200, ich war schweißgebadet – erwartete man uns bereits. Besagte Geiß war auch da. Ich hatte Oskar noch immer in Erinnerung und war sehr enttäuscht, als ich dieses Tier sah. Es war eine schwarz-weiße Zwergziege, mehr rund als hoch, mit kräftigen Hörnern, die sofort in Angriffsstellung – auf den Hinterbeinen – auf mich zukam. Ich konnte nicht schnell genug zur Seite springen und bekam einen kräftigen Stoß mit den Hörnern von ihr. Na, das konnte ja lustig werden. Auf leise Anfrage bei den Besitzern, was das zu bedeuten hätte, meinten sie, wenn Sanny – so hieß das kleine Ungeheuer – grantig sei, mache sie das immer so, man müsse ihr dann halt aus dem Weg gehen. *Aus dem Weg gehen.* Ich brauchte keine Ziege, der ich aus dem Weg gehen musste. Eigentlich wollte ich sie gar nicht mitnehmen, aber ich dachte an die Kinder, die auf uns warteten und sehr enttäuscht gewesen wären, wenn ich sie nicht mitbrächte. So entschloss ich mich, diesen hüpfenden Fußball mitzunehmen. Ich bezahlte, nahm sie an die Leine und verabschiedete mich mit dem Hinweis, die Ziege zurückzubringen, wenn wir nicht mit ihr klarkämen. Sanny ging ohne Weiteres mit und machte keine Schwierigkeiten. Wir schoben den Beifahrersitz zurück und ich nahm sie zwischen meine Beine.

Die nächsten zehn Kilometer war Kampf angesagt. Vorsichtshalber bat ich meine Fahrerin, nicht über die Autobahn zu fahren, denn ich musste meine ganze Kraft aufwenden, damit Sanny keiner von uns auf den Schoß sprang. Zwischendurch mussten wir auch mal halten, da die Ziege die Gangschaltung außer Betrieb gesetzt hatte. Als sie merkte, dass ich doch die Stärkere war, ergab sie sich aber schließlich ihrem Schicksal und meckerte nur noch ab und zu verzweifelt. Vorsichtshalber hatten wir Leckerli mitgenommen, die sie, als sie ruhiger wurde, auch annahm.

Aber was vorne reinkommt, muss hinten wieder raus – daran hatten wir nicht gedacht. Als wir nach langen drei Stunden zu Hause ankamen, war ich mit *Kaffeebohnen* übersät, zudem standen meine Schuhe unter Wasser. Selbst im Handschuhfach lagen die Bohnen. Meine Freundin und ich waren fertig mit der Welt.

Zum Empfang war die ganze Familie versammelt, einschließlich Astor und Gundi. Sanny sprang mit einem Satz aus dem Auto, meckerte kurz und gab dem, der am nächsten stand – das war Astor –, gleich eine mit. Der Hund war völlig perplex, jaulte kurz auf, zog seinen Stummelschwanz ein und schlich wie ein begossener Pudel davon. Die Kinder betrachteten dies als Gaudi, und amüsierten sich köstlich. Das war allerdings gleich vorbei, als die Ziege auf Christine losging. Ein kleiner Anlauf und – schwupp – stand sie auf den Hinterbeinen und warf Christine um. Nun war das Geschrei groß. Alle drei Kinder, mein Mann und die Hunde verschwanden im Haus. Meine Freundin meinte nur: »Wahrscheinlich ist sie etwas nervös von der Fahrt und der Umstellung, morgen ist sie bestimmt ganz anders«.

Wir säuberten das Auto. Meine Freundin war froh ihre Mission erfüllt zu haben und fuhr nach Hause. Ich habe ihr diesen Freundschaftsdienst nie vergessen und mich auch entsprechend revanchiert.

Der erste Eindruck von Sanny war nicht so optimal. Ich brachte sie in ihren Stall, damit sie sich von den Strapazen erholen konnte. Sie beäugte alles, meckerte ab und zu und fraß von dem Heu. Nach einigen Runden legte sie sich hin und schien ganz zufrieden zu sein.

Die Kinder waren immer noch im Haus und wollten von Sanny nichts wissen. Sie meinten, ich solle sie wieder zurückbringen. Ich erklärte ihnen, dass es für das Tier eine enorme Umstellung sei, von zu Hause weg zu müssen und neue Menschen und Tiere um sich zu haben. Aber das Thema *Sanny* war für die ganze Familie gelaufen, und keiner wollte in den Stall zu ihr gehen.

Als die Kinder schliefen, schlich ich mich leise zu Sanny und redete ruhig auf sie ein. Sie war ganz gelöst und es gefiel ihr, als ich sie streichelte. Für mich war klar, dass sie sich erst an uns und die neue Umgebung gewöhnen musste.

Am nächsten Morgen war Sanny bedeutend ruhiger und meckerte freudig, als ich in den Stall kam. Da die Kinder in der Schule waren und es verhältnismäßig ruhig war, ließ ich die Ziege raus, damit sie ihre neue Umgebung kennenlernen konnte. Astor ergriff gleich die Flucht und Gundi beäugte Sanny skeptisch. Es passierte aber nichts. Im Gegensatz zu Oskar war sie sehr neugierig und stieg überall hinauf. Obwohl sie unglaublich dick war – sie sah aus, als ob sie einen Fußball verschluckt hätte –, war sie sehr flink und wendig. Bis dahin hatte ich nicht gewusst, dass Ziegen Allesfresser sind. Außer Metall, Stein, und Glas fraß sie alles, was sie erwischte.

Sanny ging überall rein. Da wir im Sommer immer die Haustüre offen hatten, kam es schon vor, dass wir sie im zweiten Stock fanden. Ohne Aufsicht konnten wir sie aber nie lassen. Keine Tischdecke oder Wäsche auf der Leine war vor ihr sicher, kein Ball, kein Fahrrad. Wenn sie im Stand nicht dran kam, stellte sie sich auf die Hinterbeine und holte sich, was sie wollte. Einmal war eine Autotür offen und Sanny fraß eine Schachtel Zigaretten, meine Geldbörse samt Inhalt. Auch die Autositzbezüge und die Gummiverkleidung an den Türen wurde angeknabbert. Bücher und Zeitungen fraß sie mit Vorliebe.

Da ich nicht nur eine große Tierfreundin bin, sondern auch Blumen und Pflanzen liebe, hatte ich einen dementsprechend schönen Blumengarten. Überall standen Blumenschalen und an den Fenstern hingen Blumenkästen. – Bis Sanny kam. Sie räumte auf. Kein Blumenkasten war ihr zu hoch, kein Strauch zu dicht, alles wurde gefressen. Des Öfteren war ich nahe dran, sie dem Metzger zu geben, da sie mich sehr verärgerte.

Mittlerweile war Sanny in der Familie gut integriert und die Kinder kamen bestens mit ihr aus. Wenn sie merkten, dass Sanny Anstalten machte, auf zwei Beinen zu stehen, liefen sie einfach weg oder gaben ihr einen Schubs. Astor tolerierte sie auch, ab und zu spielte er sogar mit ihr, indem er sie jagte. Sobald sie aber stehenblieb, wusste er, was sie vorhatte, und kratzte die Kurve. Sie entwickelte sich langsam zu einem liebenswerten Hausgenossen. Das Stoßen hatte sie zwar nie ganz abgelegt, tat es aber nur bei bestimmten Menschen.

Zu denen gehörte meine Mutter. Die beiden standen von Anfang an auf Kriegsfuß. Sanny brauchte nur die Stimme meiner Mutter zu hören, schon stand sie parat und wartete die Gelegenheit zum Angriff ab. Das konnte fatale Folgen für meine Mutter haben, denn sie war auch nicht mehr die Jüngste. Ein Stoß hätte genügt und sie wäre umgefallen. So wachte die ganze Familie mit Argusaugen, wenn Oma im Anmarsch war. Entweder wurde Sanny eingesperrt – was sie noch mehr verärgerte – oder Oma wurde unter *Personenschutz* ins Haus geführt. Opa lachte insgeheim, denn er kam mit der Ziege bestens aus.

Einmal im Jahr war *Barthelmarkt* in Oberstimm. Ein Ereignis für die ganze Region. Es war ein großes Volksfest im herkömmlichen Stil und dauerte vier Tage – von Freitag bis Montag. Am Samstag war Pferde- und Ponyrennen. Der Höhepunkt am Montag war der

Pferdemarkt, einer der ältesten und bekanntesten. Aus der ganzen Umgebung und auch außerhalb von Bayern kamen die Viehhändler und boten ihre *Ware* an. Dort konnte man so ziemlich alles kaufen, was vier Beine hatte: Kühe, Kälber, Ochsen, Ziegen, Schafe, Ponys, Pferde, Hunde und seit einiger Zeit auch Lamas. Ebenso Geschirr, Handwerkszeug, Sättel, alles was die Landwirtschaft betraf, außerdem Metzgereibedarf und vieles mehr. Für das leibliche Wohl war auch gesorgt und es gab sämtliche Wurstsorten einschließlich Pferdewurst. Es wurde gefeilscht, gehandelt und Käufe per Handschlag perfekt gemacht.

Es war wieder einmal so weit und eine Pferdefreundin hatte sich bereit erklärt, mit mir dorthin zu fahren. Früh um fünf fuhren wir los, denn um sechs Uhr begann das geschäftige Treiben. Als wir ankamen, herrschte schon ein reger Verkehr. Überall muhte, blökte und wieherte es. Wir drängten uns durch das Getümmel, hatten aber nicht die Absicht, etwas zu kaufen, wollten uns nur umsehen. Teilweise waren die Tiere in einem erbärmlichen Zustand und kamen anschließend zum Schlachthof. Manche Pferdehändler ließen ihre Pferde vorführen, damit man die Gangart und Figur besser sehen konnte. Diese Pferde waren eine Augenweide, kosteten aber auch ein kleines Vermögen. Da auch verschiedene Arten von Ziegen da waren, überlegte ich mir, ob ich nicht für Sanny einen Partner mitnehmen sollte. Es war natürlich schwierig, nur einmal Junge zu bekommen, da ein Bock ja sehr potent ist. Das zu regulieren lag kaum in meiner Macht. Besser nahm ich ihr noch eine Ziege oder ein junges Schaf mit.

Plötzlich sah ich zwischen zwei riesigen Reitpferden ein kleines schwarzes Pony. Es war ein unglaublicher Anblick. Der Knirps sah zwischen seinen beiden Nachbarn wie ein kleiner Hund aus. Es stand da und ließ den Kopf hängen, wahrscheinlich dachte es über sein Elend nach. Ich war fasziniert. Dieses Häufchen Unglück musste ich haben, es passte genau zu Sanny. Als ich nach dem Kaufpreis fragte, musste ich erst einmal schlucken. Der Händler wollte 1.100,- DM.

Meine Bekannte war geschockt, als ich ihr mein Vorhaben mitteilte. Sie zog mich von den Pferden weg und wir drehten erst einmal eine Runde. Doch je länger wir diskutierten, umso stärker wurde mein Entschluss, das Pony mitzunehmen.

Wir gingen wieder zu dem Händler und nach einigem Hin und Her ließ er mir 100.- DM nach. Ich machte eine Anzahlung und eine Bekannte des Händlers fuhr mit uns mit, um den Rest bei mir zu Hause in Empfang zu nehmen. Nur – wie kamen wir nach Hause?

Bekanntlich macht Not erfinderisch. So schafften wir es mit vereinten Kräften Micky, so hieß das Pony, auf den Rücksitz des Autos zu verfrachten. Die Frau saß auch hinten und beruhigte das Tier. Es war zwar nicht die optimale Fahrweise, aber da Micky sehr klein war – ein Shetlandpony –, klappte es ganz gut. Das Auto brauchte zwar anschließend eine Generalreinigung – so wie bei Sanny –, aber wir waren glücklich zu Hause.

Dort angekommen sprang Micky erlöst aus dem Auto. Er hatte die ganze Prozedur gut überstanden. Da die Kinder noch in der Schule waren, kamen nur die Hunde und Sanny zur Begrüßung. Alle vier standen sich erstaunt gegenüber und wussten nicht, was plötzlich da im Garten stand. Astor schoß wieder den Vogel ab, da er am Hinterteil von Micky schnupperte. Dem passte das nicht, er trat blitzschnell aus und verpasste Astor einen ordentlichen Tritt, sodass er jaulend davonlief. Gundi interessierte der neue Hausgenosse überhaupt nicht, sie freute sich nur, als sie mich sah. Sanny kratzte fürs Erste die Kurve und äugte ganz vorsichtig um die Ecke – Micky war ihr anscheinend zu groß und zu schwarz. Anschließend brachte ich Micky in sein neues Zuhause, denn er musste den Stall mit Sanny teilen. Für beide war genügend Platz, Pferd und Ziege passten gut zusammen. Nachdem die Tiere versorgt waren, holte ich das restliche Geld von der Bank, übergab es der Frau und fuhr sie anschließend wieder zum *Barthelmarkt* zurück.

Als ich wieder nach Hause kam, standen Micky und Sanny bereits gemeinsam im Stall und fraßen friedlich ihr Heu.

Mittags kamen die Kinder aus der Schule und bemerkten erst mal nichts, wunderten sich aber, dass Sanny nicht am Zaun stand und sie begrüßte. Auf meinen Rat, sie sollten doch einmal Sanny suchen, gingen sie in den Stall und waren sprachlos. Die Freude war riesig. Micky war anscheinend Kinder gewöhnt und genoss es, von ihnen gestreichelt und abgeschmust zu werden. Mein Mann hatte sich mittlerweile auch mit meinen tierischen Eskapaden abgefunden und sagte nichts mehr dazu.

Unser neuer Hausgenosse war im Futter etwas anspruchsvoller als Sanny. Wir mussten entsprechend mehr Heu und Stroh lagern, ebenso Rüben und Pferdekorn.

Da wir ja keine große Weide hatten, sondern nur einen Garten, brachten wir Micky des Öfteren zum Grasen. Das sah dann so aus: Ich hatte einen alten VW- Käfer, bei dem der Beifahrersitz entfernt wurde. Micky stand also neben mir, Sanny unter ihm. Gundi und Astor auf dem Rücksitz, und die beiden Mädchen (Franzi war für diese Scherze nicht zu haben) hinter der Rückbank. Dann ging es ab in die Pampa. Offensichtlich machte es den Tieren Spaß, denn sobald die Tür des VW offen stand, sprangen alle freiwillig in das Auto. Meist fuhren wir zu einem nahegelegenen Wald, auf eine große Lichtung, wo die Tiere sich nach Herzenslust austoben konnten. Wir machten Picknick, während Sanny und Micky genüsslich das saftige Gras fraßen.

47

Franzi und Michaela waren schon zu groß, aber Christine konnte noch auf Micky reiten. Anfangs führte ich ihn, dann aber konnte sie es alleine. Wenn sie ihn zu sehr drangsalierte, schlug er einen Haken oder buckelte und sie fiel runter.

Irgendwann kaufte ich ihr einen Sattel und Zaumzeug und ab ging die Post. Sie lernte sehr schnell, wie man ein Pferd führt, und konnte gut mit Micky umgehen. Er war ein ausgesprochen lustiges Pony,, brav, folgsam und hatte eigentlich keine Allüren. Wenn man vor ihm ging und ihm den Rücken zeigte, biss er einen aber schnell in den Hintern und lief davon, das war für ihn scheinbar ein großer Spaß.

Wir hatten viel Freude mit den Tieren, zumal sie sich alle bestens vertrugen. Astor bekam zwar nach wie vor von Sanny seinen Rempler und von Micky einen Tritt, wenn er die beiden zu viel herumhetzte, aber das wollte er so.

Im Stillen beneidete ich Christine immer, wenn sie auf Micky ritt. Mein Traum war reiten oder mit der Kutsche zu fahren. Als Kind hatte ich mir Taschengeld verdient, indem ich im *Tierpark Hellabrunn* die Ponys herumgeführt habe, wenn die Kinder geritten sind. Dort durfte ich dann ab und zu auch umsonst reiten.

Als Erwachsene bin ich mit meinem Mann und den Kindern im Bayerischen Wald einmal auf einem Reiterhof geritten. Diese Pferde waren aber dermaßen kreuzlahm, dass sie wie Roboter funktionierten. Wir stiegen auf und die Pferde setzten sich wie ferngesteuert in Bewegung. Wir brauchten ihnen keine Kommandos zu geben, sie machten alles alleine. Eine Stunde gingen sie mit uns im Gelände umher, um dann wieder am Ausgangspunkt einzutreffen. Im Nachhinein denke ich, wie schrecklich es war, was Menschen mit diesen bedauernswerten Kreaturen gemacht hatten, dass sie so willenlos und mechanisch reagierten.

Mein Wunsch zu reiten wurde immer stärker und ich dachte, dass es doch sehr schön wäre, wenn ich gemeinsam mit Christine ausreiten könnte. Ich hatte mir auch schon einen Plan zurechtgelegt: Ein Bekannter von uns hatte einen großen Bauernhof mit Pferden, Kühen und riesigen Weiden. Dort standen auch Pensions- und Leihpferde. Da die Leihpferde nicht meiner Vorstellung entsprachen (sie waren fast so lahm wie die im Bayerischen Wald), wollte ich ein eigenes Pferd. Ich besprach das mit meinem Mann, der froh war, dass ich es wenigstens nicht zu uns bringen wollte. Da er wusste, dass er mich von meinem Vorhaben sowieso nicht abbringen konnte, stimmte er zu. Anschließend erkundigte ich mich bei verschiedenen Reiterhöfen nach den Pensionspreisen und Unterbringungsmöglichkeiten. Da mir die Weiden und Ausreitemöglichkeiten sehr wichtig waren, entschied ich mich für unseren Bekannten. Der wusste aber noch gar nichts von seinem Glück. Ich hatte aber auch noch gar keine Zeit dafür, denn Micky nahm mich noch sehr in Anspruch, da er doch noch etwas mehr Schliff brauchte. Ebenso Christine, die gewisse Regeln lernen musste.

Als ich die Zeit für reif befand, besuchten wir besagten Bekannten und erzählten ihm von meinem Vorhaben. Er war sehr erfreut, dass ich mich für ihn entschieden hatte und machte mir auch einen angemessenen Pensionspreis. Er bot sich an, mit mir nach München auf den Pferdemarkt zu fahren und ein entsprechendes Tier auszusuchen. Über dieses Angebot war ich sehr erfreut, da ich selbst überhaupt keine Ahnung von Pferden hatte. Dieser Pferdemarkt war jeden Monat einmal im Schlachthof in München. Wir machten gleich einen Termin aus.

Am folgenden Samstag stand Herr A. morgens um sechs vor der Tür, wohlweislich mit einem Pferdeanhänger. Frohen Mutes und voller Spannung, was der Tag wohl bringen würde, fuhren wir los.

Das Gebäude, in dem der Markt stattfand, war riesig. Dementsprechend war auch das Angebot. Von stolzen Arabern, riesigen Hannoveranern, stämmigen Friesenpferden bis zu den kleinen Ponys waren alle Rassen vertreten. Sehr edle Reitpferde, ebenso alte, verbrauchte, arme Pferde, die wahrscheinlich den Schlachthof gar nicht mehr lebend verlassen oder für irgendeinen Karussellbetrieb hergenommen würden.

Die Wahl fiel mir sehr schwer. Ich wollte kein edles Pferd, sondern einen ganz normalen, braven Gaul, mit dem ich im Gelände reiten konnte. Ich entschied mich für einen dunkelbraunen, fast schwarzen Wallach mit weißer Blesse. Herr A. fand die Wahl auch gut und handelte für mich den Preis aus. Man sagte mir, das Pferd käme aus Polen, sei drei Jahre alt und angeritten. Man konnte mir allerdings viel erzählen, denn ich hatte keine Ahnung, wie man das Alter feststellt, aber es war mir auch egal, denn es war Liebe auf den ersten Blick. Ich nannte ihn *Blacky*.

Hochbeglückt verließen wir das Getümmel. Vorher hatte ich mir noch Halfter, Zaumzeug sowie einen Pferdestrick gekauft. Herr A. führte Blacky zu unserem Transporter, in den er ohne Probleme rein ging. Er war ein ausgesprochen sanftes und ruhiges Pferd. Mein Begleiter meinte, dass ich mich mit Blacky für 3.000.- DM nicht verkauft hätte. Er sei ein schönes gesundes Pferd, soweit er das feststellen konnte. Das Schönste war aber, dass ich gar nicht reiten konnte. Dies wusste Herr A. aber nicht und ich sagte es ihm auch nicht.

Als wir in den Hof einfuhren, wieherten die anderen Pferde schon, da sie merkten, dass ein neuer Stallgenosse kam. Blacky trippelte ganz aufgeregt und ließ sich brav in seine Box führen. Die Nachbarn wurden beschnuppert und er fühlte sich anscheinend wohl. Die Stallungen waren sehr geräumig und das Futter reichlich.

Nachmittags, als die Kinder aus der Schule kamen, fuhren wir mit der ganzen Meute zu Blacky. Der war mittlerweile schon auf der Koppel und graste friedlich vor sich hin. Vorsichtshalber hatte ich Pferdeleckerli mitgenommen, als Anreiz zum Kennenlernen. Ich rief seinen Namen, aber er sah mich nur ganz gelangweilt an. Erst als Micky auf der Bildfläche erschien, kam er neugierig angetrabt. Micky war sehr kokett und raffiniert. Er brachte es immer wieder fertig, dass die ganze Pferdeschar ihm nachlief. Wenn es ihm dann zu gefährlich wurde, weil ein junger Hengst sich im zu sehr näherte, lief er schnell unter dem Zaun durch von der Weide. Sanny und die Hunde gingen wohlweislich nicht auf die Weide, denn die Pferde waren doch etwas zu groß für sie.

Ich ging auf Blacky zu, nannte ihn beim Namen und gab ihm die Leckerli und führte ihn von der Weide. Nach anfänglichem Zögern ging er ganz brav mit und wir machten einen Spaziergang in die Umgebung. Vor den Hunden hatte er anfangs etwas Angst, das legte sich aber, als er merkte, dass keiner ihm etwas tat.

So marschierten wir eine Stunde durch die Gegend und ich war glücklich, dass Blacky ein so braves Pferd war. Micky provozierte ihn zwar ab und zu, indem er vor ihm her trippelte, Blacky ließ sich aber nicht aus der Ruhe bringen.

Wieder auf dem Hof angekommen, wurden wir freundlich wiehernd von den anderen Pferden begrüßt. Blacky wurde anscheinend gut aufgenommen. Ich band ihn los und er stürmte zu den anderen auf die Weide. Den Kindern gefiel Blacky sehr und sie wollten – da er ja so brav war – gleich reiten. Das war natürlich momentan noch nicht möglich.

Kinder kannte Blacky anscheinend, da er ihnen ganz ruhig aus der Hand fraß und auch sonst keine Anzeichen von Angst zeigte. Blacky machte es mir leicht, da er sehr folgsam und leicht zu führen war.

So leicht wie ich mir das vorgestellt hatte, war Reiten allerdings nicht. Manchmal brachte ich meinen Reitlehrer zur Verzweiflung, und er beschimpfte mich aufs Feinste – was ich hier nicht wiedergeben möchte.

Nach drei Monaten hatte ich es endlich geschafft, dass ich alleine reiten konnte. Die Zeit passte auch, es wurde Frühjahr und ich konnte ins Gelände gehen. Mein Traum ging in Erfüllung. Da ich keine Dressur, sondern nur im Gelände reiten wollte, war der Unterricht für mich erledigt. (Im Grunde konnte ich noch gar nichts, außer das Pferd in Bewegung setzen, *Gang*, *Trab*, *Galopp* und oben sitzen bleiben.)

Blacky und ich erlebten eine schöne Zeit. Immer wenn es mir zeitlich möglich war, fuhr ich zu ihm. Inzwischen kannte er mich schon und wenn er auf der Weide war und mich sah oder hörte, kam er sofort angaloppiert. Er nahm seine Leckerli in Empfang und wir schmusten zuerst, das war unsere Begrüßungszeremonie. Mittlerweile nahm ich die Kinder und die anderen Tiere nicht mehr so oft mit, da ich dann nicht in Ruhe ausreiten konnte. Wenn ich ausritt, wollte ich mich ganz Blacky widmen und mit ihm alleine sein. Ab und zu nahm ich meine Mutter mit, die Pferde sehr mochte, außerdem konnte man dort sehr schön spazierengehen. Mein Vater blieb lieber zu Hause bei den Hunden, da er Angst vor Pferden hatte.

An einem schönen Tag fuhr ich mit meiner Mutter wieder zu Blacky. Ich holte ihn von der Koppel, putzte und sattelte ihn. Meistens ritt ich anderthalb bis zwei Stunden. In der Zeit ging meine Mutter spazieren. Wenn es zu lange dauerte, setzte sie sich auf eine Bank, an der ich auf dem Rückweg vorbeikam. Wir gingen dann gemeinsam nach Hause und ab und zu führte sie Blacky, was ihr große Freude machte.

Ich ritt also los und nach einer Stunde überkam mich ein menschliches Bedürfnis. Das war nicht das erste Mal und Blacky kannte das schon. Ich stieg ab und legte die Zügel über seinen Hals, er durfte in der Zwischenzeit grasen, was bis dahin immer vorzüglich funktionierte. Nun sind Pferde von Natur aus sehr ängstlich. Blacky war ein Paradebeispiel dafür. Die kleinste Plastiktüte oder Papier konnte ihn schon in Panik versetzen. In diesem Falle war es ein Papiersack, den ich übersehen hatte. Durch den Wind bewegte es sich, Blacky spitzte die Ohren, blähte die Nüstern, schnaubte kurz und gab Gas. Wie von der Tarantel gestochen galoppierte er in Richtung Heimat. Alles Rufen und Schreien half nichts, er rannte, was das Zeug hielt. Zum Glück hatte er die Zügel über dem Hals, sonst wäre er wahrscheinlich gestolpert. Meine Mutter hatte inzwischen die Hälfte des Weges erreicht, als Blacky – ohne mich – an ihr vorbeisauste. Man kann sich vorstellen, was in ihr vorging. Erst der Schrecken des galoppierenden Pferdes und dann die Angst um mich. In ihrer Panik lief sie so schnell sie konnte zurück zum Hof. Sie machte alle rebellisch und sagte, ich sei vom Pferd gefallen und man müsse mich suchen.

Herr A. und einige Reiter, einschließlich meiner Mutter, fuhren mit dem Traktor los, um mich zu suchen. Als wir uns trafen und ich ihnen von meinem Missgeschick erzählte, bekam ich natürlich eine gehörige Standpauke, zumal man ein Pferd nie loslässt, ohne es anzuleinen. Aus Erfahrung wird man klug und mir ist so etwas nie wieder passiert. Meine Mutter fuhr aber auch nie wieder mit. Beim nächsten Reiterfest musste ich für meine Blamage auch ganz schön blechen, aber besser so, als wenn ich wirklich runtergefallen wäre.

So wurde es Sommer. Da es jetzt zum Reiten zu heiß war – die Pferde standen tagsüber unter den Apfelbäumen und nachts grasten sie – fuhren wir zum Baden. Die Kinder fuhren mit meinem Mann im Auto, und bei mir waren wieder Micky, Sanny und die beiden Hunde. Unser Ziel war meist ein Baggersee in der Nähe von Allershausen, an dem wir fast alleine waren. Ab und zu fuhren auch Freunde von uns mit, die heute noch davon schwärmen. Es war die etwas andere Art, Freizeit zu erleben. Die Tiere mit ihren unterschiedlichen Gepflogenheiten sorgten immer für Überraschungen, Spaß und Freude. Bei Sanny musste man höllisch aufpassen, dass keine Kleidung, Schuhe, Taschen und dergleichen unbeaufsichtigt herumlagen, alles wurde von ihr angeknabbert. Micky bekam hin und wieder einen *Rennanfall* und galoppierte auf und davon – Sanny, der springende Fußball, hinter ihm her. Beide kamen dann nach einer Weile immer völlig fertig zu uns zurück. Am ruhigsten waren noch die Hunde. Ab und zu schwamm Gundi eine Runde. Astor war wasserscheu und ging nur bis zum Bauch ins Wasser. Sie spielten aber zusammen und ab und zu trieben sie auch Micky und Sanny in den Wald. Meist waren wir den ganzen Tag beim Baden, hatten Verpflegung und was man sonst noch alles braucht dabei. Abends wurde die Meute wieder eingeladen und alle waren müde und glücklich. Im Nachhinein bekomme ich heute noch eine Gänsehaut, wenn ich daran denke, was bei diesen Transporten alles hätte passieren können. Die Firma VW hätte ihre helle Freude an uns gehabt und es wäre bestimmt eine Superreklame für sie gewesen, was alles in einem VW Platz hat.

Doch auch der geduldigste VW gibt einmal auf. Das Auto war zwar schon etwas älter, als wir es kauften, aber in Top-Zustand. Das änderte sich schlagartig, als wir unseren Zoo transportierten. Zusehens wurde er morscher und baufälliger. Als der TÜV fällig wurde, gaben wir auf, denn die Reparatur überstieg bei Weitem den Wert des Autos. Ich bin zwar kein VW-Fan, aber dieses Gefährt habe ich geliebt, weil es mit uns durch Dick und Dünn fuhr und nie versagte.

Da wir ein zweckmäßiges Auto brauchten, das aber nicht zu teuer in der Anschaffung und im Unterhalt sein durfte, entschieden wir uns für einen VW-Bus. Der Bus war abgeteilt in Fahrerkabine und Ladefläche. So konnten wir ohne Umbau die Tiere weiterhin transportieren. Für sie war es eine Umstellung und sie mussten sich erst an das neue Fahrzeug gewöhnen. Anfangs waren sie sehr nervös, da der Innenraum doch viel größer als gewohnt war und sie vor allem alleine waren. Bei den ersten Fahrten fuhren immer die Kinder mit, um sie zu beruhigen. Nach einiger Zeit hatten sie sich aber auch daran gewöhnt und sprangen in das Auto, sobald die Schiebetür offen war.

Da unsere Fahrmöglichkeit nun komfortabler und besser war, trauten wir uns nun auch weitere Strecken zu. So hatten wir Bekannte, die im Bayerischen Wald eine wunderschön gelegene Hütte besaßen. Wir verlebten dort schon früher sehr schöne Urlaube.

Als die Kinder Ferien hatten, entschlossen wir uns, wieder einmal zu der Hütte zu fahren. Wir packten unseren ganzen Tierpark – inzwischen waren noch eine Landschildkröte, Emma, und zwei Wellensittiche dazugekommen – in den Transporter. Die Kinder fuhren mit meinem Mann, da die beiden Hunde bei mir vorne saßen. – Auf der langen Strecke war es mir doch zu gefährlich, sie hinten bei Micky und Sanny zu lassen. Unterwegs machten wir ein paarmal Station, um die Tiere laufen zu lassen. Bei unserem letzten Halt – vor dem Kernkraftwerk in Ohu – gingen wir auch spazieren, als Spaziergänger kamen und uns fragten, zu welchem Zirkus wir gehörten. Als wir sagten, wir seien privat unterwegs, schüttelten sie nur den Kopf und lachten uns aus. Das ist uns öfter passiert, konnte uns aber nicht aus der Ruhe bringen – mein Mann war allerdings nie dabei, der verzog sich vorher, was ich auch verstehen konnte.

Endlich waren wir am Ziel angekommen. Die ganze Meute freute sich, nun herumtollen zu können. Die Hütte lag auf einem großen eingezäunten Grundstück mitten im Wald. Sie war sehr geräumig, mit einem großen Wohnzimmer, großer Wohnküche mit Herd und Kochmöglichkeit, Schafzimmer und drei Kinderzimmern mit Stockbetten, ein Bad mit Dusche, Waschbecken und außerhalb des Hauses ein Plumpsklo. Das war das Einzige, was für uns unangenehm war. Sobald es dunkel wurde, ging keiner mehr auf die Toilette.

Nach der Ankunft mussten die Betten überzogen, die Verpflegung eingeräumt und den Tieren ihre Unterkunft hergerichtet werden. Micky und Sanny hatten einen Unterstand und die Hunde waren im Haus. Der Käfig mit den Vögeln wurde an einen sicheren Platz gestellt – fliegen konnten sie hier nicht. Emma bekam am Tag, wenn sie draußen laufen durfte, ein Netz über den Panzer gezogen, an dem eine Schnur befestigt war, damit sie nicht davonlaufen konnte. Nachts war sie in einer Kiste.

Der erste Abend war meist sehr kurz, da alle hundemüde und erschöpft waren. Am nächsten Morgen wurde zeitig aufgestanden und mein Mann oder ich holten frische Semmeln, Wurst, Käse und Milch. Wir frühstückten im Garten. Bei schönem Wetter gab es nichts Gemütlicheres als draußen zu sitzen. Die Ruhe, die gute Luft, das Gezwitscher der Vögel – man konnte die Seele baumeln lassen.

Nach einem ausgiebigen Frühstück wurde mit der ganzen Schar, Kindern und Tieren, ein schöner Spaziergang gemacht. Mein Mann fuhr dann zu einem Bauern in der Nähe, um Heu zu holen. Nachmittags fuhr ich meist mit den Kindern zum Einkaufen, da wir Selbstversorger waren. Bei schönem Wetter grillten wir oder ich kochte. Nachmittags gingen wir meist zum Baden an einen nahegelegenen Bach. Mein Mann fuhr meist nach einer Woche wieder nach Hause, wir anderen hingegen blieben.

Wenn das Wetter es zuließ, machten wir Lagerfeuer und schliefen auch ab und zu im Freien. Des Öfteren kamen auch Freunde aus dem Umland und besuchten uns. Das waren mit unsere schönsten Urlaube – und mit den Tieren auch die lustigsten. Zwei Tage vor Urlaubsschluss kam meist mein Mann, um uns wieder abzuholen. Vorher mussten wir noch alles gründlich sauber machen. Die Kinder halfen fleißig mit und so herrschte bald wieder Ordnung. Wir waren immer etwas traurig, wenn wir fuhren, doch der Gedanke an das nächste Jahr machte es leichter. Nun ging der Ernst des Lebens wieder los und die Zivilisation hatte uns wieder.

Am vorletzten Tag unseres Urlaubs wollten wir Emma am Abend in ihre Kiste bringen, aber es war keine Emma da. Sanny hatte die Schnur abgefressen und Emma war weg. Es war mein Fehler. Ich hätte daran denken müssen, dass Sanny sie erwischen könnte. Alles Suchen half nichts, Emma blieb verschwunden. Schweren Herzens mussten wir am nächsten Tag fahren. Ich benachrichtigte den Hausbesitzer, wenn neue Gäste kämen, dass sie bitte nach Emma Ausschau halten sollten. – Wir haben nie mehr etwas von Emma gehört. Sie war zwar schon etwas älter, aber noch sehr bewegungsfreudig. Schildkröten können auch klettern und sich einbuddeln. Ich hoffe, sie konnte ihre Freiheit noch lange genießen. Ansonsten haben wir unseren Zoo wieder heil nach Hause gebracht.

Es wurde Herbst und ich konnte mich wieder mehr Blacky widmen und mit ihm ausreiten. Obwohl er so brav war, hatte ich ein Problem mit ihm: Er ließ sich nicht beschlagen. Er war auch nicht beschlagen, als ich ihn kaufte, aber die Hufe waren geschnitten. Da ich viel im Gelände, teilweise auch auf steinigen Böden ritt, brauchte er aber Hufeisen.

Wir hatten einen Bekannten, der ein guter Schmied war. Als er das erste Mal kam und seinen Schurz anzog, merkte ich gleich, dass

Blacky unruhig wurde. Wir banden in vor dem Stall am Tresen an und ich hob seinen Fuß. – Blacky war nicht wiederzuerkennen: Er schnaubte, schlug aus und versuchte, sich loszureißen. Alle guten Worte halfen nichts, selbst Leckerli hatten keinen Einfluss auf sein Gebaren, er war nicht zu beruhigen. Der Schmied setzte dann die Nasenbremse an – ein furchtbares Mittel, um Pferde ruhig zu halten.

Da ich Blacky das nicht zumuten wollte, gab es kein anderes Mittel, als ihn unter Narkose zu setzen. Ich ließ den Tierarzt kommen, der Blacky eine Spritze gab, sodass er im Stehen einschlief. Man musste ihn nun halten, damit er nicht umkippte. So konnte er aber ohne größeres Risiko beschlagen werden.

Blacky hatte wohl früher mal schlechte beziehungsweise schmerzliche Erfahrungen beim Beschlagen gemacht und das vergaß er nicht. Sobald der Schmied fertig war, war Blacky wieder das bravste Pferd der Welt.

Das musste zwei- bis dreimal mal im Jahr gemacht werden. Wenn der Boden sehr weich war, ließ ich Blacky auch ab und zu ohne Eisen gehen, nur um das Beschlagen noch etwas herauszuzögern. Da Blacky aber relativ weiche Hufe hatte, ging es ohne Eisen praktisch nicht.

Im Herbst war die Zeit der Fuchsjagden und ich wurde von einem Bekannten dazu eingeladen. Es heißt zwar *Fuchsjagd*, hat aber im herkömmlichen Sinne nichts damit zu tun. Der *Major* ist der Anführer und trägt einen Fuchsschwanz. Er hat einen Vorsprung und muss sich verstecken. Wer ihn zuerst eingeholt hat, bekommt die Trophäe.

Da mir meine und Blackys reiterlichen Fähigkeiten bekannt waren, lehnte ich eine Beteiligung ab. Auf Drängen eines guten Freundes und mit dem Versprechen, dass ich jederzeit aufgeben könnte, ließ ich mich dann aber doch überreden.

Bei einer offiziellen Fuchsjagd ist die Bekleidung vorgeschrieben. Reithose, Stiefel und Kappe hatte ich sowieso. Damit ich aber stilgerecht aussah, kaufte ich mir ein rotes Reitersakko – sehr flott.

Die Pferde mussten zu dem Treffen gefahren werden. Blacky war schon etwas nervös, als er verladen wurde. Dort angekommen waren mindestens 20 Reiter und doppelt so viele Helfer vor Ort. Man wurde mit begrüßt und mein Bekannter schaute mich etwas erstaunt an, wegen meinem roten Frack, sagte aber kein Wort. In der ganzen Reiterschar waren nur drei Reiter, die auch ein rotes Sakko trugen.

Nach einem kleinen Umtrunk und Anordnungen, wie geritten werden sollte, ging es los. Der *Major* war schon weg. Die ersten Kilometer ging es im Schritt, bis wir im Gelände waren. Plötzlich stob die ganze Meute los. Blacky konnte gut mithalten und es machte auch Spaß. Im Wald waren überall Hürden und Hindernisse aufgestellt, über die man springen musste. Überall waren Beobachtungsposten, die aufschrieben, wie der Reiter sich verhielt, das wusste ich aber nicht. Kleinere Hindernisse übersprangen Blacky und ich, bei größeren gingen wir außen vorbei. Ich war so ziemlich die Letzte und kurz vor der Aufgabe, als Blacky vor einem Hindernis scheute und ich unsanft auf dem Boden landete. Das hatte mir gerade noch gefehlt. Mir war zwar nichts passiert und ich stieg wieder auf, aber mein schöner Frack war nicht mehr ganz so rot.

Wir kamen mit etwas Verspätung am Ziel an. Nun wurde gefachsimpelt und geredet, anschließend fuhr man die Pferde wieder zurück in den Stall. Abends war dann geselliges Beisammensein mit anschließendem *Jagdgericht*. Jedem Reiter wurden seine Fehler vorgehalten, es gab Punkte und man musste je nach Punkten eine Strafe zahlen. Mein größter Fehler war mein roter Frack, den dürfen nämlich nur der *Major* und seine Helfer tragen. Einige Hindernisse hatte ich umgangen, war zu langsam und auch noch vom Pferd gefallen, machte Summa summarum 60,- DM. Meine Bekannten trösteten mich zwar, beim ersten Mal sei es ihnen auch nicht anders ergangen, aber es war und blieb für mich die einzige Fuchsjagd.

Irgendwann machten wir uns Gedanken über Sanny, da sie auch nicht mehr die Jüngste war, ob wir sie nicht decken lassen wollten. Der Stall und das Gehege waren groß genug für zwei Ziegen und Micky. Wir hatten Bekannte, die Zwergziegen und einen Bock hatten. Wir fragten nach, ob sie uns ihren Bock zu diesem Zweck zur Verfügung stellen wollten. Man sagte, es sei kein Problem, unsere Ziege müsse nur einige Tage bei ihnen bleiben.

Wir brachten Sanny zu dem Bock, der hocherfreut war. Sanny weniger, denn er war gleich sehr stürmisch. Sanny meckerte zwar, als wir gingen und sie nicht mitnahmen, doch zur Sicherheit sollte sie zwei Tag dort bleiben, da der Akt öfters vollzogen werden musste.

Nach zwei Tagen holten wir sie wieder ab und sie war heilfroh, von ihrem stürmischen Liebhaber erlöst zu werden. Ob sie *aufgenommen* hatte, wussten wir zwar nicht, es würde sich aber bald herausstellen. Kugelrund war sie schon immer und wir hatten etwas Angst, das sie platzen würde, wenn sie Junge bekam. Wir rechneten uns die Tragezeit aus und warteten.

Eines Morgens war es soweit: Sanny war Mama geworden. Im Heu lagen zwei kleine braune Etwase. Sanny schleckte eines ab – das andere war tot. Wir konnten nichts Auffälliges feststellen und waren froh, dass wenigstens eins lebte.

Nach ein paar Stunden versuchte das kleine Geißlein, schon aufzustehen. Es sah allerliebst aus, ganz braun, etwa 15 Zentimeter hoch, das Längste an ihm waren seine kleinen dünnen Beinchen.

Sanny war eine gute Mutter. Mit Argusaugen passte sie auf, dass Micky dem Kleinen nicht zu nahe kam. Der wiederum kümmerte sich gar nicht um den Neuankömmling.

Die ersten Tage mussten Mutter und Kind noch im Stall bleiben, aber dann war der Kleine schon so quicklebendig, dass er auch ins Gehege durfte. Ich finde, es gibt nichts Niedlicheres als junge Zwergziegen. Kein Tier kann so übermütig und lustig seine Lebensfreude zeigen. Da es ein Böckchen war, nannten wir ihn *Hiasl*. Er war in seinem Bewegungsdrang konkurrenzlos. Es gab nichts, wo er nicht hinaufkam. Lag Micky in der Sonne, sprang er auf ihm herum, er hatte vor nichts Angst. Wir hatten ihm eine Wippe gebaut, auf der er mit Begeisterung herumturnte. Seine Mutter unterstützte ihn dabei.

Nun war für Sanny das Autofahren vorbei. Sie musste mit ihrem Sohn zu Hause bleiben, denn im Auto brachte der Kleine alles durcheinander.

Hiasl entwickelte sich zu einem wunderschönen Zwergziegenbock. Er hatte im Gegensatz zu seiner Größe relativ große Hörner, einen imposanten Ziegenbart, sehr schönes braunes langes Fell und einen sehr markanten Kopf. Für einen Zwergziegenbock war er eine ausgesprochene Schönheit. Er hatte nur einen Fehler: Er stank. Er stank so penetrant, dass man ihn – auf gut Deutsch gesagt – 500 Meter gegen den Wind riechen konnte. Wenn ich abends in den Nachtdienst ging, mich vorher gewaschen und umgezogen hatte, konnte man sein *Aroma* trotzdem noch an mir riechen.

Sein Gestank kam von seiner Potenz. Ziegenböcke sind unglaublich potent und wenn sie die nicht ausleben können, spritzen sie sich selber an. Hiasl besprang alles, was ihm über den Weg lief. Er versuchte es bei Astor, Gundi, Sanny … wir mussten uns etwas einfallen lassen. Der Tierarzt riet uns allerdings von einer Kastration ab, da das ganze Temperament und Gefühlsleben des Tieres darunter gelitten hätte. Da wir Hiasl aber behalten wollten, sahen wir fast keine andere Möglichkeit.

Einmal im Jahr machte unsere Dienststelle einen Betriebsausflug. Diesmal ging es in die Nähe von Dachau, zu einem Biergarten mit angeschlossenem Reiterhof. Eine wunderschöne Anlage. Da ich frei hatte, fuhr ich von zu Hause mit meinem Bus dorthin. Als Erstes war Frühschoppen angesagt, anschließend wollte ich mir das Gelände und die Pferde ansehen. Das Ganze war sehr gepflegt und es herrschte reger Betrieb. Während meines Rundganges gesellte sich der Seniorchef zu mir und erzählte mir die Geschichte des Hofes. Im Laufe des Gespräches erwähnte er auch, dass sie früher auch Ziegen hatten – denen er im Grunde nachtrauerte – jetzt aber nur noch Pferde auf dem Hof wären. »Die jungen Leute machen halt mit den Pferden mehr Geld.« Bei dem Wort *Ziegen* klickte es bei mir und ich fragte ihn, ob er nicht wieder eine Ziege wolle. (Ziegen hat man oft in Gestüten oder Reiterhöfen, da sie Krankheiten von den Pferden abhalten.) Der gute Mann war ganz begeistert, als ich ihm von meinem Hiasl erzählte und ihm als Geschenk anbot. Ich sagte ihm fairerweise, dass es ein Bock sei, aber ich wolle nichts für ihn, nur ein guter Platz sei mir wichtig. Er bedrängte mich förmlich, Hiasl zu holen, damit er wieder eine Ziege hatte. Nachdem er ja der Seniorchef war, nahm ich ihn beim Wort und fuhr nach Hause, um Hiasl zu holen. Meinen Kollegen erzählte ich von meinem Glück, einen guten Platz für Hiasl gefunden zu haben. Ich versprach, so schnell wie möglich wiederzukommen – mit Hiasl.

Zu Hause angekommen berichtete ich meinem Mann von unserem Glück. Der sagte nur: »Wissen die, wie ein Bock stinkt?« Ich nahm es an. Es war einen Versuch wert. Um einen guten Eindruck zu machen, spritzte ich ihn noch mit dem Schlauch ab, seifte ihn mit einer gut riechenden Waschlotion ein und föhnte ihn. Er sah aus wie neu und für meinen Geruchssinn roch er sehr gut. Dann packte ich ihn ins Auto.

Da Hiasl noch nie von seiner Mutter getrennt war, wusste er gar nicht, wie ihm geschah, als ich ihn alleine in den Bus verfrachtete. Die Hälfte des Weges meckerte er ganz erbärmlich und ich war schon versucht, wieder umzukehren und ihn nach Hause zu bringen. Da aber etwas geschehen musste, fuhr ich weiter.

Zurück beim Reiterhof stellte ich mein Auto auf den Parkplatz und ließ meinen gewaschenen, gut riechenden und mit einem roten Halsband ausgestatteten Hiasl aussteigen. Vom Biergarten aus konnte man mich nicht sehen. Hiasl hatte ich an der Leine und schlich mich an den rückwärtigen Eingang des Reiterhofes. Plötzlich hörte ich wie einer von meinen Kollegen sagte: »Ja, was stinkt denn jetzt auf einmal?«

Der Senior erwartete mich schon auf der Rückseite des Hofes. Er sah Hiasl und sagte: »Ja stinka tuat er scho a bißl, aber nett is er scho.« Dann gab er mir Instruktionen, dass ich ihn an der Rückseite des Hofes anbinden solle, vor einem Busch, sodass man ihn nicht gleich sehen konnte, wenn die Reiter zurückkamen.

Hiasl war noch nie angebunden. Er hatte sich aber mittlerweile seinem Schicksal ergeben und meckerte nicht mehr, sondern wartete ganz ruhig. Ich band ihn an, versteckte mich und wartete auf die Dinge, die da kommen sollten.

Mittlerweile war es Nachmittag geworden und der Reitbetrieb war in vollem Gange. Die meisten Reiter kamen jetzt wieder zurück. Sobald ein Reiter um die Ecke bog, hob das Pferd den Kopf, blähte die Nüstern und zog die Lippen nach oben. (Sehen konnten sie den Bock nicht, nur riechen.) Nach weiteren zehn Metern kam er dann ins Blickfeld und fast jeder Reiter schaute ganz erstaunt und schimpfte. Mit übler Vorahnung ging ich zu meinen Kollegen und erzählte, wie es lief. Keiner wollte meinen Hiasl sehen, da ihnen der Geruch schon genügte.

Plötzlich kam der Juniorchef angerannt und schrie, wem denn der Bock gehöre. Auf meinen Einwand, sein Vater hätte ihn bestellt und er sei ja nicht für den Biergarten, sondern für den Pferdestall, meinte er nur zornig, ich solle diesen Stinkstiefel sofort entfernen, sonst erschieße er ihn. Ich holte meinen Hiasl also wieder ab, der freudig meckerte, brachte ihn ins Auto und war im Grunde froh, dass ich meinen Stinkebock wieder mit nach Hause nehmen konnte. Dort hätte er es bestimmt nicht schön gehabt. Wir mussten uns wohl etwas anderes einfallen lassen.

Endlich hatten wir eine gute Idee: Ein Bekannter meines Mannes lieferte Tierfutter an den *Tierpark Hellabrunn*. Mit diesem setzten wir uns in Verbindung und fragten, ob es nicht möglich sei, Hiasl im Streichelgehege des Zoos unterzubringen. Wir wussten, dass der Tierpark normalerweise keine Tiere annahm. Durch Beziehungen war es dann aber doch möglich.

Hiasl kam nach zwei Wochen in das Streichelgehege. Wir überschlugen uns fast vor Freude. Besser hätte es nicht kommen können: Dort hatte er einen ganzen Harem. Wir selbst konnten ihn aber nicht hinbringen, der Bekannte nahm ihn mit und lieferte ihn bei dem zuständigen Wärter ab. Es war ein sehr großes Gehege mit allen möglichen Tieren: kleinen Ponys, Schafen, Zwergziegen, Meerschweinchen, Hasen … Dort durften die Kinder auch reingehen und die Tiere streicheln, die alle sehr zutraulich waren.

Nach 14 Tagen besuchten wir ihn und – oh Wunder, unser Stinkbock stank nicht mehr. Seine Potenz war ausgelastet und er war nun der netteste und ruhigste Bock, den es gab. Er kannte uns zwar noch, als wir ihn riefen, aber sein Harem nahm ihn so in Anspruch, dass er uns nicht weiter beachtete. Unser Hiasl war in seinem Element, er war Pascha und wir waren zufrieden. Selbst Sanny jammerte ihrem Sohn nicht nach, da er sie ja pausenlos belästigt hatte. Sie suchte zwar kurz nach ihm, ging dann aber zur Tagesordnung über.

Es war Ende des Sommers. Auf dem Nachhauseweg von der Jagd fand mein Mann am Straßenrand eine überfahrene Igelmutter. Tot. Um sie herum waren fünf kleine Igelbabys. Er packte die Kleinen ein und brachte sie mit nach Hause. Ich hatte zwar schon größere Igel durchgefüttert, bis sie ihr nötiges Überwinterungsgewicht hatten, aber hier war guter Rat teuer. Diese Kleinen konnten noch nicht selbst fressen, mussten also zwangsernährt werden. Ich erkundigte mich bei verschiedenen Fachleuten und holte mir Rat.

Zuerst mussten die Kleinen von Ungeziefer befreit werden. Sie wurden dafür in lauwarmem Wasser gebadet, abfrottiert und getrocknet, dann vorsichtig mit Flohpulver eingepudert. Eine größere Schachtel wurde für sie mit Zeitungen und Handtüchern ausgelegt. Was ich damals genau fütterte, weiß ich nicht mehr. Was mir in Erinnerung blieb, ist die mühsame Arbeit, die Kleinen zum Fressen zu bekommen. Mit Pipette und Puppenflasche mit Schnuller ging es eigentlich ganz gut.

Zwei überstanden es nicht und starben gleich in den ersten zwei Tagen. Die anderen drei machten langsame Fortschritte und nach drei Wochen konnten sie dann endlich alleine fressen.

Da ich ja nebenbei immer noch berufstätig war, musste ich die Igel mit zur Arbeit nehmen, da sie alle zwei Stunden gefüttert werden sollten. Mein Chef und die Kolleginnen wussten von meiner Tierliebe, da sie auch schon einiges miterlebt hatten, und freuten sich über die Abwechslung in der Dienststelle. Als die Kleinen dann alleine fressen konnten, war das nicht mehr nötig und sie blieben zu Hause.

Nun war das Schlimmste überstanden und sie kamen in einen großen Hasenkäfig. Sie machten zusehens Fortschritte und wurden kugelrund und fett. Abends wurden sie munter und zeigten einen unglaublichen Bewegungsdrang. Bald war der Käfig zu klein und sie bewohnten ein leer stehendes Zimmer, in dem sie herumlaufen konnten.

Nachdem sie ihr nötiges Gewicht zum Überwintern hatten, verfrachteten wir sie in den Keller, der nicht geheizt war, und in dem immer eine Temperatur von etwa zehn Grad herrschte. Wir füllten eine große Kiste mit Erde und Laub, als Unterlage eine Schicht Zeitungen, der Eingang war vorne offen, sodass sie ohne Schwierigkeiten in ihr *Bett* gehen konnten. Jeden Tag wurde gefüttert und kontrolliert, ob sie noch munter waren. Keiner von ihnen dachte an Winterschlaf, sie fraßen und tranken. Dementsprechend sah auch der Keller aus.

Endlich, kurz vor Weihnachten merkten wir, dass das Futter nicht mehr angenommen wurde. Die drei Gesellen lagen zusammengerollt unter dem Laub in der Kiste.

Ende März wurde es dann wieder lebendig im Keller. Unsere Igel wachten auf und hatten Hunger. Etwas wackelig und langsam kamen sie angelaufen, aber es schmeckte ihnen schon wieder.

Da wir schon zwei Igelmütter im Garten hatten, wollten wir die drei nicht behalten. Igel sind Einzelgänger und streiten sich mit ihren Artgenossen, wenn es zu viele sind. Wir versuchten deshalb auch gar nicht, sie zahm zu machen, und wollten sie dazu bringen, sich ihr Futter selber zu suchen. Wir fütterten an verschiedenen Stellen im Keller und sie lernten sehr schnell.

Nach zwei Wochen fanden wir, dass unsere Igel bereit waren, sich selbst zu erhalten. Wir packten sie ein, fuhren in den Wald, stellten ihnen Futter und Wasser hin und entließen sie in die Freiheit. Es gab draußen schon genügend Nahrung, sodass wir uns keine Sorgen machen mussten. Etwas wehmütig sahen wir ihnen noch nach, aber wie heißt es so schön: *Und wenn sie nicht gestorben sind, so leben sie noch heute ...* Hoffentlich.

Wir waren froh, dass die Igel weg waren. Es sind zwar sehr putzige Tiere, aber die Schweinerei und der Gestank, den sie hinterlassen, sind furchtbar. Der ganze Keller war verschmutzt und es stank bestialisch. Wir haben noch öfter im Herbst kleine Igel gefunden, aber keinen mehr selber aufgezogen. Mittlerweile gab es auch andere tierliebe Menschen, die sich auf Igel spezialisiert hatten, denen brachten wir sie dann. Unsere Igel im Garten bekamen jedes Jahr aus Laub und Gestrüpp einen Haufen gemacht, darunter eine isolierte Kiste, und so verbrachten sie den Winterschlaf.

Inzwischen hatten wir – ungewollt – wieder Zuwachs bekommen: Sanny hatte Nachwuchs vom eigenen Sohn – Hiasl – bekommen. Wir hatten zwar bemerkt, dass sie etwas rundlicher wurde, das schrieben wir aber der Ruhe zu, die sie hatte, seit er nicht mehr da war.

Eines Morgens gingen wir in den Stall und trauten unseren Augen nicht: Da lagen zwei winzige braune Zicklein im Stroh. Sanny meckerte ganz aufgeregt, als wenn sie uns mitteilen wollte, dass sie Babys bekommen hatte. Bis dahin hatte ich gar nicht gewusst, dass Mutter und Sohn sich vermehren konnten. (Wie naiv, aber man lernt nie aus.) Die beiden ähnelten sich wie ein Ei dem anderen. Es waren – Gott sei Dank – zwei Mädchen. Da wir sie nicht auseinanderhalten konnten, wurden der einen die kleinen Hörner rot angemalt. Wir nannten sie *Susi* und *Strolchi*.

Die beiden Zicklein waren – wie auch Hiasl damals – allerliebst. Ihren akrobatischen Künsten waren keine Grenzen gesetzt. Da sie zu zweit waren, hatten sie noch mehr Spaß und sprangen den ganzen Tag umher. Die ganze Nachbarschaft kam zu uns, um unsere beiden Clowns zu beobachten. Sogar Astor hatte sich mit ihnen angefreundet und lief mit ihnen im Garten herum.

Sanny wachte mit Argusaugen über ihre Kinder. Fremde Hunde durften ihnen nicht zu nahe kommen, ebenso nicht unsere Oma – dann stand sie sofort wieder auf den Hinterbeinen und war zum Angriff bereit.

Mit Micky hatten die Kleinen ein gutes Verhältnis, denn er ließ sich alles von ihnen gefallen, sogar wenn sie auf ihm herumturnten. Die beiden Zicklein waren eine echte Bereicherung für unsere Familie. Im Laufe der Zeit nahmen sie die Figur ihrer Mutter an und wurden genauso kugelrund wie Sanny. Das braune Fell hatten sie allerdings vom Vater. Zum Glück stanken sie aber nicht wie er.

Irgendwann wurde es meinen Eltern – sie waren damals schon sehr betagt – zu beschwerlich, in dem großen Haus zu wohnen. In München hatten sie ihre regelmäßige ärztliche Betreuung und die Wohnung war auch nicht so weitläufig und anstrengend. In dem Haus führte außerdem eine Freitreppe vom Wohnzimmer in das obere Geschoß, was für sie doch sehr anstrengend und auch gefährlich war. Kurzum, sie gaben – sehr zu meinem Leidwesen – ihre Sommerresidenz auf und wohnten wieder ganz in München.

Nun stand das schöne Haus leer. Es war voll möbliert, aber nicht bewohnt. Zu dieser Zeit kriselte es in meiner Ehe schon eine Weile und ich entschloss mich, nach ernsten Überlegungen, mich von meinem Mann zu trennen. Zuerst einmal räumlich. Also zog ich in das Haus ein. Meine beiden Mädchen, Michaela und Christine, nahm ich mit, Franzi blieb bei meinem Mann. (Er hatte ihn ja auch in die Ehe mitgebracht.)

Meine Tiere konnte ich auch alle mitnehmen, denn sie hatten dort ein Paradies. Der Garten war sehr groß und konnte abgeteilt werden. Der vordere Teil gehörte uns und den Hunden, der Obstgarten und die Wiese Micky und den Ziegen. Mit Freunden bauten wir einen schönen Pferdestall mit drei Boxen, da ich Blacky auch zu uns holen wollte. Damals war das Gebiet um uns herum fast unbebaut und gleich hinter unserem Grundstück waren große Wiesen, die ich eventuell dazupachten wollte. Wir hatten uns auch sehr gut eingelebt und waren sehr zufrieden.

Ich war weiterhin berufstätig und hatte Schichtdienst. Für mich war der Dienst optimal. Einmal Tagesdienst, den nächsten Tag Nachtdienst, dann zwei Tage frei. Alle fünf Wochen eine Woche Tagesdienst. Es war immer der gleiche Rhythmus. Es kam natürlich auch vor, dass ich Weihnachten oder Ostern Dienst hatte, was für die Kinder weniger schön war.

Da wir alle Arbeiten alleine machten, mussten die Mädchen auch mithelfen. Für sie war es eine enorme Umstellung, da sie bis jetzt nicht viel getan hatten. Wenn ich Tagesdienst hatte, mussten sie die Tiere versorgen, sich selbst für die Schule fertigmachen, Mittags das Essen – ich kochte meist vor – warm machen und so weiter. Anfangs waren sie noch mit Eifer dabei, aber im Laufe der Zeit flaute die Begeisterung ab und sie beanstandeten, dass sie sich in ihrer Freizeit beengt fühlten. Sie sahen zwar, was alles Arbeit machte, speziell auch die Tiere, aber es waren halt noch Kinder.

Blacky stand immer noch auf dem Reiterhof und wir wollten ihn Anfang des Winters zu uns holen. Ich hatte auch nicht mehr so viel Zeit für ihn, konnte nur noch einmal die Woche zu ihm fahren. Es wurde Zeit, dass er zu uns kam. Es machte ihm zwar nicht viel aus, dass er so wenig geritten wurde, denn er war den ganzen Tag auf der Koppel, aber er wurde doch etwas mollig.

Jedes Jahr Anfang November ist der *Leonhardiritt* nach Inchenhofen. Ich war einige Male mit dabei und es war immer ein Erlebnis. Dieses Jahr konnte Michaela auch mitreiten, denn wir hatten ein zweites Pferd zu Verfügung: Eine Bekannte hatte eine Schimmelstute, die sie selber nicht reiten konnte, da sie krank war, uns aber für diesen Ritt anbot. Da Michaela – im Gegensatz zu mir – sehr gut reiten konnte, nahmen wir das gerne an.

Michaela hatte schon einige Reitstunden hinter sich und war mit Freude bei der Sache. Sie wollte schon oft dabei sein, hatte aber nie die Gelegenheit dazu gehabt, da ich sie nicht alleine mitreiten lassen wollte.

Die ganze Gruppe bestand aus 15 Reitern. Am Vortag des Umzuges wurde zeitig losgeritten. Die Pferde mussten vorher geputzt und gestriegelt werden, denn sie sollten ihrem Stall alle Ehre machen. Sämtliche notwendigen Utensilien wurden in ein extra mitfahrendes Autos verfrachtet: Satteldecke, schönes Zaumzeug, Pflegemittel für die Hufe etc. und für uns selber Kleidung zum Umziehen, Decken und Waschzeug.

Nachdem alles eingeräumt war, konnte der Ritt losgehen. Zuerst ging es langsam los, zum Eingewöhnen. Sobald es das Gelände aber erlaubte, wurde galoppiert. Bei bestimmten Bauernhöfen waren wir schon angemeldet und es wurde eine kleine Rast eingelegt. Blacky hatte schon Erfahrung, er war bereits einige Male mit dabei. Für Betty, so hieß sie Stute von Michaela, war es das erste Mal, sie konnte aber gut mithalten. Sie war ein sehr geländesicheres Pferd und auch sehr ruhig.

So kamen wir nach einigen Stunden in der Dämmerung an unserem Ziel an. Dort war schon alles für uns vorbereitet. An diesen zwei Tagen half immer das ganze Dorf zusammen und die Bauern stellten ihre Stallungen für die Pferde zur Verfügung. Dort kamen an diesen Tagen die ganzen Reiter der Umgebung zusammen. Am Abend wurden die Pferde abgerieben, gebürstet und wurden mit Decken belegt, da sie sehr verschwitzt sind. Nach dem Tränken und Füttern bekamen sie noch ihre Streicheleinheiten und dann war für sie der Tag zu Ende. Ab und zu gab es noch kleinere Rangeleien, da sich der eine oder andere nicht mit seinem Nachbarn vertrug, was aber schnell behoben war.

Dann kam der gemütliche Teil für die Reiter. Bei jedem Bauernhof war ein Reiterstübchen und da wurde dann für das leibliche Wohl gesorgt. Nach einem gemütlichen Abend konnte man nach Hause fahren oder bei den Pferden schlafen. Wir zogen Letzteres vor, da wir am nächsten Morgen dort sein mussten. Da Ross wie Reiter sehr müde waren, konnten wir trotz des etwas unbequemen Nachtlagers gut schlafen.

Am nächsten Tag mussten wir in aller Frühe aufstehen. Nach dem Frühstück wurden die Pferde auf Hochglanz gestriegelt, die Hufe glänzend gewachst, manche bekamen Schleifen oder die Mähne wurde geflochten. Jeder Reiter legte seinen Ehrgeiz daran, das schönste Pferd zu haben. Unsere beiden sahen sehr gut zusammen aus. Blacky hatte dunkelbraunes glänzendes Fell, Betty war genau das Gegenstück dazu. Anschließend musste noch der Stall aufgeräumt und gemistet werden. Zum Schluss warfen sich die Reiter in Schale – ich hatte wieder meinen roten Frack an, der diesmal aber nicht unangenehm auffiel.

Um acht Uhr begann die Aufstellung. Obwohl immer sehr viele Pferde dabei waren und die Reiter nicht alle Profis, lief das Ganze sehr diszipliniert ab. Die Aufstellung erfolgte in vier Reihen, die nach Klubs oder Region unterteilt waren. Der Zug ritt zweimal um das Dorf, um anschließend den Segen des Bischofs zu empfangen. Am anstrengendsten war die Predigt, bei der alle stillstehen mussten.

Wenn man Pech hatte, stand man hinter oder vor einer Musikkapelle. In diesem Fall konnte man seine reiterlichen Fähigkeiten beweisen. Empfanden wir diese Blasmusik schon als enorme Lärmbelästigung, so musste sie für die Pferde geradezu ohrenbetäubend sein. Blacky und Betty waren sehr standfest und machten keine Probleme, was mich eigentlich wunderte, da Blacky doch sehr schreckhaft war. Ich denke aber, Betty und die anderen Pferde, die ebenfalls sehr ruhig waren, kannte er und fühlte sich sicher. Wir waren aber jedes Mal froh, wenn der Trubel vorbei war, denn die Menschen am Straßenrand machten den Pferden doch teilweise Angst, wenn sie klatschten oder mit den Fähnchen winkten.

Nach der Segnung waren wir entlassen und konnten in Richtung Heimat reiten. Vorher wurden aber Ross und Reiter noch mit Speis und Trank versorgt. Wir verabschiedeten uns von den anderen Reitern – aber nicht, ohne noch schnell über den einen oder anderen gelästert zu haben. Auf bis zum nächsten Jahr.

Da es zu dieser Zeit ziemlich früh dunkel wurde, ritten wir bis in die Nacht hinein. Das war für mich immer der schlimmste Teil dieses Ausflugs. Anfangs ging es noch recht flott, wir machten auch wieder unsere Stationen bei den bekannten Bauernhöfen und bekamen dort zur Aufmunterung einen oder zwei Schnäpse. Bei Einbruch der Dunkelheit musste das Tempo aber gemindert werden und es ging nur noch im Schritt vorwärts. Teilweise mussten wir durch Wälder reiten, die nur bei Tageslicht kein Problem waren.

Der erste Reiter hatte eine Laterne am Pferd befestigt, an der sich die Nachfolgenden orientieren konnten. Da ich bei Dunkelheit sehr schlecht sah, ritt ich fast blind und verließ mich auf den Instinkt von Blacky. Dank der Vorsicht unseres Anführers kamen wir jedes Mal sicher und gut nach Hause. Natürlich auch dank meinem Blacky, der sehr vorsichtig und ruhig den Weg fand.

Eines Tages, als ich wieder einmal reiten wollte und Blacky von der Weide holte, kam er mir sehr sonderbar und komisch vor. Im Gegensatz zu sonst kam er nicht angaloppiert und wieherte auch nicht, als er mich sah. Er stand ganz ruhig am Zaun, ließ den Kopf hängen und machte keinerlei Anstalten zu mir zu kommen. Also ging ich zu ihm, in der Annahme, dass er vom Herumtoben müde sei. Ich versuchte auch gar nicht, ihn zu satteln, denn er wollte überhaupt nicht gehen. Nach guten Zureden brachte ich ihn in den Stall, dann ging ich zum Hofbesitzer und bat ihn um Hilfe. In dem Zustand hatte ich Blacky noch nie gesehen.

Als wir nach nicht mal drei Minuten in den Stall kamen, lag er auf dem Boden in seiner Box, hatte sich am Stallgitter festgebissen. Ich hatte noch nie so etwas Schlimmes gesehen. Mir blieb fast das Herz stehen. Herr A. telefonierte sofort mit dem Tierarzt. Wir versuchten, Blacky in die Höhe zu bekommen, was aber aussichtslos war. Er drehte sich auf die andere Seite und strampelte mit den Hufen.

Der Tierarzt stellte eine Darmkolik fest, die durch das Umdrehen zum Darmverschluß geführt hatte. Hätte Blacky sich bloß nicht auf die andere Seite gedreht! Der Tierarzt versuchte noch, mit den Händen den Darm zu lösen, was aber nicht gelang. Die Verkrampfung war zu weit fortgeschritten, es gab keine Rettung mehr. Der Tierarzt schläferte Blacky ein. Vermutlich hatte er auf der Weide zu viele Äpfel gefressen, die dort in Massen unter den Obstbäumen lagen.

Das war eins meiner schlimmstes Erlebnisse, die ich mit Tieren hatte. Noch heute ist es ein Albtraum für mich. Mein geliebter braver Blacky musste auf diese qualvolle Weise sterben, das hatte er nicht verdient. Von nun an hatte ich die Nase voll von Pferden. Ich liebte sie zwar, wollte aber kein eigenes mehr haben.

Nach längerer Zeit fuhr ich wieder zu dem Reiterhof. Ich musste Abstand von der Tragödie gewinnen. Im Nachhinein machte ich mir auch Vorwürfe, dass ich ihn hätte retten können, wenn ich ihn nicht in die Box gestellt, sondern herumgeführt hätte. Das zu erkennen, fehlte mir aber die reiterliche Erfahrung. Im Nachhinein ist man immer schlauer und man kann nur aus seinen Fehlern lernen, die oft sehr schmerzlich sind.

Meine Reiterfreunde waren auch alle sehr erschüttert von Blackys Tod, denn alle mochten ihn wegen seines netten Wesens.

Meine Bekannte, die Besitzerin von Betty, hatte einen neuen Schwarm, er hieß *Dacapo* und war ein sehr schöner brauner Araberhengst. Ich traute meinen Ohren nicht, als sie sagte, sie wolle Betty nicht mehr, sie sei ihr zu langsam und das neue Pferd sei überhaupt *das Höchste der Gefühle*. Ich hatte kein Verständnis für ihre Schwärmerei, denn sie hatte Betty ja gekauft und ein Pferd wechselt man nicht wie ein Kleidungsstück. (Die einen wechseln Männer, die anderen Pferde, manche entsorgen vor jedem Urlaub ihren Hund – viele Menschen sind nicht beständig. Wer kann sie ändern?)

Mir war zuerst gar nicht klar, warum sie mir so eindringlich von ihrem neuen Pferd erzählt hatte. Zu meiner Verwunderung stand aber nach acht Tagen schon das neue Pferd im Stall. Auf meine Frage, was sie denn nun mit Betty machen wolle, sagte sie im Brustton der Überzeugung: »Die nimmst doch du.« Ich war platt. Ich wollte kein Pferd mehr und schon gar nicht Betty. Sie versuchte es mit allen möglichen Argumenten, aber ich blieb dabei: kein Pferd mehr. Der *Neue* war ein junger temperamentvoller Falbe, mit dem Betty natürlich nicht konkurrieren konnte. Ich fand es eine Unverschämtheit, ihrem alten Pferd so etwas anzutun, zumal sie keinen neuen Platz für das Tier hatte. Betty war zwar sehr zuverlässig im Gelände, anderen Pferden gegenüber aber sehr futterneidig. Bei jeder Gelegenheit biss sie und wenn es sein musste, schlug sie auch aus.

Eines Tages rief mich meine Bekannte an und teilte mir mit, dass sie einen Pferdemetzger beauftragt hätte, Betty abzuholen. Sie wollte sie nicht mehr um sich haben. (Anscheinend machte sich das schlechte Gewissen bemerkbar.) Jetzt hatte sie mich erwischt. Das konnte ich nicht zulassen. Ich besprach mich mit den Kindern und wir kamen zu dem Entschluss, Betty zu uns zu holen. Wir setzten uns zusammen und wurden uns über den Preis einig, am nächsten Tag wurde Betty abgeholt. Aufgrund der Gemeinheit meiner Freundin dem Pferd gegenüber habe ich damals den Kontakt mit ihr abgebrochen. Dieses Verhalten zeugte nicht von Tierliebe, wie ich sie verstehe.

Nun hatte ich also doch wieder ein Pferd. (Man soll niemals nie sagen …)

Betty kam in eine eigene Box, neben Micky und die Ziegen. Micky begrüßte die Stute freudig – endlich ein Pferd und nicht nur die blöden Ziegen. Obwohl es zwei Stuten waren, vertrugen sie sich bestens. Micky war keine Konkurrenz für Betty, jeder hatte seinen Stall und Futterplatz. So verlor Betty auch ihren Futterneid. Sie wurde ein braves, liebes Pferd.

Die beiden Mädchen konnten jetzt zusammen ausreiten wann immer sie wollten und es machte Micky und Betty sichtlich Spaß, um die Wette zu laufen. Wenn ich Zeit hatte, ritt ich auch aus, aber alleine, ohne Micky. Wenn ich zurückkam, war der Lärm groß: Micky wieherte, die Ziegen meckerten und die Hunde bellten.

Eines Tages fiel uns auf, dass Betty etwas rundlicher wurde. Sie bekam zwar genügend Futter und Heu, hatte aber auch die entsprechende Bewegung. Nach einer Untersuchung durch den Tierarzt stellte dieser ganz lapidar fest: »Die ist trächtig.« Ich dachte, mich tritt ein Pferd. Das konnte doch wohl nicht wahr sein! Nach angestrengten Grübeleien und Nachfragen bei Herrn A. kamen wir zu der Erkenntnis, dass der werdende Vater nur ein junger Traberhengst sein konnte, der ab und zu auf der gleichen Koppel stand. Kein Mensch hatte etwas von dem *Verhältnis* der beiden bemerkt.

Ich war stinksauer. Nachwuchs wollte ich wirklich nicht, zumal die Unterhaltskosten für die Tiere schon fast mein Limit erreicht hatten. Herr A., auf dieses Fiasko angesprochen – ich wollte ihm den schwarzen Peter zuschieben, da es ja sein Hengst war –, lehnte jegliche Verantwortung ab. Er wollte das Fohlen nicht. Wir kamen aber überein, dass Betty, wenn es soweit wäre, zu ihm kommen sollte. Bei mir konnte die Geburt nicht stattfinden, da ich ja nicht immer zu Hause war, zumal ich auch keine Ahnung von Geburtshilfe bei Pferden hatte. Und ich hatte den Schock von Blackys Tod noch nicht überwunden.

Betty wurde immer runder und phlegmatischer. Langsam kam der Termin, da sie weg musste. Mir fiel es zwar schwer, aber es ging nicht anders. Der Tierarzt konnte den genauen Termin auch nicht feststellen und so brachten wir sie wieder in ihren ehemaligen Stall. Dort angekommen, war sie sichtlich erstaunt und wieherte ganz aufgeregt. Wir beruhigten sie und ließen sie auf die Koppel zu den anderen Pferden, die sie freundlich begrüßten. Herr A. versprach, uns sofort anzurufen, wenn es soweit wäre. Wir wollten bei der Geburt, wenn möglich, dabei sein.

Die nächste Zeit besuchten wir Betty so oft wie möglich, aber es tat sich nichts. Nach drei Wochen wurden wir dann überraschend verständigt, dass Betty Mutter geworden war. In der Nacht hatte sie ganz alleine und ohne Schwierigkeiten ihr Fohlen bekommen.

Voller Ungeduld fuhren wir am nächsten Tag hin und staunten nicht schlecht: Betty hatte ein wunderschönes braunes Fohlen mit weißer Blesse bekommen. Es war eine Stute und sah ihrem Vater sehr ähnlich. Wir waren froh, dass alles so gut verlaufen war, und lobten und streichelten Betty. Ich denke, sie war ganz stolz auf ihren Nachwuchs. Sie war zwar etwas geschwächt, da sie ja auch nicht mehr die Jüngste war, aber die Liebe zu ihrem Kind ließ sie das vergessen.

Die Kleine lag im Stroh und machte vergebliche Versuche aufzustehen. Betty leckte sie ab und liebkoste sie. In diesem Augenblick war ich richtig glücklich, mitansehen zu dürfen, wie eine Tiermutter ihr Kind liebt. Es war einer der schönsten Momente mit meinen Tieren. Tierliebe – im Sinne des Wortes – lernen die wenigsten Menschen richtig kennen.

Wir wollten unbedingt sehen, wenn das Fohlen zum ersten Mal aufstand. Es dauerte und dauerte … Wir gingen kurz aus dem Stall, um etwas zu holen, und siehe da, als wir zurückkamen, stand das Kleine – aber wie: Es wackelte und zitterte, als ob es jeden Moment hinfallen würde. Es hatte viel zu lange Beine und konnte das Gleichgewicht nicht halten. Es wusste aber sofort, wo es etwas zu essen gab, und ging zu seiner Mutter. Nach der Mahlzeit wackelte es noch etwas umher, um sich dann wieder fallen zu lassen.

Wir verließen die beiden und fuhren nach Hause. Wir waren glücklich über unseren Nachwuchs. Mit Herrn A. hatten wir ausgemacht, dass er für die *Pensionszeit* nichts verlangte. Wir ließen die beiden vorsichtshalber noch vier Wochen dort.

An einem schönen Frühlingstag holten wir beide ab. Zu Hause hatten wir alles hergerichtet und den Stall *kindgerecht* vorbereitet. Das Fohlen nannten wir *Maruschka*. Betty und Maruschka kamen in eine gemeinsame Box. Micky war sehr erstaunt, als sie die beiden sah, und wieherte freudig. Auch die Ziegen und Hunde musterten den kleinen Neuankömmling sehr kritisch, denn das Fohlen machte ganz ulkige Sprünge – die älteren Herrschaften wie Sanny und Micky waren dieses Temperament nicht mehr gewöhnt.

Die Einquartierung lief problemlos und die drei Pferde vertrugen sich bestens. Micky war sichtlich erfreut über den Zuwachs, denn sie bewachte Maruschka ständig. Sie fühlte sich anscheinend als Mutter. Sobald die Ziegen oder Hunde in ihre Nähe kamen, trieb sie sie weg.

Maruschka entwickelte sich zu einem wunderschönen Fohlen. Mittlerweile ritt Michaela auch wieder mit Betty aus. Anfangs war es für Maruschka sehr schwer, wenn Betty das Grundstück verließ. Sie rannte wie verrückt am Zaun entlang und wieherte. Mit ihrer Panik steckte sie auch Micky an, die es ihr nachmachte. Die Ziegen ließ die ganze Aufregung völlig kalt, sie waren zusammen und alles andere war unwichtig. Langsam gewöhnte sich Maruschka daran, dass ihre Mutter ab und zu weg war. Die Begrüßung der beiden war aber jedes Mal gleich liebevoll. Betty knabberte an ihrer Mähne und Maruschka drückte sich ganz fest an sie.

Betty war eine sehr fürsorgliche und liebevolle Mutter. Sie ließ Maruschka, sobald sie fressen konnte, immer den Vorrang. Von Futterneid keine Spur mehr. Alle Tierkinder sind possierlich, Maruschka aber war zum Verlieben – die ganze Familie war ihr hörig. Ihre Bewegungen waren ausgesprochen graziös. Sie hatte den feinen Körperbau vom Vater und die Intelligenz von der Mutter – so man das von Tieren sagen kann.

Von Zeit zu Zeit ließen wir die Absperrung zum vorderen Garten auf, damit die Pferde auch dort das Gras abfressen konnten. Sie gingen um das ganze Haus herum zum Eingang. Maruschka war mittlerweile so keck, dass sie – trotz der drei Stufen – ins Haus ging. Anfangs lachten wir darüber und fanden es lustig. Im Grunde war es das aber gar nicht, wie sich später herausstellte. Sie wurde von uns drei Frauen total verzogen.

Mittlerweile war sie schon etwas größer und durfte mitlaufen, wenn Michaela mit Betty ausritt. Ab und zu war Micky mit dabei, das war aber doch zu riskant, da die beiden nicht mehr auf Michaela hörten und ihre eigenen Wege gehen wollten. Maruschka alleine orientierte sich hingegen an der Mutter. Da hinter unserem Garten

Wiesen waren, die dann in Wege führten, wo keine Autos kamen, war es gefahrlos. Maruschka freute sich jedes Mal und machte Bocksprünge voller Übermut. Ich werde den Anblick nie vergessen, wenn sie in der Abendsonne auf einer Anhöhe ritten und die Silhouetten von Weitem zu sehen waren. Es war wie in einem Karl-May-Film.

Aber die Kinderzeit vergeht, auch bei Pferden. Langsam wurde es Zeit, mit Maruschka zu arbeiten, und sie auf ihr weiteres Leben vorzubereiten. Ein Halfter hatte sie schon seit längerer Zeit an und ließ sich auch damit führen (aber nur, wenn ihre Mutter mit dabei war). Beim Sattel, der ganz leicht war, gab es schon Ärger. Das gefiel ihr gar nicht und sie buckelte wie ein Rodeopferd. Jetzt merkten wir langsam, dass sie sehr eigensinnig und bockig war – einfach verzogen. Ging alles nach ihrem Willen, war sie das bravste Pferd der Welt, aber wehe, wenn nicht … Micky und ihre Mutter standen total unter ihrer Fuchtel. Sie kam bei allem immer zuerst dran.

Nachdem sie sich einigermaßen an den Sattel gewöhnt hatte, legten wir einen Sandsack auf, damit sie lernte, Gewicht zu tragen. Sie bockte und sprang, stand auf den Hinterbeinen und führte sich fürchterlich auf. Nach einer Stunde waren Michaela und ich, einschließlich Maruschka, nassgeschwitzt. Es war eine Tortur.

Diesen Vorgang übten wir nun jeden Tag eine halbe Stunde und langsam wurde sie ruhiger und zahmer. Es war für uns ein Erfolgserlebnis, als wir zum ersten Mal ausritten. Christine auf Micky, Michaela auf Betty und ich führte Maruschka, die den Sandsack trug. So oft es uns die Zeit erlaubte, wiederholten wir diese Übung und dehnten die Spaziergänge immer weiter aus. Ab und zu versuchte Maruschka zwar, das lästige Ding auf ihrem Rücken los zu werden, aber ich hatte sie fest im Griff. Diese Übungen dauerten eine ganze Zeit, bis wir Maruschka einreiten konnten.

Voller guter Hoffnung auf den nächsten Schritt, setzte sich nun Michaela auf sie. Sie war eine gute Reiterin – sonst wäre sie gar nicht erst raufgekommen. Ich hatte alle Mühe, Maruschka festzuhalten, trotzdem sprang und buckelte sie, schlug mit den Vorderbeinen um sich und wieherte, stand wie immer auf den Hinterbeinen und versuchte, sich zu drehen. Ich ließ sie los und Michaela kämpfte mit ihr weiter.

Zu meiner Verwunderung gab Maruschka nach einiger Zeit auf. Sie stand ganz still und schnaubte nur – Michaela hatte den Kampf gewonnen. Sie drehte ein paar Runden im Garten, stieg ab schmuste und lobte Maruschka. Beide waren total fertig. Ich muss voll Neid gestehen: Das konnte ich nicht. Michaela konnte ohne Gerte, nur mit gutem Zureden und Schenkeldruck, Maruschka im Zaum halten. Respekt, ich war richtig stolz auf sie.

Die kommenden Wochen war das unsere tägliche Übung. Maruschka versuchte zwar noch, kleinere Sperenzchen zu machen, aber es funktionierte insgesamt schon ganz gut. Sie erkannte, dass Michaela die Stärkere war, und gab nach.

Im Laufe der Zeit wurden mir drei Pferde etwas zu viel. Micky fraß auch wie ein Großer. Trotz Selbstversorgung waren die Kosten sehr hoch. So leid es mir tat, ich spielte mit dem Gedanken, Betty an einen guten Platz abzugeben.

Der Zufall kam mir zu Hilfe. Durch Bekannte lernte ich eine ehemalige Zirkusreiterin kennen, die ein Beistellpferd suchte. Sie selbst hatte zwei alte Pferde, eines davon war schwer herzkrank, sodass sie jederzeit mit dessen Ableben rechnen musste. Sie lud uns zu sich ein und wir besuchten sie auf ihrer *Ranch*. Sie selbst war eine ältere aber jung gebliebene Dame, sehr tierlieb und vor allem pferdenärrisch. Ihre ganze Liebe, Zeit und Geld widmete sie den edlen Vierbeinern. Da ihre Pferde zeitlebens immer zu zweit waren, sah sie sich beizeiten nach einem Ersatzpferd um und suchte eine ältere brave Stute, die sie eventuell selbst noch reiten konnte. Betty war bestens dafür geeignet. Wenn sie genug Futter bekam – was bei ihr das Wichtigste war – machte sie keinerlei Probleme und vertrug sich mit jedem. Die Stallungen und Koppeln, die ganze Umgebung gefiel uns gut und die Dame machte auch einen guten Eindruck. So verabredeten wir uns für die nächsten Tage bei uns zu Hause. Sie hatte Betty ja noch nicht gesehen, da wir uns zuerst informieren wollten.

Am nächsten Tag stand sie schon vor der Tür, anscheinend konnte sie es nicht erwarten, ihre neue Hausgenossin kennenzulernen. Ihr erster Blick fiel auf Maruschka und sie war ganz begeistert von ihrem Aussehen und Temperament. Sie bat uns, auf ihr reiten zu dürfen, war wir aus verständlichen Sicherheitsgründen aber ablehnten. Auch das Gewicht der Dame wäre für das junge Pferd etwas zu viel gewesen. Betty gefiel ihr auch gut und sie passte genau zu den beiden älteren Pferden. Die gute Frau unternahm einen kleinen Proberitt und war mit Bettys Gangart einverstanden.

Als Zirkusreiterin war sie natürlich einiges gewohnt und man merkte gleich, dass sie eine exzellente Reiterin war. Da sie ein knappes Budget hatte, machten wir ihr einen guten Preis, auch mit dem Hinweis, dass wir, falls etwas Unvorhergesehenes eintreten sollte, wir Betty wieder zurücknehmen würden. Wir wollten auf keinen Fall, dass sie in falsche Hände geriet. Den Termin der Abholung überließen wir ihr. Sie sollte uns nur einen Tag vorher verständigen, wann sie kommen wollte.

Nach fünf Tagen rief sie an, dass sie bereit wäre und Betty abholen wolle. Nun kam der Abschied. Bettys neue Besitzerin hatte einen großen Pferdeanhänger dabei, den sie hinter dem Nachbargrundstück parkte. Betty merkte gleich, dass etwas im Busch war, denn sie trippelte nervös umher. Maruschka war hingegen vollkommen unbefangen und freute sich über die vielen Streicheleinheiten, die sie so unverhofft bekam. Dann brachten wir sie mit Micky in den Stall. Als wir zum Transporter gingen und Betty aufluden, wieherte sie ununterbrochen. Sie wusste genau, was passierte. Es war eines der traurigsten Erlebnisse, die ich mit meinen Tieren hatte. Es war furchtbar, die Mutter von ihrem Kind zu trennen. Maruschka war zwar schon erwachsen, für ihre Mutter aber immer noch das Kind. Die beiden Mädchen und ich heulten, was das Zeug hielt, auch die alte Dame war sichtlich gerührt und den Tränen nahe. Wir verabschiedeten uns von ihr, mit dem Versprechen, Betty bald zu besuchen. Unterdessen merkte Maruschka – anscheinend am Gewieher ihrer Mutter – dass etwas Ungewöhnliches passierte. Wir gingen zu ihr und ließen sie aus dem Stall. Sowohl Micky als Maruschka liefen ununterbrochen am Zaun entlang und wieherten gottserbärmlich. Wir beruhigten sie und sprachen leise auf sie ein, aber der Schmerz ließ sie nicht zur Ruhe kommen. Sie standen alle am Zaun, einschließlich der Ziegen – leider vergeblich, Betty blieb weg. Bei uns war auch Trauer angesagt. Keiner hatte mehr Lust, etwas zu tun. Wir waren nur damit beschäftigt, die Pferde zu beruhigen. Selbst die Ziegen waren nicht zum Scherzen aufgelegt. Sie standen ganz traurig im Stall und harrten der Dinge, die da noch kommen sollten. Tiere können ihre Gefühle genauso zeigen wie Menschen, man muss sie nur deuten können.

Der moralische Tiefstand dauerte acht Tage. Ich rief ein paarmal bei Bettys neuer Besitzerin an, um mich nach dem Gemütszustand des Pferdes zu erkundigen. Betty hatte sich gut eingelebt und war mit ihren Stallgenossen einverstanden, sie vertrug sich bestens mit ihnen. Anscheinend hatte sie schon öfter eine Trennung von einem Kind mitgemacht und nahm das Ganze nicht so schwer. Die Dame war ganz begeistert von Betty, da sie sie nun richtig kennengelernt hatte. Sie lobte vor allem ihre Geländesicherheit und Ausgeglichenheit. Sie war ein wunderbares charaktervolles Pferd – im Gegensatz zu ihrer Tochter, wie sich später herausstellte.

Nachdem die Trauerzeit vorbei war und Maruschka sich damit abgefunden hatte (mittlerweile wurde sie drei Jahre alt), dass ihre Mutter nicht mehr da war, fing für sie der Ernst des Lebens an. Nachdem sie wiederholt versucht hatte, Michaela abzuwerfen, wurde mir die ganze Sache zu stressig. Es war mir klar, dass wir beide sie nicht in den Griff bekommen würden. Nur mit guten Worten oder Schimpfen ging bei ihr gar nichts. Sie musste eine feste Hand spüren.

In meiner Not fiel mit der Bekannte ein, der mir bei Blacky auch geholfen hatte. Er war ein ausgezeichneter Reiter und ritt auch junge Pferde zu. Wir verabredeten uns und er besah sich Maruschka. Als Erstes bekam ich eine ordentliche Standpauke wegen meiner Erziehung. Er fand, dass sie ein sehr schönes, aber total verzogenes Pferd sei. Da sie keinen Mann gewohnt war, machte sie schon die ersten Ausreißversuche, als er sie am Halfter nahm. Nach zwei Schritten stand sie auf den Hinterbeinen und schlug mit den Vorderbeinen aus. Mein Bekannter war aber darauf vorbereitet und reagierte blitzschnell. Was Maruschka überhaupt nicht kannte, war eine Gerte, mit dieser schlug er auf sie ein und schrie sie an. Wie vom Blitz getroffen blieb sie ganz ruhig stehen und zitterte am ganzen Körper. Dann führte er sie vorsichtig am Zügel und sie ging die ersten 50 Meter brav neben ihm her. Nach fünf Minuten fing sie aber plötzlich wieder an. Herr E. schrie sie an und schlug wieder mit der Gerte auf sie ein. Sie buckelte und wollte anfangen zu galoppieren, doch er hatte sie fest im Griff. Auf mein Lamento, er solle aufhören sie zu schlagen und sie wieder zurückbringen, schickte er mich nach Hause und ging alleine mit ihr weiter. Es war ein Kampf zwischen der Stärke des Pferdes und der Geschicklichkeit des Menschen. Wenn ich jetzt nachgab, hatte ich verloren. Es fiel mir zwar schwer, aber es gab keine andere Möglichkeit.

Nach einer Stunde kamen sie wieder zurück, beide schweißgebadet und fertig. Maruschka hatte zum ersten Mal ihren Meister gefunden. Herr E. bestätigte mir – was ich insgeheim befürchtet hatte –, dass Maruschka ein ausgesprochen kluges, temperamentvolles, aber total verzogenes und eigensinniges Pferd sei. Er sagte, wenn ich nicht gewaltig aufpasse und sie streng hielte, würde sie mit mir machen, was sie wolle. Ihr Eigensinn setze sich immer durch.

Anschließend rieben wir sie trocken, streichelten und liebkosten sie und gaben ihr eine Stunde Pause. Dann setzte sich Michaela auf Maruschka. Nun war sie ganz ruhig. Herr E. führte sie im Garten herum und alles war in Ordnung. Vielleicht war sie aber auch nur zu erschöpft, um zu rebellieren.)

Herr E. kam noch dreimal und Maruschka versuchte nie wieder, auf zwei Beinen zu stehen. Sie war nun ganz brav. Herr E. zeigte uns noch einen kleinen Trick, der fast immer half: Wir hielten Maruschka die Gerte über die Augen als kleine Warnung, ohne sie damit zu berühren. Es funktionierte bestens.

Die ersten Schwierigkeiten waren nun überwunden, jetzt musste sie eingeritten werden. Das übernahm Michaela. Beide kamen prächtig miteinander aus. Sie saß fest im Sattel und kleine Temperamentausbrüche überstand sie, zumal sie entsprechend streng war. Ansonsten war Maruschka ein ganz liebes Pferd, vertrug sich mit allen Tieren und war sehr menschenfreundlich. Es machte ihr auch nichts aus, wenn sie in der Sonne lag und Susi oder Strolchi auf ihr herumhüpften und an ihrer Mähne knabberten. Die Welt war in Ordnung.

Mein Traum war eine Kutsche, mit der wir spazierenfahren konnten. Durch Zufall entdeckte ich auf einem Flohmarkt ein entsprechendes Gefährt. Es war genau das, was ich mir vorgestellt hatte.

Der Verkäufer versicherte mir, dass die Kutsche verkehrssicher sei und keine Probleme mit der Fahrtüchtigkeit bestünden. Nach einigen Verhandlungen wurden wir uns einig und ich kaufte sie. Ich fand sie super und im Geiste sah ich uns schon durch Wald und Wiesen fahren, die Hunde und Micky dabei, wie zu Großmutters Zeiten – ein Traum.

Der Verkäufer lieferte das Gefährt frei Haus – er wußte schon warum – und ich hatte meine Kutsche. Die ganze Familie führte euphorische Freudentänze auf und machten insgeheim Pläne, wohin die erste Fahrt gehen sollte. Zur Sicherheit holte ich wieder einmal Herrn E., um mich beraten zu lassen. Maruschka musste ja auch entsprechend eingewiesen und angelernt werden. (Inzwischen muss man als Kutscher eine Fahrprüfung ablegen, was damals noch nicht der Fall war.)

Nun ja, Herr E. kam und bekam fast einen Lachkrampf, als er meine *schöne* Kutsche sah. Er meinte, was ich denn mit diesem Vehikel wolle, es wäre in keiner Weise verkehrstauglich. Die Achsen waren gebrochen, der Unterbau porös und die Räder kurz vor dem Auseinanderbrechen. Zudem sei Maruschka für diese Scherze nicht geeignet, unter Umständen nur mit einem ruhigen Zweitpferd – keinem Pony. Plopp!, die Seifenblase war zerplatzt, aus der Traum. Zur Sicherheit holte ich mir noch ein zweites Gutachten von unserem Bekannten, dem Schmied. Er bestätigte, was Herr E. schon sagte, meinte aber, für Dekorationszwecke wäre die Kutsche noch gut geeignet. Und für dieses Vehikel hatte ich 3.000,- DM bezahlt.

Nun stand meine schöne Kutsche also im Garten und die Ziegen freuten sich, wenn sie vom Kutschbock aus die Welt von oben besahen.

Inzwischen hatte ich meine ersten Reitversuche mit Maruschka hinter mir. Mit Blacky hatte ich nie Probleme gehabt, er war ruhig und folgsam, auch ohne Gerte. Maruschka jedoch versuchte stets, mich zu provozieren. Sobald ich auf ihr saß ging der Kampf los. Sie buckelte und kleine Seitensprünge waren an der Tagesordnung. Wenn ich ausritt, kam ich meist schweißgebadet nach Hause. Michaela konnte das nicht verstehen, denn bei ihr machte sie das nie. Im Nachhinein weiß ich, was ich falsch gemacht habe, es geht mir bei den Hunden genauso: Alle Tiere, die ich habe oder hatte, nahmen mich als Chef nicht ernst. Sie liebten mich, respektieren mich aber nicht. Das fing bei Astor an, der sehr dominant war, und ist bis heute so. Mittlerweile habe ich mich damit abgefunden. Meine Tiere lieben mich, folgen mir aber nur sehr schwer. Ein Pferd muss seinen Reiter aber respektieren, sonst ist dieser der Kraft des Pferdes machtlos ausgeliefert.

Hier ein kleiner Beweis für meine These: Eines schönen Tages wollte ich wieder einmal ausreiten, holte Maruschka von der Wiese, sattelte sie und stieg auf. Sie tänzelte kurz, drehte sich um sich selbst und stand – wie gehabt – auf den Hinterbeinen. Mit aller Gewalt zwang ich sie runter, sie rutschte aus und fiel mit mir um. Zum Glück fiel ich nicht auf den Holzstoß, der neben uns stand. Etwas benommen rappelten wir uns beide wieder auf und voller Wut setzte ich mich erneut auf sie. Anschließend gingen wir dann ins Gelände. Anscheinend hatte auch sie einen Schock, denn sie zeigte keine Anzeichen von Gegenwehr. Wir ritten eine Stunde ohne irgendwelche Schwierigkeiten. Erst als wir wieder zu Hause waren und mein Zorn verraucht war, merkte ich, dass ich am ganzen Körper zitterte. Ich hatte keinerlei Verletzungen außer ein paar blauer Flecken und Prellungen. An Maruschka ging das Erlebnis anscheinend auch nicht ganz spurlos vorbei, denn sie war klitschnass geschwitzt. Seitdem habe ich mich nie wieder auf ein Pferd gesetzt. Das war das Ende meiner Reiterkarriere. Die nächsten Tage war ich etwas reserviert zu ihr. Ich ließ sie schon spüren, dass sie mich sehr verärgert hatte. Ihr machte das aber weniger aus, denn es war ein Reiter weniger, der sich mit ihr anlegte.

Von nun an wurde Maruschka nur noch von Michaela geritten. Christine hatte ihren Micky und die beiden Mädchen ritten zusammen aus. Im Laufe der Zeit vergaß ich Maruschkas Allüren und wir hatten wieder ein gutes Verhältnis. Ich liebte sie trotzdem. Mit Betty wäre mir das nicht passiert und insgeheim bereute ich, dass ich damals nicht Maruschka abgegeben hatte. Aber vielleicht war alles auch Schicksal.

Der Mann einer Kollegin war Funkstreifenfahrer. Eines Nachts – wir hatten Nachtdienst – rief er ganz aufgeregt an und erzählte, dass er bei einem Einsatz auf der Museumsinsel einen kleinen Hund gefunden hätte. Normalerweise kommen Fundtiere ins Tierheim in München. Das wollte er dem kleinen Wicht aber ersparen und so benachrichtigte er mich. Es war im Präsidium bekannt, dass ich mich – wenn nötig – um arme Tiere kümmerte.

Als der Kollege kam, hatte er ein kleines nasses Etwas in einen Lappen eingewickelt. Bei näherer Betrachtung stellte sich heraus, dass es sich um einen etwa acht Wochen alten Rauhaardackel handelte. Er wurde wahrscheinlich ausgesetzt und war völlig verstört und ängstlich. Wir organisierten in unserer Kantine etwas Essbares und machten ihm ein warmes Bettchen. Langsam wurde er zutraulich und erholte sich zusehens. Nach einer ausgiebigen Mahlzeit legte er sich in sein Bett und schlief.

Als ich ihn am Morgen mit nach Hause brachte, waren meine Mädels ganz entzückt, denn er war wirklich ein süßer kleiner Kerl. Astor und Gundi waren weniger begeistert, denn ältere Hunde mögen keine Hundebabys. Sie taten ihm nichts, konnten aber auch nichts mit ihm anfangen. Wir nannten ihn *Fips*.

Fips entwickelte sich zu einem pfiffigen, schlauen Kerlchen. Er hatte überall Narrenfreiheit, da er ausgesprochen charmant war. Überall war er der Erste – typisch Dackel. Susi und Strolchi hatten ihre helle Freude mit ihm. Sie spielten Fangen zusammen. Erwischt haben sie ihn zwar nie, da er so klein war und überall durch konnte, was für die beiden Kugelbäuche ein Problem war, aber schon alleine das Nachlaufen war ein Riesenspaß. Selbst Sanny sah dem Treiben gelassen zu und meckerte nur kurz, wenn er durch ihre Beine flitzte. Vor Maruschka und Micky hatte Fips allerdings großen Respekt. Wenn sie die Köpfe über den Zaun in unseren Garten streckten, flitzte er wie von der Tarantel gebissen davon. Anfangs hatte er sie immer angebellt, dafür hatte ihn Micky einmal ins Hinterteil gezwickt. Fips hatte überhaupt kein Verständnis dafür, warum diese Ungeheuer bei uns waren, zumal wir auch noch mit ihnen schmusten. Die beiden waren die einzigen Störfaktoren, die es in seinem Hundeleben gab.

Eines Tages hatten wir wieder einmal Besuch von Michaelas Freundinnen. Normalerweise passten wir immer höllisch auf, wenn wir die Tür öffneten und das Gartentor offen stand, dass Fips nicht rauskam. An diesem Abend muss er aber unbemerkt entwischt sein, denn als ein Auto in die Einfahrt fuhr, wurde er überfahren. Er war sofort tot. Wir machten uns und auch der Fahrerin große Vorwürfe, aber bei Dunkelheit konnte man ihn wirklich nicht sehen. Wir wollten ihn noch zum Tierarzt bringen, aber es hatte keinen Sinn mehr. Unser kleiner Fips wurde nur ein halbes Jahr alt. Über seinen Tod waren wir alle sehr geschockt und traurig. Er hatte zwar ein schönes, doch viel zu kurzes Leben. Ich fragte mich damals, was das für einen Sinn hatte: Erst wurde er als Baby gerettet, um dann nach ein paar Monaten zu sterben. Ich bin zwar nicht religiös, doch glaube ich an Gott. Was hatte er sich dabei gedacht? Manchmal zweifle ich an Gottes Gerechtigkeit.

Mittlerweile lief die Arbeitsteilung bei uns ganz gut. Die Kinder hatten sich an ihre Pflichten gewöhnt, die schweren Arbeiten erledigte ich. Wir mussten Stroh und Heu lagern, die Ställe von Zeit zu Zeit ganz ausmisten und der Misthaufen wollte auch abgetragen werden. Den Pferdemist holten sich die Bauern aus der Umgebung. Da wir viele Obstbäume auf der Weide hatten, mussten wir im Herbst morgens immer das Obst einsammeln, damit sich die Pferde nicht daran überfraßen. Der Tod von Blacky war mir eine Lehre und ist heute noch ein Albtraum für mich. Es gab jede Menge Arbeit. Ab und zu halfen auch gute Freunde, wenn zum Beispiel Bäume geschnitten werden mussten oder die schweren Heuballen eingelagert wurden. Jedem machte es Spaß, denn die Freude mit den Tieren war Lohn genug. Mit Maruschka stand ich auch nicht mehr auf Kriegsfuß und sie war für mich – seit ich nicht mehr ritt – das liebste Pferd.

Wie schon bemerkt, war um unser Haus fast nur freies Gelände, Wiesen und Felder. Einen Nachbarn hatten wir, da war der Garten aber auch so groß, dass das Haus gar nicht auffiel. Es kam nicht selten vor, dass sich bei uns im Garten Hasen, Fasane oder anderes Getier verlief. Wenn allerdings die Hunde kamen, mussten sie schnell die Kurve kratzen, da die keinen Spaß verstanden und sofort auf sie losgingen. Gundi war weniger scharf, aber Astor merkte sofort, wenn sich ein fremdes Tier im Garten aufhielt und lief dann wie besessen umher.

Eines Tages fand ich in unserer Einfahrt einen Vogel, wie ich ihn vorher noch nie gesehen hatte. Es regnete in Strömen und er war pitschnass. Ich hob ihn auf und trocknete seine Federn. Er sah aus wie ein Federball auf Stelzen. Der Körper hatte die Größe von einem Tischtennisball, die Beine waren etwa fünf Zentimeter lang. Mein Mann erklärte mir, dass das ein junges Rebhuhn sei. Es war kein Vogel, sondern eine Karikatur. Ich kenne Rebhühner von den Feldern, meist laufen sie davon, nur wenn Gefahr besteht, fliegen sie. Stellte man das kleine Etwas auf den Boden, lief es wie der Blitz davon. Nahm ich es in die Hand oder legte es in ein warmes Tuch, duckte es sich ganz gemütlich und schlief. Wir nannten ihn *Nurmi*.

Mit der Fütterung hatte ich so meine Probleme. Ich kaufte Mehlwürmer, die ich mit etwas Sand *panierte*, damit Nurmi auch Ballaststoffe bekam. Gras schnitt ich ganz klein und reicherte es mit Fliegen an, damit keine einseitige Ernährung gegeben war. Das Ganze musste dann mit einem Zahnstocher verabreicht werden, sobald er den Schnabel öffnete. Es dauerte aber nicht lange, bis er selber das Futter aufpickte.

Am Tag, wenn ich zur Arbeit musste, nahm ich ihn mit und trug ihn während des Dienstes in einer Brusttasche bei mir. Er war unauffällig und man bemerkte ihn kaum. Er verhielt sich in seinem *Nest* völlig ruhig. Kritisch wurde es nur, wenn er Hunger hatte. Sobald dies der Fall war, fing er an, laut zu pfeifen. Es war ein ordinärer lauter Pfiff, den man so einem kleinen Kerl gar nicht zugetraut hätte. So passierte es einige Male, wenn ich mich mit meinen Kollegen unterhielt, dass plötzlich ein schriller Pfiff ertönte und jeder erschrocken fragte, warum ich denn pfeifen würde. Wenn ich ihnen dann den Verursacher zeigte, waren sie alle überrascht, dass so ein kleiner Kerl so laut sein konnte.

Nachts lag er in seinem Nest, das in einer Schüssel mit stets lauwarmem Wasser stand.

Nurmi machte eigentlich keine Fortschritte. Er blieb immer gleich groß beziehungsweise klein, obwohl er viel fraß. Seine Verdauung klappte gut und er sauste im Haus wie ein Derwisch umher. In den Garten konnten wir ihn nicht lassen, da er sofort weggewesen wäre.

Was ich falsch gemacht hatte, weiß ich bis heute nicht, doch eines Tages lag er tot in seinem Nest. Ich hatte 14 Tage lang versucht, ihn durchzubringen, aber die Natur lässt sich nicht ins Handwerk pfuschen. Vielleicht war er von Haus aus zu schwach, um zu überleben. Mittlerweile weiß ich, dass es ganz schwer ist, Spatzen und Rebhühner aufzuziehen. Amseln, Stare und Tauben sind kein Problem, sie überleben bei entsprechender Fütterung fast immer.

Ein paar Monate nach Nurmi, waren drei Amselwaisen in meinem Garten. Als ich sie morgens fand, wartete ich noch auf die Mutter – da man junge Vögel nicht sofort mitnehmen sollte – die aber anscheinend verunglückt war. Da ich mir den Stress mit der Aufzucht nicht noch einmal antun wollte, erkundigte ich mich bei entsprechenden Leuten und bekam eine super Adresse. Es handelte sich um ein Naturschutzgebiet in der Nähe von München, das ein damals sehr prominenter Mann, Herr W., extra für diesen Zweck gekauft hatte. Er wandelte es um in ein Vogelschutzgebiet. Man konnte dort sämtliche Vogelarten abgeben, junge und kranke Vögel, und sie wurden gesund gepflegt. Herr W. jenes Reservates war ein tierlieber und vor allem fachlich sehr versierter Mann. Ich brachte dort noch öfter junge Vögel hin und war begeistert von seiner ruhigen und verständnisvollen Art. Dort wurden sie gepflegt und aufgezogen, ganz der Natur entsprechend. Sie waren in großen Volieren untergebracht, vor Raubvögeln geschützt, und wenn sie erwachsen oder gesund waren, wurden sie wieder ausgewildert. Das ganze Gebiet stand unter Naturschutz und war für die Bevölkerung nicht zugänglich.

Als ich das erste Mal dort war, zeigte Herr W. mir einen zahmen Raben, der auf seinen Namen hörte. Wir gingen an den verschiedenen Volieren vorbei und ich merkte, dass wir immer von einem

Vogel verfolgt wurden, der in den Baumwipfeln mitflog. An der letzten Volliere rief Herr W. dann seinen Namen und plötzlich flog er auf uns zu und setzte sich auf seinen Arm. Herr W. erzählte mir, dass dieser Rabe auch ein Todeskandidat war, er ihn aber mit viel Mühe retten konnte. So lebte er jetzt in Freiheit aber mit Familienanschluss.

Mit den Jahren bekam Astor Probleme mit den Hüften. Da er ein großer Boxer war, wurde er auch immer schwerfälliger. Er ging nicht mehr gerne Gassi und man merkte ihm an, dass er Schmerzen beim Laufen und Aufstehen hatte. Es war schlimm, mit ansehen zu müssen, wie der einst so temperamentvolle und verspielte Hund ganz rapide abbaute. Der Tierarzt stellte das obligatorische Hüftleiden von großen Hunden fest, das Alter tat auch noch das Nötige dazu – nach Meinung des Tierarztes war Astor etwa. 14 Jahre alt. Wir versuchten es noch mit Spritzen und Tabletten, die aber keinen Erfolg brachten. So entschlossen wir uns – so schwer es auch fiel –, Astor von seinem Leiden zu erlösen, zumal der Tierarzt auch keine bessere Lösung fand.

Der Tierarzt kam ins Haus und gab ihm eine Beruhigungsspritze. Die beiden Mädchen und ich saßen auf dem Boden und streichelten Astor. Als er schlief, gab der Tierarzt ihm nach ein paar Minuten die endgültige Spritze. Ohne Zucken und Schmerzen wechselte er vom Leben zum Tod. Ich finde das die humanste Art zu sterben. Heute sind die Spritzen ja noch perfekter und alles ist in einer Dosis. Man ist es seinem Tier auch schuldig, es von unnötigen Schmerzen zu befreien. Ein Hinauszögern hat mit Tierliebe nichts zu tun, sondern ist reiner Egoismus und Selbstmitleid.

Am nächsten Tage vergruben wir ihn im hintersten Teil des Gartens, wo normalerweise kein Hund hinkam. (Wir hatten Angst, dass er unter Umständen wieder ausgebuddelt wurde.) Astor hinterließ eine große Lücke in unserer Familie. Der Chef und Bewacher unserer kleinen Farm war tot. Gundi konnte überhaupt nicht verstehen, dass ihr Freund plötzlich nicht mehr da war. Überall suchte sie ihn und bei jedem Geräusch wartete sie, dass er käme. Wir hatten sie, als der Tierarzt kam, ausgesperrt und sie hatte auch nicht mitbekommen, als wir Astor begruben. Ich denke aber, ein Hund hat ein feines Gespür und sie wusste, was mit Astor passiert war.

Eine Kollegin von mir war auch eine große Boxerliebhaberin und ihr Hund war vor einiger Zeit gestorben. Sie wollte deswegen möglichst bald wieder einen neuen. Durch Zufall erfuhr sie, dass ganz in unserer Nähe ein Boxerzüchter wohnte. Sie rief mich an und bat mich, mit ihr hin zu fahren. Eigentlich war ich gegen Züchter und wollte wieder einen Hund aus dem Tierheim. Somit hatte ich nicht vor, mir einen von dort zu holen. Ich tat ihr aber den Gefallen und versprach ihr, mitzufahren.

An einem Sonntagnachmittag kam sie. Sie hatte sich vorher bei dem Züchter angemeldet und in freudiger Erwartung fuhren wir los. Mir war die Ortschaft wohlbekannt und nachdem wir ein paarmal Leute auf der Straße nach der Adresse gefragt hatten, fanden wir das Objekt. Das ganze Areal war von einem zwei Meter hohen Zaun umgeben. Man sah nichts, hörte nur enormes Gebelle und Geschrei. Ich läutete an der Haustürglocke. Die Besitzer meldeten sich und öffneten die elektrische Tür. Wir betraten das Grundstück. Zu meinem Entsetzen herrschte dort das gleiche Chaos wie damals in Mühldorf, als ich mit meinen Eltern Sissy abholte. Anscheinend sind die meistern Züchter mit ihrer Arbeit überfordert. Was mich aber am meisten wunderte war, dass es keine Mischlinge zu sehen gab. Es kann mir keiner erzählten, dass es bei diesen vielen verschiedenen Rassen keine Mischlinge gab. Ich denke, die wurden sofort entsorgt. Hier wurden nicht nur Boxer, sondern sämtliche Rassen – Dackel, Foxterrier, Dobermänner, Möpse, Dalmatiner und noch mehr – gezüchtet.

Als wir das Grundstück betraten wurden wir von einer unglaublichen Hundeschar umringt, die alle bellten, sprangen, schrien und sich teilweise auch gegenseitig bissen. Der Züchter, ein älterer Mann, schrie und schlug auf sie ein, hatte aber die Meute nicht unter Kontrolle – wie sollte er auch. Überall lagen leere Hundefutterdosen, alte Knochen, Papierbeutel, Schachteln und Kot. Es stank umwerfend. Anfangs wussten wir gar nicht, wie wir uns verhalten sollen. Uns taten alle Hunde leid und wir hätten sie am Liebsten aus diesem Dilemma befreit, was natürlich nicht möglich war. Nach einigen Überlegungen und Besichtigungen kamen wir überein, dass wir beide uns je einen jungen Boxer nahmen. Meine Kollegin entschied sich für einen gestromten und ich nahm einen braunen. Im Grunde war es mir egal, welcher. Mir fiel dieser junge Hund nur auf, weil er verschüchtert in einer Ecke stand.

Zu meinem Erstaunen liefen auch weiße Boxer in der Meute mit. Auf meine Frage, was er mit diesen Hunden machte, da diese Fehlfarbe doch nicht verkauft werden könne, antwortete der Züchter: »Die kommen in die Versuchsanstalt.« Auf unsere Empörung reagierte er mit Beschimpfungen und war kurz davor, uns rauszuwerfen, als seine Frau dazukam und ihn anschrie, sie bräuchten das Geld. Meine Kollegin und ich haben uns noch nie so schnell entschieden bei einem Hundekauf. Es waren aber furchtbare Umstände und wir hatten beide Angst, dass etwas Unangenehmes passieren könnte. Der Besitzer fing dann die beiden Hunde ein; zuerst den von meiner Kollegin, der kam freiwillig zu ihm. Meinem musste er nachlaufen, denn er lief sofort weg, als er merkte, dass der Mann auf ihn zukam.

Wir waren froh, als wir das Gelände verlassen hatten und wollten das Veterinäramt und den Tierschutzverein verständigen.

Wir fuhren erst mal zu uns nach Hause. Die beiden Hunde genossen es sichtlich, im Garten alleine zu sein. Gundi nahm kaum Notiz von den beiden.

Wir nannten unseren kleinen Boxer *Nicco*, meine Kollegin nannte ihren *Rocco*. Die Hunde spielten zusammen, da sie sich ja kannten, aber man merkte, dass Nicco der Ängstlichere von beiden war. Er hatte grundsätzlich vor allem Angst. Meine Kollegin fuhr nach einiger Zeit hochbeglückt nach Hause. Sie war über ihren neuen Hausgenossen erfreut und er entsprach ganz ihrer Vorstellung.

Gundi konnte mit Nicco nichts anfangen, da er ihr zu jung war. Sie tat ihm zwar nichts, wenn er aber aus Versehen auf sie sprang, knurrte sie ihn kurz an beziehungsweise rief ihn zur Ordnung.

Langsam gewöhnte Nicco sich an uns und genoss es, nicht mehr in einem Rudel zu leben und ums tägliche Futter kämpfen zu müssen. Vor den Pferden und Ziegen hatte er auch bald keine Angst mehr, da er merkte, dass sie ihm kein Futter wegnahmen und auch sonst friedlich waren.

Im Laufe der Zeit stellte sich heraus, dass Nicco auf ältere Frauen nicht gut zu sprechen war und regelrecht Angst vor ihnen hatte. Ich merkte es, wenn Frauen mit längeren Kleidern oder Mäntel am Gartenzaun standen, weil er dann regelrecht in Panik geriet und davonlief. Beim Spaziergang war es noch schlimmer, er umkreiste die entsprechende Person, biss sie von hinten in die Wade und lief schnell davon. Diese Angewohnheit wurde immer schlimmer. Er ging nie auf Kinder oder jüngere Frauen los. Anscheinend war die Züchterin der wunde Punkt. In der Familie war er ganz brav. Auch wenn Besuch kam, freute er sich und kam mit allen Menschen aus. Selbst meine Mutter hatte kein Problem mit ihm.

Mein Vater versuchte außerhalb des Grundstücks, ihn mit einem langen Kittel und Verkleidung zu provozieren, aber es ging nicht, da er ihn anscheinend am Geruch erkannte.

Wir konsultierten einen erfahrenen Hundepsychologen. Der stellte aufgrund totaler Inzucht und Degeneration eine Kleinwüchsigkeit und psychische Schäden fest. Es kam auch noch die ehemals schlechte Haltung und Fütterung dazu. Nicco war und blieb ein Kümmerling. Wir mussten ihn beim Spaziergang immer an die Leine nehme, sobald ältere Leute in Sicht kamen.

Nach dem Besuch bei diesem Hundezüchter hatten wir den Tierschutzverein und das Veterinäramt über die schlechten Verhältnisse informiert, die dort herrschten. Es dauerte trotzdem noch Jahre, bis diesem skandalösen Hundezüchter das Handwerk gelegt wurde. Ich denke, heute würde so etwas schneller gehen. Nach der Auflösung der Zucht wurden sämtliche Hunde auf die umliegenden Tierheime verteilt.

Ab und zu war ich in unserem Tierheim, um mich über einige Dinge zu informieren. Es war mal wieder Tag der offenen Tür, an dem ich meist teilnehme. Es war sehr interessant und aufschlussreich. Was mir dort so gefiel, war der lockere Umgang, mit dem die Tiere behandelt wurden. Durch Zufall fiel mir eine Boxerhündin auf, die aussah wie der Hund meines Bruders, der vor einigen Wochen verstorben war und dem die ganze Familie nachtrauerte. Ich verständigte meinen Bruder und wir fuhren zusammen ins Tierheim. Meine Schwägerin konnte es nicht glauben, dass es so eine frappante Ähnlichkeit mit ihrer Trixi geben konnte. Trixi war eine kleine gestromte Boxerhündin gewesen, mit vorstehendem Unterkiefer, die man auch *Vorbeißer* nennt, was sie aber absolut nett aussehen ließ. Genauso sah diese Hündin im Tierheim aus. Wir erzählten dem Leiter, Herrn F. unsere Geschichte von Trixi (die mein Bruder damals auch aus diesem ominösen Zwinger holte) und er sagte uns, dass alle Boxer, die er hätte, aus dieser Zucht kämen. Diese Hündinnen mussten, als sie bei ihm waren, erst mal das Laufen lernen.

Sie wurden wie Schweine im Stall gehalten und waren nur zur Zucht da. Wir hatten das – Gott sei Dank – damals gar nicht mitbekommen.

Da mein Bruder den Hund mitnehmen wollte, machte ihn Herr F. darauf aufmerksam, dass sie nicht spazierengehen und vor allem keine Treppen steigen konnte. Leider wurde deshalb aus einer zweiten Trixi nichts und wir fuhren unverrichteter Dinge wieder nach Hause.

Nach ein paar Wochen hatten sie aber wieder einen jungen Mischling, der auch einen guten Platz brauchte.

Nun ein Glanzstück von Nicco: Einmal im Jahr fuhren meine Schwägerin und ich nach München zum Pferderenntag in Riem. Da ich meine Hunde meist überallhin mitnahm, waren sie auch dabei. Wir gingen erst ausgiebig spazieren und anschließend blieben sie im Auto. Der Wagen, es war noch immer der alte VW-Bus, hatte Schiebefenster und wir ließen an beiden Seiten einen Spalt offen.

Als wir nach zwei Stunden zum Auto zurückkamen, um nach den Hunden zu sehen, hatte sich ein kleiner Volksauflauf um das Auto gebildet. Gundi kam uns schwanzwedelnd entgegen und Nicco saß wie eine Statue auf dem Fahrersitz. Was war passiert?

Aus der Menge trat ein älteres Ehepaar zu uns und berichtete. Sie beide gingen an unserem Auto vorbei zu ihrem Wagen, der neben unserem stand, da saß Nicco auf dem Fahrersitz und bellte. Gundi, die anscheinend schlief, wurde wach, erschrak und schob mit ihrer Schnauze das Fenster auf. Nicco sprang als Erster heraus, Gundi hinterher. Nicco biß die Frau ins Bein – sie hatte einen langen Rock an – und sprang umgehend – so unglaublich es auch war – wieder ins Auto zurück. Gundi konnte nicht mehr ins Auto und lief deshalb draußen herum. Zu unserem Glück hatte das Ehepaar Erfahrung mit Hunden – der Mann war Tierarzt – und erklärte mir den Sachverhalt. Die beiden Hunde hatten in dieser Schrecksituation zusammengearbeitet. Nicco hätte nie das Fenster aufschieben können, umgekehrt hätte Gundi aber auch nicht gebissen oder wäre aggressiv geworden. Der Biss war Gott sei Dank nicht fest, es waren nur Druckstellen zu sehen. Der Schreck aber alleine genügte schon. Ich entschuldigte mich vielmals, und gab ihnen für alle Fälle meine Adresse. Seitdem ließen wir die Hunde nie mehr unbeaufsichtigt im Auto.

Im Nachhinein stellte sich heraus, dass meine Kollegin mit ihrem Boxer die gleichen Probleme hatte. Bei ihr war es umso schlimmer, da ihre Oma im Hause wohnte, auf die ihr Hund regelrecht losging. Nachträglich denke ich, sind es die schlechten Erfahrungen, die diese Hunde mit ihren Züchtern hatten. Beide Hunde gingen immer auf nur auf vermeintlich ältere Leute los. Hunde, speziell Boxer, haben ein Langzeitgedächtnis und vergessen nicht so schnell, was man ihnen einmal angetan hat.

Nicco musste leider mit drei Jahren aufgrund seiner Bissigkeit eingeschläfert werden. Wir haben alles versucht, konnten ihm aber nicht helfen. An diesem Hund bin ich gescheitert. Nicco stand sich selbst im Weg. Es war ein schwerer Entschluss, er versuchte aber auch Gundi in seiner Aggressivität mitzureißen. Das musste ich verhindern. Normalerweise ist die Konstellation Boxer/Schäferhund sowieso sehr schwierig und nicht zu empfehlen. Ich hatte nur Glück, dass Gundi ein ausgesprochen charaktervoller, ergebener und ausgeglichener Hund war, sonst hätte sie die schlechten Eigenschaften von Nicco übernommen.

Der Hund meiner Kollegin wurde zwei Jahre später eingeschläfert, aus dem gleichen Grund.

In der Zwischenzeit hatten mein Mann und ich beschlossen, es noch einmal zusammen zu probieren. So zog ich mit den Kindern und den Hunden wieder bei ihm ein. Da er inzwischen den Garten umgebaut hatte – statt des Stadels war ein Weiher entstanden – war kein Platz mehr für einen Stall. Also musste ich mir für die Ziegen und Micky etwas einfallen lassen. Mir tat es in der Seele weh, mich von meinen Tieren zu trennen, aber es gab keine andere Möglichkeit: Maruschka kam in Pension auf einen in der Nähe gelegenen Reiterhof, die Ziegen und Micky wurden von Bekannten übernommen, die ebenfalls einen kleinen Hof hatten und sich sehr über ihre Neuzugänge freuten.

Mein Haus wurde an ein junges Paar vermietet, das ebenfalls sehr tierlieb waren und auch Hunde und Pferde hatte. Zur damaligen Zeit war mir diese Hunderasse nicht bekannt, es waren zwei Mastinos. Die Hündin fand ich absolut hässlich, groß, schwarz, sehr plump und das Gesicht voller Falten. Da sie mit der Hündin züchten wollten, hatten sie sich extra aus Italien einen jungen Rüden geholt. Er hieß Rocco und war ein netter verspielter junger Mastino, der eigentlich nicht viel Ähnlichkeit mit der Hündin hatte. Nach ein paar Monaten stellte sich heraus, dass er zur Zucht nicht geeignet war. Da sie aber unbedingt Junge haben wollten, ließen sie die Hündin von einem anderen Rüden decken und bekamen zwei Junge. Rocco durfte bleiben und Papa spielen. Er entwickelte sich zu einem schönen liebenswerten Hund, der für seine Rasse aber nicht typisch war. Die jungen Hunde dagegen waren richtige Mastinos und sahen aus wie kleine Nilpferde. Sie wurden mit Spezialfutter ernährt, damit sie ihre Stärke und Kondition bekamen. Mastinos gehören zu der Art *Molosser* und sind sogenannte *Kampfhunde* – was ich bis dahin auch nicht wußte. Mir war auch nicht bekannt, welche Menschen Kampfhunde brauchten. Mittlerweile ist mir einiges klar und ich fand die ganze Angelegenheit nicht gut.

Nach einiger Zeit stellte sich heraus, dass die Hundebabys überfüttert wurden, sie konnten sich fast nicht bewegen und waren zu schwer, um zu laufen. So mussten sie eingeschläfert werden. Nachträglich musste ich feststellen, dass das alles mit Tierliebe nichts zu tun hatte.

Nach einigen Monaten trennte sich das junge Paar, und die Hunde wurden aufgeteilt. Die Hündin blieb bei ihrer Herrin und Rocco bei seinem Herrn. Der junge Mann betrieb in München ein Lokal und hatte deshalb wenig Zeit für seinen Hund. Ab und zu besuchte er uns und jedes Mal bat er mich, ob ich Rocco nicht vorübergehend zu mir nehmen könnte. Mir tat der Hund zwar sehr leid, aber mein Mann war dagegen und außerdem hatte ich noch Gundi. Ich versprach ihm, mich um Rocco zu kümmern und eine Lösung zu finden.

Zur damaligen Zeit wohnte Michaela mit ihrem Freund, der einen Riesenschnauzer hatte, in München. Sie kam zwar noch öfter zu uns, wegen Maruschka, aber das hatte sich inzwischen auch erledigt, da unter den Reitern auf dem neuen Hof eine Reiterin war, die Maruschka unbedingt haben wollte. Sie war total verliebt in das Pferd und ging auch auf unsere Bedingung ein, dass wir das Pferd verkaufen würden, wenn es in diesem Stall bleiben könnte. Es dauerte ein halbes Jahr, dann zog die junge Frau in eine andere Stadt und nahm Maruschka mit. Ich habe seitdem nichts mehr von ihr gehört. Eine Bekannte erfuhr allerdings – wiederum von einer Bekannten – dass sie mit Maruschka Schwierigkeiten hatte, die zu einem schweren Unfall führten. Die Besitzerin sitzt seitdem im Rollstuhl, Maruschka wurde anschließend eingeschläfert. Wir waren alle geschockt darüber, aber wer Maruschka nicht im Griff hatte, für den war es ein Risiko, auf ihr zu reiten.

Michaela kannte Rocco, da sie öfter mit dem jungen Paar zusammen war. Auf meine vorsichtige Frage, ob sie Rocco nicht ab und zu zum Spazierengehen mitnehmen könnte, meinte sie, wenn die Hunde sich vertragen würden, sei es kein Problem. Der Riesenschnauzer namens Sabu war ein Bild von einem Hund. Sehr brav, ruhig und absolut gehorsam. So kam es, dass Michaela nicht nur ab und zu, sondern dauernd Rocco bei sich hatte. Er hatte sich zu einem tollpatschigen liebenswerten Riesen entwickelt und vertrug sich mit Mensch und Tier.

Michaela wohnte in einem Mehrfamilienhaus an der Theresienwiese, in dem mehrere Parteien Hunde hatten. Meist kleinere Hunde – Dackel, Pinscher oder so, die vor großen Hunden Angst hatten und sich dementsprechend aufführten. So kam es im Laufe der Zeit, dass diese kleinen Biester regelmäßig beim Zusammentreffen auf Rocco losgingen. Es ging sogar so weit, dass sie Rocco schnell bissen und dann zu ihrem Herrn liefen, der sie dann aufhob und auf dem Arm trug. Unverständlicherweise hatten sie mit Sabu keine Probleme.

Nachdem das junge Paar ausgezogen war, hatten wir gleich wieder neue Mieter.

Michaela wollte weiter in München bleiben. Die Situation mit den Mitbewohnern wurde aber immer schlechter, wegen der Hunde, und nach einigen Überlegungen kamen wir zu dem Entschluss, Rocco zu uns zu nehmen. Gundi und Rocco kannten sich schon und so gab es wegen der Hunde keine Probleme.

Damals kam eine neue Kampfhundeverordnung raus, was ich nicht wusste – ich wusste nicht einmal, dass es eine Kampfhundeverordnung gab – und anscheinend hatte man mich bei der Polizei wegen Rocco angezeigt, da ich ihn nicht als Kampfhund angemeldet hatte. Eines Tages, ich war gerade im Bad, ging plötzlich die Haustür auf und jemand rief meinen Namen. Voller Schreck öffnete ich die Badezimmertür. Im Hausflur war ein Polizist in Uniform, neben ihm stand schwanzwedelnd Rocco. Ich kannte den Polizisten und er meinte lachend, er wolle nur den *Kampfhund* überprüfen. Die Prüfung sei positiv verlaufen. Für solche Scherze muss man schon eine gehörige Portion Mut aufbringen. Der gute Mann ist allerdings Hundeführer und kennt sich mit Hunden bestens aus. Somit war der Besitz meines Kampfhundes legal und ich brauchte auch weiter keine Unbedenklichkeitsbescheinigung.

In unserer unmittelbaren Nachbarschaft wohnte ein kleiner Pudelmischling, der bei jeder Gelegenheit bellte. Er stand bei uns vor dem Zaun und kläffte pausenlos die Hunde an. Gundi und Rocco interessierten sich nicht dafür und beachteten ihn gar nicht. Das ging monatelang gut. Eines Tages gab es wieder das Gekläffe vor dem Zaun und nach ein paar Minuten ein entsetzliches Geschrei. Ich sah gerade noch, wie der kleine Hund aus unserem Garten durch den Zaun schlüpfte und nach Hause rannte. Anscheinend war er durch den Zaun gekrochen und auf Gundi losgegangen. Logisch, dass die Hunde sich das nicht gefallen ließen.

Ich lief ihm nach und sah, dass er fast nicht mehr laufen konnte. Zu Hause nahm ihn seine Besitzerin auf den Arm und wollte ihn beruhigen. Er war aber nur am Jaulen und biss um sich. Ich bot ihr an, sie zum Tierarzt zu fahren, doch sie beschimpfte mich nur. So ging ich nach Hause, was sollte ich machen?

Die beiden Hunde waren wie immer, es war auch nirgends Blut zu sehen.

Am nächsten Tag meldete ich mich wieder bei der Hundebesitzerin, die aber nicht mit mir sprechen wollte. Ihre Tochter teilte mir dann mit, dass die inneren Organe des Pudels verletzt waren und er nicht mehr gerettet werden konnte. Das tat mir natürlich sehr leid und ich bot meine Hilfe an, falls sie einen neuen Hund wollten. Den alten konnte ich ihr leider nicht ersetzen.

Das war die einzige schlimme Erfahrung, die ich mit Rocco gemacht hatte. Er hat ansonsten nie einen Menschen oder ein Tier angegriffen. Die meisten Menschen hatten zwar anfangs Angst vor ihm, sobald sie ihn aber kannten, mussten sie feststellen, dass er ein ganz braver und liebenswerter Hund war.

Da diese Rasse zur damaligen Zeit bei uns überhaupt nicht bekannt war, dachten die meisten Menschen, er wäre ein Doggenmischling. Inzwischen sind sogenannte Kampfhunde bei uns Mode geworden. Ich finde es absolut unverantwortlich, solche Hunde in falsche Hände zu geben. Im Grunde kann man jeden Hund zum Kampfhund machen, diese Rassen haben aber ein sehr niedriges Schmerzpotenzial und kämpfen bis zum Umfallen.

Nachdem nun das junge Paar ausgezogen war, hatten wir für kurze Zeit wieder ein junges Pärchen. Diese Beziehung hielt auch nicht und so zogen sie wieder aus. Eigentlich wollte ich nicht alle paar Monate neue Mieter und so entschlossen sich Michaela und ihr Freund, selbst in das Haus einzuziehen. Er hatte zwar einiges zu beanstanden, was sie ändern wollten, aber es war okay. Für mich war es die ideale Lösung, da Michaela das Haus sowieso einmal erben würde.

Ihr Freund handelte mit Autos, war Italiener und fuhr sehr oft in seine Heimat, ein ziemlicher Chaot. Da er wusste, dass wir eine tierliebende Familie waren, brachte er des Öfteren Hunde aus Italien mit. Ich war total dagegen, aber Michaela konnte sich nicht bei ihm durchsetzen.

Er hatte ja als ersten Hund Sabu, den Riesenschnauzer. Der zweite Hund, den er brachte, war eine junge Dobermann-Hündin, sehr verschreckt und ängstlich. Sie hatte vor allen Menschen Angst, mit Hunden hatte sie aber keine Probleme. Die Hunde hatten zwar einen großen Garten, wenn ich aber mit meinen Hunden spazieren ging, nahm ich Sabu und Clarissa – so hieß die Dobermann-Hündin – auch mit. Deshalb fuhr ich meist mit dem Auto irgendwo in die Natur. Clarissa entwickelte sich zu einer schönen, aber ängstlichen und hinterfotzigen Hündin. Sie ging speziell – wie damals der Boxer Nicco – auf ältere Frauen los.

Der nächste Kandidat war ein superschöner junger Riesenschnauzer. Im Gegensatz zu Sabu war er silbergrau. Ein unkomplizierter, braver, netter, tollpatschiger Hund. Er hieß *Boss*. Nun konnte ich aber nicht mehr mit dem Rudel spazieren gehen, denn die beiden jungen Hunde folgten überhaupt nicht. Ab und zu ging ich mit den beiden jungen Hunden allein, ansonsten musste Michaela sich darum kümmern. Mir wurde nie klar, warum ihr Freund die Hunde mitbrachte. Sie kamen nie aus einem Tierheim, sondern immer nur von Züchtern. Als letztes Mitbringsel aus Italien kam ein junger Schäferhund. Er war genauso scheu und ängstlich wie Clarissa. Anschließend drohte ich mit einer Kündigung, bei weiteren neuen Hunden. Die Hunde hatten zwar im Garten ihren Auslauf, aber es ging niemand mit ihnen Gassi. Sabu nahm ich ab und zu mit, da er ja sehr folgsam war.

Eines Morgens rief mich Michaela an und teilte mir mit, dass Boss und der Schäferhund verschwunden seien. Wir suchten alles ab, fuhren auch mit dem Rad herum, aber beide Hunde blieben verschwunden. In der Nachbarschaft hatte auch keiner die beiden gesehen. Am Abend rief ein Bauer aus der Umgebung an, ob uns zwei Hunde abgingen, es lägen an einer Brücke neben der Böschung zwei tote Hunde. Wir fuhren hin und es waren unsere Hunde. Traurig, aber zum Glück war dem Autofahrer nichts passiert. Wie sie dahin kamen, ist bis heute noch ein Rätsel, da das gesamte Grundstück eingezäunt war.

Nun hatte sich sie Meute dezimiert und ich konnte die beiden anderen Hunde wieder mitnehmen. Alles lief seinen gewohnten Gang.

Da Michaela und ihr Freund einen Autohandel betrieben, kam es öfter vor, dass sie nach Italien mussten. Während dieser Zeit betreute ich die Hunde. Eines Tages war es wieder einmal so weit und ich fütterte Abends wie gewohnt die Hunde. Im Laufe des Abends kamen die beiden nach Hause und die Hunde freuten sich wie immer. Vor Begeisterung sprangen sie hin und her und auch an Michaela hoch. Wir saßen dann noch eine Weile zusammen und plötzlich sahen wir, dass Sabu einen Bauch hatte, als ob er einen Fußball verschlungen hätte. Zum Glück war ein Bekannter anwesend, der sofort erkannte, dass Sabu eine Magendrehung hatte. Er musste sofort ärztlich behandelt werden.

Da der diensthabende Tierarzt die Behandlung ablehnte, fuhren sie nach München in die Universitätstierklinik. Dort wurde Sabu zwar sofort operiert, doch er starb noch in der Nacht. Man erklärte uns die die Ursache: Große Hunde dürfen nach dem Fressen nicht herumtollen, da der Magen nur an dünnen Bändern hängt und sich leicht verheddern kann. In so einem Fall kommt es zum Darmverschluß und der ist fast immer tödlich. In diesem Fall konnte man auch sagen: *Operation gelungen – Patient tot.*

Der Tod von Sabu war für uns alle ein Schock. Er war der ruhende Pol in der kleinen Meute. Sabu war eine Hundepersönlichkeit von ganz seltener Art. Er war stets präsent, aber nie aufdringlich. Er war das absolute Ideal eines Hundes. Das Einzige, was mich an ihm gestört hatte – da konnte der Hund aber nichts für – war, dass er getrimmt werden musste. Ich halte diese Art von Haarpflege für Tierquälerei, es wird aber von den Züchtern vorgegeben. Selbst Rocco und Clarissa suchten längere Zeit vergebens nach ihm. Er war leider weg. Michaelas Freund hielt sich an meine Anordnung und brachte keinen neuen Hund mehr mit.

Zur damaligen Zeit gab es in unserem Städtchen noch keinen Tierschutzverein, der eigentlich unbedingt notwendig war. Da war zum Beispiel ein ehemaliger Bauernhof, der nun verlassen war, in dem aber noch jede Menge Katzen lebten, die sich ständig vermehrten. Ich kannte den ehemaligen Besitzer und kümmerte mich um die Katzen. In meiner Not wandte ich mich an den Münchener Tierschutzverein und bat um Hilfe. Die damalige Vorsitzende Frau R. war mir wohlgesonnen und schickte mir einen Helfer, mit dem ich die erwachsenen Katzen einfing, die dann in München sterilisiert wurden. Anschließend kamen sie wieder auf den Bauernhof. Für das Futter kam ich auf. Inzwischen hatte sich der Bestand auch sehr dezimiert, da ich einige jüngere Katzen mit nach Hause nahm, zähmte und dann weitervermittelte. So kamen keine neuen Katzen mehr dazu und die paar älteren konnte ich leicht füttern.

Im Laufe der Zeit entwickelte ich mich zu einer sehr engagierten Tierschützerin und sah auch so manches Tierleid, das ich nicht einfach hinnehmen wollte. Eine gute Bekannte, die ebenfalls auf meiner Linie war, sah das ebenso. Ich hatte eine Freundin, die auf diesem Gebiet sehr aktiv war, aber mehr oder weniger alles im Alleingang machte, was teilweise nicht ganz legal war. Ich durfte mir das nicht erlauben, da ich sonst mit meiner Dienststelle Schwierigkeiten bekommen hätte. Der einzige Lichtblick auf diesem Gebiet war Frau B., die für jeden und alles Hilfe hatte. Sie war total überlastet, da sie ständig in Anspruch genommen wurde. Es ging sogar so weit, dass man ihr Tiere über den Gartenzaun warf, damit sie sie fütterte. Sie war in meinen Augen eine der besten und aktivsten Tierschützerinen weit und breit. Als wir ihr den Vorschlag machten, einen Tierschutzverein zu gründen, war sie hocherfreut und begeistert.

So beschlossen meine Bekannte Frau Z. und ich, unter Mitwirkung ihres Mannes (der aber erst überredet werden musste) einen Tierschutzverein zu gründen. Herr Z. war ein Ass auf dem Gebiet der Organisation. Es dauerte Wochen, bis er ein Konzept erstellt hatte, das ja Hand und Fuß haben musste. Er organisierte ein Haus, sprach mit dem damaligen Landrat und Bürgermeister und brachte alles bestens über die Bühne. In unserem Bekanntenkreis wurde fleißig Reklame für unser Vorhaben gemacht und es fanden sich auch verhältnismäßig viele Menschen, die unserem Verein beitreten und uns helfen wollten. Wir benötigten ja nicht nur zahlende, sondern auch aktive Mitglieder, die uns auch arbeitsmäßig unterstützten. Das Haus musste eingerichtet, die Zimmer für die Tiere eingeräumt und das Büro funktionsfähig ausgestattet werden. Er hatte auch einige Sponsoren gefunden, die den Computer und die Büroausstattung spendierten. Im Nachhinein war es unglaublich, was er alles geschafft hatte, zumal er ja zusätzlich in seinem Beruf recht ausgelastet war. Seine Frau war das Herz, er der Kopf des Vereins. Nächtelang saßen wir zusammen, um zu beratschlagen, wie es am besten sei. Seine beiden Töchter waren auch mit dabei und halfen fleißig mit. Im Laufe von ein paar Monaten waren wir eine sehr engagierte Truppe, die alle nur eines wollten: Tieren in Not zu helfen.

Anfangs trafen wir uns einmal in der Woche in einem Lokal, um den Stand der Dinge zu besprechen. Es mussten Statuten erstellt werden und der Amtstierarzt wurde zurate gezogen. Mittlerweile hatte es sich schon herumgesprochen, dass ein Tierschutzverein gegründet werden soll. Bei unseren wöchentlichen Treffen kamen auch viele Mitbürger, teils aus Neugierde, teils aus Interesse. Wir hatten zwar ein Büro, aber kein Personal und keine Öffnungszeiten.

Anfang 1996 war es endlich soweit. Herr Z. hatte alles im Griff und einer Vereinsgründung stand nichts mehr im Wege. Wir machten daraus ein kleines Fest in unserem Vereinshaus und stellten uns der Öffentlichkeit vor. Das Interesse war groß und die Meinungen überwiegend positiv. Leute wie Landrat, Bürgermeister, Amtstierarzt sowie der Chef vom Nachbartierheim beehrten uns auch.

Aber es gibt natürlich überall auch immer Nörgler und Meckerer. Einer meinte, wir sollten lieber einen Kindergarten gründen als für die *blöden* Viecher unser Geld auszugeben. Wir hatten aber unseren guten Tag, darum haben wir ihn nicht ausgeschmissen.

Nun ging es aber erst richtig los. Das Büro musste besetzt werden, was meist Frau Z. machte. Wir hatten zwar noch keine festen Bürozeiten, die aber nun eingeführt wurden. Alle Zimmer waren noch leer – was sich aber bald ändern sollte. Für plötzliche Notfälle waren wir fünf Kolleginnen und jederzeit erreichbar.

Es dauerte kaum eine Woche, da kamen schon die ersten Kunden, kleine Kätzchen, die in einer Schachtel ausgesetzt gefunden wurden. Da wir schon Erfahrung mit diesen Dingen hatten, war es kein Problem die kleinen Kätzchen zu behandeln. Wir hatten wunderschöne Katzenzimmer, mit allem, was eine Katze (außer dem Menschen) braucht. Im ersten Stock war extra eine Katzenküche. Für Hunde waren wir noch nicht ausgestatte, die mussten nach wie vor nach Neuburg gebracht oder bei uns Mitgliedern privat versorgt werden.

Im Laufe der Zeit hatten wir – schneller als gedacht – unsere Zimmer mit Katzen, Meerschweinchen, Ratten, Hasen, Mäusen, Chinchillas und Vögeln belegt. Alles Tiere, die *Abfallprodukte* waren.

Es gibt Menschen, die stellen einen auch auf die Probe. Kurz nach Eröffnung des Tierheimes rief mich eine junge Frau an und fragte, ob wir auch Mäuse nehmen würden, was ich bejahte. Nach nicht mal zehn Minuten kam sie und übergab mir in einer kleinen Schüssel fünf nackte Mäusebabys. Ich war so erschrocken, dass ich gar nicht wusste, was ich sagen sollte. Sie sagte nur, sie hätte die Tiere aus Versehen ausgegraben und da wir Tierschützer seien, müssten wir uns auch um sie kümmern. Ich sagte nichts, da ich mit ihr nicht streiten wollte, nahm die Schüssel und verabschiedete sie.

Bei aller Tierliebe, das ging so nicht. Die Tiere waren höchstens drei Tage alt, blind und nackt. Ich rief eine Kollegin an und erzählte ihr die Story. Die meinte nur, da wolle uns jemand testen. Ich stellte die Schüssel auf die Seite. Es dauerte keine Stunde, dann machten die kleinen keinen Muckser mehr. So etwas hat mit Tierliebe nichts zu tun, das ist Schikane.

Wir waren aber ein gutes Team und die Arbeit machte auch Freude, zumal der Erfolg bei der Pflege von kranken Tieren ein schönes Erlebnis ist. Es ist wunderbar, wenn man sieht, wie die Tiere ihre Angst und Scheu verlieren. Es gab auch Kolleginnen, die sich nur zum Streicheln bereit erklärten, was sehr wichtig war, denn Futter allein genügt nicht für eine gute Mensch-Tier-Beziehung. Da der Verein mittlerweile einen guten Ruf hatte, bekamen wir immer mehr Mitglieder.

Inzwischen riefen auch Leute an, die schlechte Tierhaltung anzeigten. Wir verwiesen sie meist an den Amtstierarzt, der meinte aber, wir sollten uns erst kundig machen und bei Bedarf würde er dann einschreiten. So hielten wir es dann auch. Meist fuhr ich mit einer Kollegin los, um uns an Ort und Stelle zu informieren, denn alleine durfte man nicht, das war auch zu gefährlich. In der Mehrzahl waren es Anzeigen gegen Bauern mit Kettenhunden. Ich erinnere mich an einen Fall, wo wir die schlechte Haltung reklamierten und uns der Bauer anschließend mit der Mistgabel nachlief und uns bedrohte. Wir liefen so schnell wir konnten davon, verständigten aber den Amtstierarzt, der die Angelegenheit dann erledigte. In den meisten Fällen wurde eine Laufleine angelegt oder ein Zwinger gebaut.

Irgendwann kamen auch zwei Eheleute zu uns, die sich beide in den Verein aktiv miteinbringen wollten. Unser Vorsitzender war hocherfreut, denn das Ehepaar machte einen sehr korrekten und zuverlässigen Eindruck. Frau P. engagierte sich sehr im Katzenbereich und ihr Mann half im Büro beziehungsweise bei der Organisation. So lief die Sache ganz gut.

In dieser Zeit bekamen wir ein Hundepärchen, das an der Autobahn aufgegriffen wurde. Es waren zwei rote Zwergspitze, sehr ängstlich und scheu. Da jeder Mitarbeiter von uns selber Hunde und Katzen zu Hause hatte, war es uns unmöglich, die Hunde mit nach Hause zu nehmen. So entschlossen wir uns, die Hunde im Tierheim zu lassen, da ja sowieso den ganzen Vormittag das Büro besetzt war. Nachmittags konnten wir sie ein paar Stunden alleine lassen und abends wechselten wir uns täglich ab, wer im Vereinshaus bei ihnen schlief. Es funktionierte einwandfrei. Sie wurden zusehens Ausgeglichener und ruhiger und freuten sich, wenn wir kamen und mit ihnen Gassi gingen. Wir hatten sie bald so weit, dass wir sie vermitteln konnten. Es musste aber eine möglichst ältere Person sei, ohne Kinder, da sie mit Kindern ihre Probleme hatten. Da es aber nicht eilte, warteten wir geduldig auf den richtigen Platz.

Da alles prima lief, konnte das Ehepaar Z. nun endlich seinen wohlverdienten Urlaub antreten. Sie hatten sich in Frankreich ein Haus gekauft und wollten dort hinfahren, mit Kindern, Katzen und Hunden. Für die vier Wochen ihrer Abwesenheit hatten sie das Ehepaar P. als ihre Vertretung vorgesehen, was auch im Sinne der anderen Mitarbeiter war, da sie als Einzige nicht mehr berufstätig waren und die nötige Zeit hatten.

Als wir am Montagmorgen wie gewohnt ins Tierheim kamen – die Nacht zuvor hatte Frau Z. noch bei den Hunden geschlafen – stand das Ehepaar P. schon parat. Als Erstes wurde eine Mitarbeiterbesprechung anberaumt, in der es um die Hunde ging. Wir hatten alle bemerkt, dass die beiden mit Hunden nichts zu tun haben wollten. Das war auch weiter nicht tragisch, da wir anderen uns um sie kümmerten. Die beidem waren nur auf Katzen fixiert, andere Tiere waren quasi Luft für sie. In einem Tierheim geht das aber nicht. Ab sofort durften die Hunde nicht mehr im Tierheim übernachten. Wir waren alle wie vor den Kopf gestoßen – kaum im Amt und schon Terror. Außerdem wurde ein exakter Plan aufgestellt, wer was zu tun hatte. Wir wehrten uns zwar gegen diese Maßnahme, konnten aber im Grunde nichts dagegen machen. Da wir nicht mehr dort übernachten durften, entschloss ich mich, die Hunde doch mit nach Hause zu nehmen. Meine Hunde taten ja nichts und die beiden waren mittlerweile so handzahm, dass man sie überall hin mitnehmen konnte.

Langsam entwickelte sich das Arbeitsklima im Tierheim zu einem Kasernenton. Dass wir am Morgen nicht stramm stehen mussten, war ein Wunder. Frau P. kontrollierte die genauen Uhrzeiten, wann wir kamen – auf die Minute –, ebenso die Futternäpfe, ob sie auch richtig ausgewaschen waren, ob die Katzenklos sauber waren etc. Es war Stress pur. Vor allem vergaß sie, dass wir ja alle ehrenamtlich dabei waren und das nicht erst seit ein paar Tagen. Ein großer Teil der Kolleginnen ließ es sich nicht gefallen und hörte deshalb auch auf. Ich wollte nicht aufgeben und setzte mich entsprechend zur Wehr, was allerdings sehr anstrengend war. Wenn Frau P. einmal nichts sagte, trat ihr Gatte in Erscheinung und gab seinen Senf dazu.

Eines Morgens, als ich wieder antreten wollte, merkte ich, dass sich die Abfalltonnen, die vor dem Haus standen, verdoppelt hatten. Auf meine ganz normale Frage, wieso so viele Tonnen draußen stünden, wurde mir gesagt, dass die Katzenklos jetzt immer ganz ausgeleert und anschließend gewaschen werden müssten. Wie diese Rechnung zustande kam, war mir ein Rätsel, aber ich wollte es nicht lösen. In die Tonnen ging der Mist von einem ganzen Reitstall.

Mit der Vermittlung von Katzen lag auch so einiges im Argen. Zur damaligen Zeit waren mir vernetzte Balkone und Terrassen völlig unbekannt. Frau P. gab Katzen aber grundsätzlich nur weiter, wenn die neuen Besitzer so etwas nachweisen konnten. Ich kannte mehrere Personen, die eine Katze haben wollten und eigentlich unter ganz normalen, katzengerechten Umständen wohnten, in einem Haus mit Garten in einer ruhigen Wohngegend. Aber mit den Auflagen von Frau P. war eine Vermittlung unmöglich. Wer will schon seine Terrasse vernetzen oder seinen Balkon. Außerdem durften die Anwärter auf eine Katze auch keine Kinder haben. Nach einer erneuten Stresssituation fiel es mir wie Schuppen von den Augen, dass es auch Frau P. war, die damals die Übergabe von Gundi durch das Tierheim blockierte. Sie war es, die immer wieder neue Gründe fand, uns den Hund nicht zu geben, obwohl die ehemalige Besitzerin mit uns völlig einverstanden und glücklich war.

Nachdem mir dieser Lichtblick gekommen war, sprach ich sie am anderen Morgen darauf an. Zuerst tat sie so, als wüsste sie nicht, von was ich sprach, aber im Laufe des Gespräches stellte sich heraus, dass sie ganz genau wusste, um was es ging. Sie leugnete alles und gab die Schuld der Vorbesitzerin. Im Nachhinein war ich mir sicher, dass sie mich sofort erkannt haben musste, noch ehe bei mir der Groschen fiel. Es kam zu einer lautstarken Auseinandersetzung, bei der ich nach einiger Zeit das Handtuch warf, denn gegen zwei redegewandte, aggressive und intolerante Menschen hatte ich keine Chance. Ich war aber so in Rage, dass ich über ihre jetzige Führung meinen Unmut zeigte und betonte, Herrn Z. von diesem ganzen Fiasko zu berichten. Sie wollten mich daraufhin rauswerfen, das war aber nicht notwendig, da ich freiwillig ging.

Am nächsten Tag ging ich erst zur Mittagszeit ins Tierheim, in der Annahme, dass die beiden nicht mehr da wären. Da hatte ich mich aber getäuscht. Sie hatten bewusst auf mich gewartet. Sie saßen im Büro und waren sehr ruhig – wie immer. Ohne großen Kommentar sagte Herr P. zu mir, ab sofort hätte ich Hausverbot im Tierheim und müsse sofort den Schlüssel abgeben. Ich wusste nicht, ob ich lachen oder weinen sollte. Ich drehte mich auf dem Absatz um und ging. Den Schlüssel gab ich natürlich nicht ab. Sie forderten mich noch zweimal sehr aggressiv auf, den Schlüssel abzugeben, aber ohne ein weiteres Wort verließ ich das Tierheim. Den Schlüssel nahm ich mit.

Nun hatten sie nur noch eine Mitarbeiterin, die sich um die Tiere kümmerte. Diese Kollegin war ruhig und verhielt sich allgemein loyal, sodass sie ihr nichts anhaben konnten.

Zu Hause angekommen rief ich erst einmal einen Kollegen an, der für die Hunde zuständig war. Er war Hundetrainer und hatte mit dem Katzenhaus eigentlich nichts zu tun. Er kam gleich und ich erzählte ihm die ganze Geschichte. Wir kamen zu dem Schluss, Herrn und Frau Z. den Urlaub nicht zu verderben und sie nicht anzurufen. Es waren nur noch ein paar Tage und bis dahin wollten wir warten. Er meinte auch, den Schlüssel sollte ich nicht abgeben, da Herr P. ja eigentlich nicht der Chef sei und über solche Angelegenheiten wie Hausverbot nicht bestimmen konnte.

Ein Großteil meiner Kolleginnen war mittlerweile auch nicht mehr aktiv im Tierheim tätig und so entstanden langsam die schlimmsten Gerüchte über unseren Verein. Ich entschloss mich, einen Leserbrief in die Zeitung zu setzen, um einiges klar zu stellen.

Es dauerte keine acht Tage, da bekam ich von einem Rechtsanwalt ein Schreiben, dass ich wegen übler Nachrede und Beleidigung angezeigt worden war. Insgeheim hatte ich so etwas geahnt, da ich aber keine Lügen oder Unwahrheiten geschrieben hatte, war ich mir meiner Sache sicher.

Ein paar Tage später kamen zum Glück die Z.s wieder. Beide waren total erstaunt über die chaotischen Zustände in unserem Verein. Herr Z. nahm sich in aller Ruhe das Ehepaar P. zur Brust – ich war nicht dabei – und kam zu der Überzeugung, dass sie bei uns fehl am Platz wären. (Was wahrscheinlich in dem anderen Tierheim, über das uns Gundi vermittelt wurde, auch der Fall war.)

Da eine Anzeige gegen mich lief, besorgte mir Herr Z. einen Münchner Rechtsanwalt, der mich vertrat. Nach einigen Briefwechseln stellte sich heraus, dass es zu einer Gerichtsverhandlung kam. Da ich noch nie mit so etwas konfrontiert war, hatte ich panische Angst, was alles passieren konnte. Die Z.s beruhigten mich zwar, ebenso mein Anwalt, aber alleine die Vorstellung im Gerichtssaal als Angeklagte verhört zu werden, löste eine Panik in mir aus.

Bis zum Tag der Gerichtsverhandlung konnte ich nicht mehr schlafen und hatte Albträume.

Endlich war es soweit. In Begleitung meines Rechtsanwaltes betrat ich den Gerichtssaal. Das Ehepaar P. war auch anwesend. Der Staatsanwalt verlas die Anklageschrift – was im Nachhinein gesagt ein richtiger Firlefanz war. Mit solchen Lappalien die Gerichte zu beschäftigen, ist eine Unverschämtheit. Das sah der Richter anscheinend auch so, denn es kam nichts raus bei der ganzen Aktion. Mir wurde lediglich gesagt, dass ich bezüglich des Ehepaares P. keinen Leserbrief mehr an die Zeitung schicken durfte. Dann war die Gerichtsverhandlung geschlossen. Jeder musste für seine Kosten aufkommen.

Der ganze Zirkus kostete mich 1.000,- DM, die ich woanders bestimmt besser hätte anlegen können.

Im Grunde habe ich aber nicht bereut, dem Ehepaar P. einmal richtig Kontra gegeben zu haben.

Kaum waren die Z.s wieder in Aktion, kamen auch die alten Mitglieder wieder zurück. Es war wie immer. Wir trafen uns alle 14 Tage, tauschten unsere Erfahrungen aus, machten neue Vorschläge und hatten ein gutes Verhältnis zu einander. Der harte Kern, der im Katzenhaus tätig war, sah sich ja sowieso fast jeden Tag.

Inzwischen hatten wir auch unsere beiden kleinen Zwergspitze vermittelt. Sie bekamen einen Traumplatz. Eine ältere Dame, die bis vor kurzem einen betagten Schäferhund hatte, traf mich, als ich mit den beiden Hunden spazierenging. Sie war sofort verliebt in die beiden, wusste aber nicht, dass sie zu vermitteln waren. Sie erzählte von ihrem Schäferhund und war sehr traurig über seinen Tod. Auf meine Frage, ob sie denn keinen neuen Hund mehr wolle, meinte sie, in ihrem Alter wäre es nicht so einfach, einen Hund zu halten. Sie sei alleinstehend und hätte auch keine Verwandten, die ihr helfen könnten. Als ich ihr dann sagte, die beiden suchten einen guten Platz, wurde sie ganz ruhig und traurig. Sie tat mir sehr leid und ich machte ihr ein Angebot: Wenn sie die Hunde nähme, würde ich mich um sie kümmern. Falls sie jemals ins Krankenhaus käme oder dergleichen, würde ich die beiden nehmen. Ich schlug ihr vor, sich die Angelegenheit gut zu überlegen und dann zu uns ins Büro zu kommen. Als wir uns trennten, war sie sehr glücklich, verabschiedete sich von den beiden Hunden mit Bussis und versprach, in den nächsten Tagen bei uns vorbeizukommen.

Zu Hause angekommen rief ich sofort Herrn Z. an und berichtete ihm von dem Gespräch. Es wäre der ideale Platz für die beiden

Hunde. Die Frau lebte alleine in einer schönen Wohnung und war sehr tierlieb. Für ihr Alter war sie noch sehr fit und fuhr auch noch selber Auto. Es war mir auch möglich, mich um sie zu kümmern, da ich sie für problemlos hielt.

Am nächsten Morgen stand sie schon in aller Frühe vor dem Tierheim. Inge rief mich anschließend an, da die Hunde noch bei mir waren. Ich brachte sie vorbei und beide schlossen sofort Freundschaft mit ihr. Es wurde ein Abgabevertrag gemacht, auch mit dem Hinweis, dass ich immer für sie da wäre. Es war ein Glückstag für beide Parteien. Wir waren zufrieden, dass die beiden armen Kreaturen endlich einen geeigneten Platz gefunden hatten und Frau W. war happy, dass sie nicht mehr alleine war. Sie schnappte sich ihre Neuzugänge und brachte sie ins Auto. Ich versprach ihr, mich am nächsten Tag bei ihr zu melden und nach ihr zu sehen. Alles war gut.

In der Folge trafen wir uns öfter beim Spazierengehen und allen dreien ging es gut. Zweimal musste ich die beiden nehmen, als Frau W. ins Krankenhaus musste, es war aber überhaupt kein Problem, da die beiden Hunde sehr brav waren.

Der Rüde wurde nach ungefähr vier Jahren vergiftet – wieso wusste keiner –, das Weibchen starb nach weiteren drei Jahren an Altersschwäche. Von Frau W. habe ich seitdem nichts mehr gehört.

Im Zuge der neuen Mitglieder kam auch eine Frau V. zu uns. Sie war sehr tierlieb und hatte auch viel Zeit, sich im Katzenhaus zu engagieren. Wir hatten zwar genügend Helfer, aber Frau V. hatte den Vorteil, medizinisches Fachwissen als Apothekerin mitzubringen und konnte die kranken Katzen behandeln.

So langsam schlich sich wieder dieselbe Situation ein, wie vor längerer Zeit. Frau V. machte sich unvertretbar und riss alles an sich. Bei den vierzehntägigen Treffen hatte sie fast immer etwas an der Führung auszusetzen. Ihr größtes Argument war die Unfallversicherung. Damals fuhren wir in der Ferienzeit die Parkplätze in der Region ab, um nach ausgesetzten Tieren zu suchen. Wir fuhren mit unseren Privat-Pkw. Frau V. wollte, dass wir vom Tierschutzverein eine Haftpflichtversicherung bekämen. Da jeder ja selbst versichert war, lehnte Herr Z. dies aber ab. Es gab noch mehrere Punkte, mit denen sie nicht einverstanden war.

Frau V. hatte einen großen Bekanntenkreis, den sie teilweise auch als Mitglieder mitbrachte. So änderte sich die Situation langsam aber stetig. Im Laufe der Zeit waren von den alten Mitgliedern nicht mehr viele da – da sie teilweise rausgemobbt wurden – und die neuen – nicht aktiven – wurden immer mehr. Da die Kritik an Herrn Z.s Führung immer lauter wurde, er sich aber keiner Schuld bewusst war (wir alten Mitglieder wussten auch nicht genau, um was es ging), wurde eine Mitgliederversammlung einberufen, mit dem Ergebnis, dass es Neuwahlen geben sollte, das war Frau V.s Vorschlag. Die Z.s waren wie vor den Kopf gestoßen. Sie wussten nicht, was sie falsch gemacht hatten. Der Verein hatte bis dahin super funktioniert. Herr Z. hatte alles bestens organisiert, es lief alles perfekt und dann kam da jemand und wollte sich ins gemachte Nest setzen.

Nun standen also Neuwahlen vor der Tür. Die Z.s resignierten und wollten sich nicht mehr zur Wahl aufstellen lassen. Ihre beiden Töchter gaben aber nicht auf und versuchten, zu retten, was zu retten war. Ich stellte mich in Vertretung für Herrn Z. zur Wahl. Da die Bekannten von Frau V. aber mindestens zwei Drittel der Mitglieder ausmachten, war das Ganze ein aussichtsloses Unterfangen. Wir verloren mit Pauken und Trompeten.

Nun hatte der Tierschutzverein eine neue Vorsitzende. Es war eine meiner größten Niederlagen, zumal die Entscheidung nicht wirklich reell gelaufen war. Trotzdem riss ich mich zusammen und gratulierte der neuen Vorsitzenden, was sie sehr wohlwollend annahm. Anschließend verließ unsere kleine Gruppe das Lokal, um uns in einem anderen Lokal gegenseitig zu trösten.

Von nun an wehte ein anderer Wind im Tierheim. Da ein Teil der älteren aktiven Mitglieder seit der Neuwahl nicht mehr da waren und die neuen Mitglieder mehr oder weniger nur passiv waren, gab es jetzt Probleme mit dem Personal.

Nun muss ich eine Person besonders hervorheben, die immer da war: Katrin Q. Sie war zu jeder Tages- und Nachtzeit im Einsatz. Ohne sie wäre manches nicht geschehen.

Da ich grundsätzlich meist nur im Außendienst war, muss ich die Arbeit im Katzenhaus besonders erwähnen. Alle ehrenamtlichen Helfer haben ihr Bestes gegeben. Die Z.s zogen sich ganz zurück und machten weiterhin privaten Tierschutz. Mittlerweile sind sie ganz nach Frankreich gezogen und arbeiten dort mit prominenten Tierschützern zusammen. Mir tut es sehr leid, dass der Kontakt so schnell abgebrochen wurde, denn es waren zwei wunderbare, hilfsbereite Menschen, wie man sie heute nur noch sehr selten findet. Was mich auch an der ganzen Situation störte war, dass Menschen, die krankhaft ehrgeizig sind, andere Menschen so vernichten können. Die Art und Weise, wie Frau V. vorgegangen ist, fand ich absolut unmöglich und unmenschlich. Mit Tierschutz hatte das Ganze nichts zu tun.

Da das Katzenhaus ja eigentlich nur eine Übergangslösung war, ging es immer noch um ein neues Tierheim. Herr Z. hatte ja schon die Zusage vom Landrat, ebenso vom Bürgermeister, es musste nur noch der richtige Standort gefunden werden. Aus der Bevölkerung kamen teilweise Angebote für Grundstücke, sobald dieser Platz aber bekannt wurde, bildeten sich Bürgerinitiativen, die dagegen waren. Die meisten Anwohner scheuten das Hundegebell im Tierheim – verständlich. In diesem Falle wäre es aber etwas anderes gewesen, da es nur um maximal zehn Hundeplätze ging, die Hunde nachts sowieso im Haus waren und der Abstand zu den nächsten Wohnhäusern relativ groß war.

Irgendwann brach durch eine defekte Waschmaschine in den oberen Stockwerken im Katzenhaus Feuer aus. Es kamen zwar keine Tiere zu Schaden, die Räumlichkeiten konnten aber nicht mehr genutzt werden. Nun war Chaos vorprogrammiert, da sowieso Platzmangel herrschte.

Leider muss ich auch sagen, dass Frau V. durch ihre dominante und rechthaberische Art bei vielen Leuten, die uns unter Umständen wohlgesonnen waren, nicht gut ankam. Dem Verein wurden grundsätzlich Schwierigkeiten gemacht.

Irgendwann erbarmte sich einer der zuständigen Herren und wir bekamen als Übergangslösung ein älteres Haus zur Miete. Es lag sehr zentral und hatte auch einen Garten dabei. Zur damaligen Zeit war ich auch nicht mehr so präsent im Tierheim, da ich Schwierigkeiten mit Frau V. hatte. Ich machte weiter die Überprüfungen und das genügte mir.

Als aktive Tierschützerin hat man ein Gespür für leidende Tiere. Durch meine Spaziergänge mit den Hunden kam ich im ganzen Landkreis herum. Mir fiel schon seit längerer Zeit ein ziemlich maroder Einödhof auf, der außerhalb einer Ortschaft lag und den man von der Straße nicht einsehen konnte. Ich traute mich alleine nicht hinein – in solchen Angelegenheiten bin ich ehrlich gesagt ein Feigling –, aber zu zweit war es kein Problem. Ich besprach mich mit einer Kollegin und wir beschlossen, am nächsten Tag den Hof genauer unter die Lupe zu nehmen.

Der Hof war von drei Seiten zu, vor der Einfahrt standen riesige Bäume, sodass man selbst von dort nichts sehen konnte. Wir fuhren also auf gut Glück in den Hof hinein.

Unter den Bäumen vor der Einfahrt war ein Hundezwinger, in dem ein Schäferhund bellte. Auf dem Anwesen selbst stand nur ein riesiger Anhänger mit alten Kartons. Wir gingen zu dem Wohnhaus, das kurz vor dem Zusammenfall stand. Teilweise war das Dach schon eingebrochen und die Fenster waren fast alle ohne Scheiben, mit einem Wort: unbewohnbar. Die Türen waren nicht abgeschlossen und so gingen wir sehr vorsichtig ins Haus. Eine Treppe führte in den ersten Stock, die war aber so morsch, dass wir uns nicht hinauftrauten. Im Grunde war es auch unwichtig, wir stellten fest, dass dort niemand mehr wohnte. Wieso aber ein Hund im Zwinger?

Als wir wieder auf den Hof kamen, stand ein alter Mann vor dem Anhänger und gestikulierte mit den Händen. Nach unserem ersten Schreck versuchten wir, mit ihm ein Gespräch zu führen. Wir gingen freundlich auf ihn zu und erklärten, dass wir vom Tierschutzverein kämen. Seine Reaktion war gleich null, er hielt uns einen Zeitungsausschnitt hin, der mindestens schon zehn Jahre alt war, in dem es um irgendwelche Nationalsozialistenopfer ging. Durch sein Verhalten und sein Aussehen bemerkten wir, dass er psychische Probleme hatte. Auf unsere Frage, wem der Hund gehöre, reagierte er nicht. Wir ließen ihn in Ruhe.

Ab und zu sahen wir junge Kätzchen an uns vorbei huschen.

Sobald wir an den Hundezwinger kamen, wedelte der Hund freundlich mit dem Schwanz und es schien, dass er nicht bissig war. Da die Schüsseln ohne Wasser und Futter waren, beschloss ich, nach Hause zu fahren und Futter zu holen.

Als wir wieder zurückkamen – ich hatte eine Leine dabei – leinten wir den Hund an und gingen mit ihm spazieren. Er freute sich total und machte auch keinerlei Schwierigkeiten. Er zog zwar vor lauter Begeisterung, war aber ansonsten sehr brav.

Als wir wieder zurückkamen, bekam er sein Futter und Wasser. Da er nicht unterernährt war, wurde er offensichtlich gefüttert, aber von wem? Den Kätzchen stellten wir auch Futter und Milch hin, um sie an uns zu gewöhnen.

Wir beschlossen, am nächsten Tag schon am Vormittag zu kommen. Wir hatten Hundefutter und auch für den unbekannten Mann etwas zu essen dabei.

Als wir ankamen, freute sich der Hund schon. Auf dem Hof war niemand. Wir gingen wieder mit dem Hund spazieren und alles war bestens. Als wir zurückkamen, war unser Unbekannter wieder vor dem Anhänger und sprach mit den Kartonagen. Wir begrüßten ihn freundlich und gaben ihm unser Mitbringsel (ich hatte Gulasch mit Nudeln gekocht). Er nahm den Topf und ging damit in die riesige Halle, die neben dem Wohnhaus stand. Diese Halle war verhältnismäßig neu. Wir warteten, aber er kam nicht mehr zurück.

Die Kätzchen liefen mittlerweile auch um uns herum und warteten auf Futter.

Am nächsten Tag war Samstag und wir hatten ausgemacht, dass wir uns jeden Tag abwechseln wollten. Da wir aber immer noch nicht wussten, wer sich um den Hund kümmerte, fuhr diesmal Herr Z. mit mir hin.

Bei unserer Ankunft war alles wie immer. Der Hund freute sich, der Mitbewohner stand vor seinem Anhänger, aber diesmal war noch jemand dabei, der uns sofort in Augenschein nahm. Wir begrüßten ihn, stellten uns vor und kamen mit ihm ins Gespräch. Er war ein mittelalter Mann, der uns dann erklärte, er wohne hier, auf dem Heuboden, sein Mitbewohner sei psychisch angeschlagen, ein

Ingenieur, durch irgendwelche Zwangsvollstreckungen lebensunfähig gemacht. Er selbst arbeitete in München. Auf die Frage nach dem Hund und den Katzen, wusste er auch nichts. Das Ganze war sehr mysteriös und wir wollten auch nicht weiter nachforschen, da wir ja offensichtlich angelogen wurden.

So beschlossen wir, den Hund jeden Tag spazieren zu führen, zu füttern und ihn zu vermitteln, da er ja angeblich niemandem gehörte. Da wir die Mutterkatze nie zu Gesicht bekamen, entschlossen wir uns die Jungen – es waren insgesamt vier – unter uns aufzuteilen und mitzunehmen. Wir warteten noch ein paar Tage, bis sie zutraulich wurden und sich streicheln ließen und fingen sie dann. Ich nahm zwei mit, meine Kollegin die anderen beiden. Ich sperrte sie ein paar Tage in mein Katzenzimmer, bis sie sich etwas eingelebt hatten. Sie wurden schnell zahm und zutraulich, und konnten nach zwei Monaten an einen guten Platz vermittelt werden.

Durch einen Zufall erfuhren wir, dass auf diesem Hof vor einiger Zeit ein Tiermassaker stattgefunden hatte. Ziegen und Schafe waren ganz brutal getötet worden. Es konnte aber nicht festgestellt werden, wer es war oder was die Ursache war.

Inzwischen konnten wir den Hund – wir nannten ihn Cäsar – beim Gassigehen frei laufen lassen. Er war absolut folgsam und brav, wir wussten aber immer noch nicht, wer sein Herr war.

Durch irgendein Gefühl, was auch die Z.s hatten, durchsuchten wir das ganze Gelände. Da das Anwesen sehr groß war, dauerte es seine Zeit. Irgendwer hörte plötzlich ein Meckern und wir waren wie erstarrt. Keiner hatte je eine Ziege oder ein Schaf gesehen.

In einem unterirdischen Gewölbe in dem zerfallenen Wohnhaus fanden wir dann einige Schafe, die dort untergebracht waren. Der Raum war sehr klein. Stroh und Heu waren zwar dort, aber die Tiere waren total verängstigt. Wir brachten ihnen Wasser und Heu, konnten aber erst mal nichts weiter für sie tun. Es war die gleiche Situation wie mit dem Hund: Keiner war für sie zuständig. Unser Mittelsmann, den wir am Wochenende befragten, wusste auch wieder nichts.

So entschlossen wir uns, die Tiere ins zuständige Tierheim zu bringen. Herr Z. telefonierte mit dem dortigen Leiter und kündigte unser Vorhaben an. Am nächsten Tag organisierten wir einen Tiertransporter, der die Schafe ins Tierheim fuhr, Cäsar brachten wir selber hin.

Die Schafe hatten erst mal einen schönen Auslauf und Cäsar bekam nach ein paar Wochen einen Superplatz.

Die beiden Männer, die wir weiterhin besuchten, hatten angeblich keine Ahnung von den Schafen gehabt. Der jüngere Mann zog angeblich nach München und der ältere wollte mit dem Bulldog und dem Anhänger voller Kartonagen wegfahren. Ob es funktionierte, weiß ich nicht. Nach ein paar Wochen schaute ich noch einmal vorbei, traf aber niemanden mehr an. Die Scheune wurde umgebaut und mittlerweile ist ein Motorradklub dort untergebracht.

Inzwischen hatte sich Michaela von ihrem italienischen Freund getrennt und war aus unserem Haus ausgezogen. Sie hatte einen sehr netten neuen Freund, mit dem sie zusammen wohnte. Clarissa war auch wieder bei ihr. Rocco behielten wir.

Die Jahre vergingen und man merkte Gundi ihr Alter an. Sie hörte fast nichts mehr, fraß sehr wenig und hatte beim Aufstehen und Laufen Probleme. Selbst Tabletten halfen ihr nicht mehr.

Nun musste wieder ein schwerer Schritt getan werden. Wir ließen den Tierarzt kommen, damit sie nicht den Stress im Wartezimmer hatte. Ich legte mich zu ihr auf den Boden – Rocco hatte ich ausgesperrt, damit er nichts mitbekam. Die ganze Angelegenheit dauerte fünf Minuten, dann war alles vorbei. Mein Mann trug Gundi dann in das Tierarztauto, denn bei uns konnten wie sie nicht begraben. Es war zwar traurig, aber für Gundi war es eine Erlösung.

Nun hatten wir nur noch Rocco. Beim Spazierengehen nahm ich aber meist Clarissa mit und die beiden spielten und liefen zusammen um die Wette.

Meine Freundin hatte aus schlechter Haltung einen kleinen Mischling mitgenommen, für den sie einen Platz suchte. Ich konnte ihn nicht nehmen, er musste aber sofort vermittelt werden.

Christine hatte noch keinen eigenen Hund, da sie bei der Mutter ihres Freundes wohnte. Er gefiel ihr gut und ihr Lebenspartner hatte auch nichts dagegen. So kam dieser kleine Kerl zu Christine. Die Mutter ihres Freundes war auch Tierschützerin und hatte ebenfalls mehrere Hunde aus schlechter Haltung. Da sie berufstätig war, hatte sie nicht immer Zeit, mit den Hunden Gassi zu gehen. Sie hatte aber einen großen Garten, wo die Hunde sich austoben konnten.

Normalerweise nahm Christine ihren Hund – er hieß *Plümo* – immer mit ins Geschäft, aber ab und zu, wenn es zeitmäßig nicht klappte, ließ sie ihn auch bei den anderen Hunden zu Hause.

Im Laufe der Zeit wurde Plümo immer runder und unförmiger. Niemand wusste warum, die Hunde bekamen das gleiche Futter und wurden auch zur selben Zeit gefüttert. Es wurde mit ihnen auch regelmäßig Gassi gegangen. Irgendwann kam Christine drauf, dass Plümo die Reste der anderen Hunde und außerdem noch vom Komposthaufen fraß. Er sah aus wie eine gelockte schwarze Leberwurst.

So konnte es nicht weitergehen. Wir entschlossen uns, ihn zu uns zu nehmen, wenn Christine keine Zeit hatte. Am Anfang war es selten, dann wurde es immer öfter und nach einiger Zeit blieb er ganz bei uns.

Als er das erste Mal zu uns kam, war Plümo zunächst erschrocken. Er kannte zwar andere Hunde, war ja mit einem Collie und einem Schäferhund zusammen, aber Rocco war ein Schock für ihn. Christine brachte Plümo am Abend zu uns und Rocco schlief bereits. Er hörte uns, hob nur kurz den Kopf, sah Plümo an und schlief weiter – keine Konkurrenz für ihn.

Anschließend machten wir gemeinsam einen langen Spaziergang, damit etwas Bewegung in Plümos Leben kam. Er ging brav und ohne Leine mit uns mit, hatte auch keine Angst mehr vor Rocco. Futter gab es nur abends und nicht sehr viel. Am ersten Abend war er etwas unruhig, lief des Öfteren hin und her, suchte nach Futter (oder einem Komposthaufen), schlief dann aber ruhig ein und war bis zum Morgen sehr brav. Am nächsten Morgen gingen wir gleich wieder Gassi und er freute sich sogar. Weil er so brav war, gab es ein Leckerli.

Er gewöhnte sich sehr gut ein. Wir schafften es auch, dass er einige Kilo abnahm. Grundsätzlich hatte er eine *schlampige* Figur, was aber der Liebe zu ihm keinen Abbruch tat. Er entwickelte sich zu einem liebenswerten folgsamen Hund.

Wie schon gesagt, bezogen sich meine Spaziergänge auf den ganzen Landkreis. In der Nähe von Scheyern traf ich auf einen alten, teilweise zusammengefallenen Bauernhof, auf dem es unheimlich viele Katzen gab. Ich fuhr des Öfteren dorthin, um mich umzusehen, wer dort wohnte. Die Katzen waren furchtbar scheu und liefen sofort weg. Überall lagen aber Futterdosen herum, also musste jemand dort wohnen.

Eines Tages traf ich eine alte Frau, die im Stall war. Zu meiner Überraschung waren auch noch Kühe im Stall. Ich ging zu ihr und stellte mich vor. Sie schrie mich an, ich solle sofort ihren Grund verlassen, sonst riefe sie die Polizei. Ich war so erschrocken, dass ich gar nicht wusste, was ich machen sollte. Als ich nicht sofort ging, nahm sie eine Mistgabel und wollte auf mich losgehen. Das war natürlich des Guten zu viel und ich kratzte die Kurve.

Zu Hause rief ich eine Freundin an und fragte sie um Rat. Nach einigen Überlegungen meinte sie, ich müsste der alten Frau Zeit lassen, um mich kennenzulernen.

So versuchte ich es am übernächsten Tag wieder. Die Hunde ließ ich im Auto, setzte mich auf einen Holzstoß und wartete. Nach einer halben Stunde kam sie aus dem Stall und schrie mich wieder an, was ich von ihr wolle. Ich sagte ihr, dass ich nichts von ihr wolle, dass mir nur ihre Katzen so gut gefielen und wieviele sie denn habe. Jetzt wurde sie etwas handzahmer und war nicht mehr so aggressiv. Ich erzählte ihr von meinen Hunden und wenn sie wolle, könne ich ihr Katzenfutter mitbringen. Dies lehnte sie ab, da sie Katzenfutter geliefert bekäme. Sie gab mir aber weiter keine Audienz und ging wieder in den Stall.

So ging es ein paar Tage, ich brachte ihr dann jeweils Süßigkeiten mit, die sie ohne Dankeschön annahm.

Endlich, nach zehn Tagen merkte ich, dass sie schon auf mich wartete. Sie saß draußen auf dem Holzstoß und fütterte die Katzen. Anschließend zeigte sie mir ihre Kühe, die alle frisch gestriegelt im Stall standen. Sie standen mit einer Kette angehängt nebeneinander – sechs Tiere – und konnten nur aufstehen oder liegen. Sie waren auch schon sehr alt und wurden nicht mehr gemolken. Ich fand es absolut furchtbar. Auf meine Frage, warum sie denn nicht auf die Weide durften – Wiesen war ja vorhanden – meinte sie, es sei nichts eingezäunt. Das sollte kein Problem sein;

ich versprach ihr, Leute zu organisieren, die einen Weidezaun ziehen konnten.

Am übernächsten Tag hatte ich schon die Gruppe zusammen und wir kamen zu viert anmarschiert. Anscheinend hatte sie mich nicht ernstgenommen, denn sie fiel aus allen Wolken, als wir ihr unser Vorhaben kundtaten. Sie wollte gar nicht, dass die Kühe raus kamen, obwohl es sehr einfach gewesen wäre. Gleich hinter dem Stall war die Weide und man hätte nur die Stalltür aufmachen müssen. Aber alles Reden half nichts, die Kühe mussten im Stall bleiben.

Der Grund für meine Bemühungen waren aber eigentlich immer noch die Katzen und so musste ich gute Miene zum bösen Spiel machen. Ich war etwas sauer auf sie und besuchte sie zwei Tage nicht. Als ich am dritten Tag kam, wartete sie schon auf mich. Wir hatten uns schon einmal ganz kurz über eine Sterilisation der Katzen unterhalten, was sie aber grundsätzlich ablehnte. Aufgrund des Ärgers mit den Kühen sprach ich das Thema wieder an, mit dem Hinweis, wenn sie einmal nicht mehr da wäre, wer sich dann um die vielen Katzen kümmern würde. Aufgrund ihrer Antwort und Reaktion, war ihr das wohl egal – nach ihr die Sintflut. So etwas nennt sich dann *Tierliebe*.

Inzwischen hatte ich festgestellt, dass zweimal die Woche von der Caritas eine Lieferung Katzenfutter kam. Jedes Mal rund 100 Dosen. Ich hatte auch mitbekommen, dass sie mit den Nachbarn – die in meinen Augen sehr nett waren – im Streit lag. Es waren ebenfalls Bauern, die aber sehr aufgeschlossen und hilfsbereit waren. Sie erzählten mir, dass sie mit allen Leuten, die sie kannten, Schwierigkeiten hatte. Der Hof, auf dem sie lebte, war vor langer Zeit ein Vorzeigehof gewesen. Die Lage war wunderschön und einmalig. Man konnte von oben über die ganze Gegend schauen. Die Gebäude waren sehr ansehnlich und imposant, die Besitzer gehobene Klasse, die zu den normalen Einheimischen schon etwas Abstand hatten. Es gab Knechte und Mägde, wie es sich für einen richtigen Gutshof gehörte. Die Situation hatte sich geändert, als ihre Eltern starben und der Bruder im Krieg fiel. Sie musste den Hof übernehmen, was ihr aber überhaupt nicht lag. Sie war eine Dame und hatte mit Landwirtschaft nichts am Hut. Sie wollte in der Stadt leben, was aber unter diesen Umständen nicht möglich war. Im Nachhinein stelle ich mir vor, dass durch *diese Umstände* ihr Leben total aus den Angeln gehoben wurde. Sie wurde genau zu dem gezwungen, was sie überhaupt nicht wollte. Sie musste sich verhältnismäßig jung genau für das Gegenteil ihrer Träumen entscheiden – *entscheiden* ist nicht richtig, da sie ja eigentlich gezwungen wurde. Ihr Leben bestand nur aus Hass. Sie konnte sich in keiner Weise verwirklichen und so verfiel langsam das ganze Umfeld. Da sie sehr menschenscheu beziehungsweise anderen Menschen gegenüber sehr misstrauisch war, hatte sie auch keine Freunde, die etwas positiv auf sie einwirken konnte. Das Anwesen war auch schon verkauft – ein Geschäftsmann war daran interessiert und zahlte jeden Monat 400,- DM Erbpacht.

Im Laufe der Zeit stellte ich fest, dass die Frau die unmöglichsten Dinge machte. So heizte sie im Winter eine Lagerhalle mit Strom, in der sie ihre Oleanderbüsche stehen hatte. Die Katzen bekamen nur das beste Futter – was ich mir zum Beispiel nicht leisten konnte. Sie stellte ihnen auch keine Futternäpfe hin, sondern entfernte von den kleinen Futterdosen den Deckel und stellte sie hin, was eigentlich sehr gefährlich ist, denn die Katzen können sich an dem scharfen Rand schneiden oder mit dem Kopf in der Dose steckenbleiben. Außerdem war das eine furchtbare Schweinerei, da sich Fliegen und anderes Ungeziefer darin sammelte, ganz zu schweigen von dem Gestank. Mit den Kühen war es das Gleiche. Ich konnte nichts dagegen machen, dass sie dauernd angekettet waren. Der Stall war zwar sauber, die Kühe selbst wurden gebürstet und bekamen Heu und Wasser, aber sie konnten sich nur auf und nieder bewegen. Hühner waren auch noch da – das einzige Vieh, dem es gut ging, da sie nicht eingesperrt waren und ihre Eier hinlegen konnten, wo sie wollten.

Ich besuchte sie meist zweimal die Woche und wir trafen uns immer im Stall. Das ging etwa ein halbes Jahr so. Eines Tages wollte ich sie wieder besuchen, es war aber niemand da. Als ich mich im Stall umsah, merkte ich, dass die Kühe noch kein Heu und Wasser hatten. Ich ging zum Wohnhaus und klopfte an die Tür, die immer zugesperrt war. Es rührte sich nichts. Da ich wusste, dass sie da sein musste, ging ich zu den Nachbarn, um mich zu erkundigen, ob sie eventuell weggefahren sei, denn wenn sie Erledigungen machen musste, wurde sie von der Caritas abgeholt, was aber auch nicht der Fall war. Da mir alles zu suspekt vorkam, rief ich bei der Caritas an und schilderte den Fall. Da ich auch die Feuerwehr angerufen hatte, um die Tür zu öffnen, war innerhalb einer halben Stunde ein Riesenaufgebot von Helfern da. Anscheinend hatte die Feuerwehr auch die Polizei benachrichtigt, die ebenfalls eintraf. Als die Feuerwehr die Haustür aufbrach, traf uns alle fast der Schlag: Der ganze Flur war von vorne bis hinten bis unter die Decke zugemüllt. Der Gang war zehn Meter lang und drei Meter breit, alles voll Dosen, Papier, Plastik, und Abfall. In der Mitte war ein schmaler Weg, der bis bis zur Küche führte, die am anderen Ende lag.

Ich wollte gar nicht reingehen, aber die Feuerwehrmänner meinten, ich solle mir ihr reden. Die Küche war der absolute Höhepunkt. Der Raum war sehr groß, mit einem riesigen alten Holzofen, der abgedeckt war, überall lagen Müll und leere Futterdosen. Neben dem Elektroherd stand ein Bett, man glaubt es nicht. Ich denke, selbst die Feuerwehrmänner hatten so etwas noch nie gesehen. Es bestand aus einer Lage Haushaltspapiertücher und einer Lage menschlicher Exkremente. Das Ganze war einen halben Meter hoch, zwei Meter lang und 70 Zentimeter breit. Auf dieser Unterlage lag die Frau, nackt wie Gott sie schuf. Sie war bei Bewusstsein und sah uns ganz erstaunt an, sagte aber kein Wort. Allen Menschen, die im Raum waren, verschlug es die Sprache.

Nachdem wir uns wieder einigermaßen gefangen hatten. Musste die Patientin auf die Liege gebracht werden. Ich redete ihr gut zu, ebenso die Sanitäter, was aber nichts half, denn sie kratzte und biss die Männer, die sie aufhoben. Nach einiger Zeit, mit vereinten Kräften, hatten sie sie endlich auf der Liege und banden sie fest. Inzwischen war auch der Amtsarzt gekommen. Da ja nicht genau bekannt war, was die Frau hatte, beschlossen sie, die Patientin ins Krankenhaus zu bringen. Sie war zwar nicht damit einverstanden, aber es wurde über ihren Willen hinweg verfügt. Sie schrie und tobte, was aber alles nichts half.

Ich musste mit ins Krankenhaus fahren, um ihr Beistand zu leisten, was ich eigentlich nicht wollte. Frau C., wie sie hieß, wurde in ein Einzelzimmer gelegt und hatte sich inzwischen auch damit abgefunden. Ich blieb aber nur ganz kurz, da ich mich ja um die Tiere kümmern musste. Außerdem war ich nicht gewillt, mir ihre andauernden Beschimpfungen anzuhören. Mehr oder weniger machte sie mich verantwortlich dafür, dass sie jetzt im Krankenhaus lag. Jeder andere Mensch wäre dankbar gewesen für die erwiesene Hilfeleistung, zumal sie sich selber ja nicht helfen konnte. Ich versprach ihr, am nächsten Tag wiederzukommen.

Anschließend fuhr ich wieder zu dem Hof, um die Kühe und Katzen zu füttern. Die Feuerwehr hatte das Wohnhaus wieder notdürftig verschlossen.

Am nächsten Tag rief ich die Caritas an. Mir wurde gesagt, dass Frau C., so wie es jetzt aussehe, nicht mehr in das Haus kommen könnte. Es müsste aufgeräumt und entmüllt werden. Nun war guter Rat teuer.

Morgens fuhr ich wieder auf den Hof, um die Tiere zu füttern, anschließend besuchte ich Frau C. im Krankenhaus. Kaum war ich im Zimmer, überfiel sie mich mit einem Redeschwall, wieso ich so spät käme. Sie sah im Gegensatz zu gestern richtig nett und sauber aus. Man hatte ihr die Haare und Zehennägel geschnitten – sie hatte lange, krause, ungepflegte verfilzte Haare gehabt und Zehennägel wie Adlerkrallen, so lang und und gebogen – und sie war gebadet worden. Ihre erste Reaktion war, dass sie mir alle möglichen Anweisungen gab. Als Erstes musste ich ihr ihren Geldbeutel bringen. Sie beschrieb mir genau, wo der war. Dann brauchte sie Bademantel, Jogginganzug, Nachthemd, Hausschuhe und so weiter. Meine Telefonnummer musste ich ihr auch geben.

Als ich ging, war ich vollkommen ratlos. Ich sollte in diesem stinkenden Chaos ihren Geldbeutel suchen. Mir fiel nichts anderes ein, als zu den Nachbarn zu gehen und mit ihnen zu reden. Ich alleine konnte in das Haus nicht reingehen. Erstens war es mir zu riskant, alleine etwas zu unternehmen (ich wollte für alles, was ich machte, Zeugen haben) und zweitens fürchtete ich mich alleine in dem Haus. Die Nachbarin war sehr nett, hatte auch Verständnis für meine Lage und versprach mir, zu helfen.

Am Nachmittag kam ich wieder, um die Tiere zu versorgen und nach dem Geldbeutel zu suchen. Die Nachbarin ging mit ins Haus. Vom Gang gingen sechs Türen in die verschiedenen Zimmer. Man kam aber gar nicht an die Türen ran, da der Müll bis unter die Decke reichte. Die Küche war sehr groß, aber auch vollkommen vermüllt, alles lag unter einer hohen Schicht mit Abfall. Der gesuchte Geldbeutel sollte angeblich in einem Schrank im Gang sein. Dieser Schrank musste aber erst gefunden werden. Da wir trotz intensiver Suche nichts fanden, fuhr ich wieder nach Hause. Der Nachbarin gab ich den Schlüssel vom Haus, wenn sie eventuell Zeit hätte, könnte sie ja noch mal nach dem Geldbeutel suchen. Ich besorgte die Sachen, die die Frau haben wollte, und fuhr wieder ins Krankenhaus. Sie empfing mich wie immer grantig und bösartig. Wo ich so lange gewesen sein und was ich gemacht hätte. Ich gab ihr ihre Sachen und sie nahm sie in Empfang – ohne Dank. Solche Menschen sind das Letzte. Ich erklärte ihr auch, dass ich ihren Geldbeutel nicht gefunden hätte (von der Nachbarin sagte ich nichts) und morgen weitersuchen würde. Anschließend gab sie mir eine Telefonnummer von angeblichen Verwandten in München, die ich verständigen sollte. Was mir aber am Wichtigsten war: Ich wollte, während sie nicht da war, die Katzen sterilisieren lassen.

Ich verständigte die Z.s, die ebenfalls eine gute Bekannte hatten, die aufs Katzenfangen spezialisiert war. Am nächsten Tage trafen wir uns auf dem Hof. Jeder brachte Katzenfallen, Leintücher, Transportkisten et cetera mit. Ich hatte mich schon vorher mit meiner Tierärztin in Verbindung gesetzt und von dem Fall erzählt. Als es nun soweit war, lief alles wie am Schnürchen. Die Z.s luden ihr Auto voll, ihre Freundin und ich fingen die Katzen. Anschließend wurden sie in der Praxis der Tierärztin sterilisiert, um dann nach der nächsten Fuhre wieder mit nach Hause zu kommen. Auf diese Weise schafften wir es, an einem Tag 28 Katzen zu sterilisieren beziehungsweise kastrieren. Diese Aktion bezahlte ein Katzenschutzverein aus einer nahegelegenen Kreisstadt.

Abends verständigte ich die Verwandtschaft der Frau, die anscheinend nicht besonders begeistert darüber war. Dem Gespräch entnahm ich, dass sie eigentlich keinen Kontakt mit ihrer Verwandten wollten. Da ich aber keinen anderen Ansprechpartner hatte, bat ich sie, zu kommen.

Am nächsten Morgen, als ich wieder auf dem Hof war, kam mir die Nachbarin freudestrahlend entgegen und hielt mir einen Geldbeutel entgegen. Sie hatte ihn tatsächlich gefunden. Wir öffneten ihn zusammen und trauten unseren Augen nicht – so viel Bargeld hatte ich noch nie auf einem Haufen gesehen. Dazu kamen noch zwei Sparbücher. Wir packten alles wieder ein, um es ins Krankenhaus zu bringen. Ich bedankte mich herzlich für die Mithilfe und Ehrlichkeit der Nachbarin. Dann fuhr ich ins Krankenhaus.

Frau C. stand schon wieder wie auf heißen Kohlen und wartete auf mich. Als Erstes übergab ich ihr den Geldbeutel, in der Annahme, dass sie sich freuen würde. Aber es gab keine Gemütsbewegung, kein Danke, keine Freude. Sie öffnete ihn, nahm sich einige Scheine heraus und gab ihn mir wieder zurück. Auf die Frage, was ich mit dem Geldbeutel und dem Geld machen sollte, sagte sie, es wäre zu gefährlich, das Geld im Krankenhaus zu lassen. Ich weigerte mich, und meinte, im Büro wäre bestimmt ein Safe, da wäre es auch sicher. Es war aber nichts zu machen, ich musste ihn wieder mitnehmen – anscheinend hatte ich inzwischen ihr Vertrauen gewonnen. Von der Katzenaktion sagte ich natürlich kein Wort, sonst wäre sie wahrscheinlich ausgeflippt.

Die Verwandtschaft kündigte sich für den nächsten Tag an und wir verabredeten uns am Vormittag bei mir. Vorher organisierte ich bei einem Bekannten die Aufräumungsarbeiten auf dem Hof. Der hatte eine Firma, die mit Entsorgungen beschäftigt war. Ich wollte aber nur den Gang und die Küche entsorgen lassen, in der Annahme, dass die anderen Zimmer in Ordnung seien.

Die Verwandten waren eigentlich nette Leute, die anscheinend auch ihre Probleme mit der Frau hatten. Ich bat sie, den Geldbeutel und die Sparbücher zu übernehmen, was sie aber strikt ablehnten. Ich erzählte ihnen auch, dass ich das Wohnhaus unten zum Teil ausräumen lassen wollte, was nicht billig sei, Frau C. aber sonst nicht mehr zurückkönne. Sie stimmten mir bei allem zu und fuhren anschließend ins Krankenhaus.

Am Nachmittag riefen sie mich an und bedankten sich bei mir für die Hilfe. Da am nächsten Tag der Termin mit der Entsorgungsfirma war, bat ich sie, auch auf den Hof zu kommen, um sich ein Bild von der Situation zu machen.

Am nächsten Tag läutete schon um fünf Uhr morgens das Telefon. Frau C. war am Telefon und fragte, wo ich bliebe. Auf meine Antwort, es sei erst fünf und ich läge noch im Bett, legte sie einfach auf.

Um zehn trafen die Firma, die Verwandten und ich uns auf dem Hof. Als ich die Haustüre aufsperrte, warfen die Verwandten nur einen kurzen Blick in das Innere des Hauses, sagten, ich solle machen, was ich für richtig halte, und verabschiedeten sich schnellstens. Der Herr von der Entsorgungsfirma war auch etwas geschockt und meinte, so einen Saustall hätte er noch nie gesehen. Wir kamen überein, dass er am Nachmittag anfangen würde. Als wir uns so unterhielten, stand plötzlich ein sehr gut gekleideter Mann im Haus, der sich als Herr vom Amtsgericht vorstellte. Er wurde anscheinend von jemandem unterrichtet, dass Frau C. im Krankenhaus sei. Als er die Zustände sah, war er sprachlos. Ich erklärte ihm die Situation und dass ich die Aufräumaktion veranlasst hatte, da sonst niemand da sei, der sich darum kümmerte, Frau C. unter diesen Umständen aber nicht mehr in das Haus dürfe. Der gute Mann zitierte aber aus dem BGB, jeder Mensch habe das Recht auf Verwahrlosung. Da es in diesem Falle aber keine Verwahrlosung mehr war, sondern ein riesiger *Misthaufen* mit Bakterienherden und dergleichen, sei es in Ordnung. Ich erklärte ihm auch, dass wir nur den Gang und die Küche reinigen würden, die anderen Zimmer aber so blieben. In die Küche ging er gar nicht, sah nur kurz hinein und verabschiedete sich schleunigst.

Jetzt konnte ich mich zum ersten Mal richtig umsehen. Von den vier Fenstern war die Hälfte zersprungen und das Glas fehlte. Von der Einrichtung konnte man auch nicht viel erkennen, da alles mit überwiegend leeren Dosen und Plastikfolie überhäuft war. Ich ging raus und kümmerte mich um die Tiere. Die Katzen kannten mich mittlerweile schon und liefen mir nach. Ich fütterte nicht in Dosen, sondern in größeren Schüsseln. Die Kühe und Hühner wurden auch versorgt, dann fuhr ich nach Hause beziehungsweise ins Krankenhaus.

Frau C. saß wie eine Diva auf ihrem Bett und erwartete mich schon. Sie gab mir wieder Anweisungen, was ich zu tun hätte beziehungsweise was ich ihr besorgen sollte. Ich wollte ihr von den Tieren erzählen, was sie aber überhaupt nicht interessierte, ebenso wenig die Verwandtschaft. Ich hatte das Gefühl, dass es ihr gefiel, bedient zu werden und sich um nichts zu kümmern. Ich machte auch einen Ansatz, von der Entsorgung zu reden, was sie aber sofort abblockte.

Nachmittags fuhr ich dann wieder hin. Der Entsorger war auch schon mit den Arbeitern anwesend, die alle Schutzanzüge und Atemmasken trugen. Als sie auszuräumen begannen, kratzte ich die Kurve, denn es staubte und stank fürchterlich. Ich ging in den Stall und sammelte die Eier ein – das einzig Positive: frische Eier zu bekommen. Dann besuchte ich die Nachbarn. Die hatten natürlich unsere Aktion mitbekommen. Sie erzählten mir, dass diese Prozedur schon mal vor etlichen Jahren durchgeführt wurde. Damals hatten es anscheinend die Verwandten organisiert. Anschließend fuhr ich ins Dorf, um eine verdiente Brotzeit für die Arbeiter zu holen. Den Gang hatten sie schon halb leer geräumt, und der Lkw war bereits voll, also fuhren sie jetzt zum Entladen.

Da ich jetzt in die freigeschaufelten Zimmer reinkonnte, sah ich mich dort um. Die Zimmer waren zwar nicht vermüllt, aber es stapelten sich jede Menge Schachteln, Kisten und Behälter. Da es mir zu kompliziert war, alles alleine zu entscheiden, holte ich mir eine

Bekannte zur Unterstützung. Wir stellten fest, dass die ganzen Pakete und Kisten gar nicht geöffnet worden waren. Teilweise waren die Rechnungen noch auf den Paketen. Frau C. litt anscheinend unter Kaufzwang. Sie ließ sich alles schicken, was es gab. Ganze Paletten an Kochtöpfen, Pfannen, Geschirr, Gläser, Bestecke, Handtücher, Tischdecken, Blusen, Pullover, Schuhe und Handschuhe lagen in den Zimmern. In einem Raum waren riesige Truhen mit Bettwäsche, Handtüchern und dergleichen. Vor allem war es keine Billigware, alles war vom Feinsten und Teuersten. Wir sperrten die Zimmer wieder zu, da wir damit nichts zu tun haben wollten. Was uns aber stutzig machte: Wir fanden keine Toilette und kein Bad. Es gab einen kleineren Raum, der gefliest war und anscheinend als Toilette gedacht war, dort stand aber eine Gefriertruhe. Als die Arbeiter wiederkamen und weitermachten, fuhr ich nach Hause.

Am nächsten Tag ging es wieder weiter. Mittlerweile versorgten die Nachbarn die Kühe und ich musste nicht schon morgens dort sein. Die Sache mit dem vielen Geld ließ mir keine Ruhe und ich besprach mit meinem Mann die Angelegenheit, der meinte, ich solle das Geld beziehungsweise den Geldbeutel in einen Safe bringen. Dies tat ich umgehend. Da ich ja einiges ausgelegt hatte für Frau C. – ich hatte für alles eine Rechnung – nahm ich mir diesen Betrag. Ich wusste gar nicht, wieviel Geld genau in der Geldbörse war, es waren sehr viele große Scheine, mir war es aber unangenehm darin zu wühlen.

Am nächsten Tag in der Frühe war die gesamte Mannschaft wieder auf dem Hof vertreten. Nun kam die Küche dran. Ich konnte aber wieder nicht mithelfen, denn es wurde mir schon beim Anblick der ganzen Fäkalien schlecht. Nun konnte ich in die anderen freigelegten Zimmer gehen, die ebenfalls alle überfüllt waren mit Kartonagen. Die Treppe zum ersten Stock war auch belegt, was wir aber so ließen. Ich konnte nicht glauben, dass in diesem riesigen Haus keine Toilette und kein Bad waren. In der Küche war ein Waschbecken, das aber außer Betrieb war, da es auch voller Abfall war. Es gab im gesamten Haus keine funktionstüchtige Wasserleitung. Die einzige Wasserleitung, die funktionierte, war im Stall. Es gab im ganzen Haus keine Möglichkeit zum Kochen und Waschen. Nun war mir klar, woher die *Lagerstätte* in der Küche kam. Ich sprach mit dem Entsorger, ob es ein Problem wäre, eine Toilette zu installieren. Es wäre kein Problem, meinte er, nur eine Kostenfrage. Der kleine Raum wäre bestens dafür geeignet. Da ich selbst nichts entscheiden konnte, rief ich den – mehr oder weniger – neuen Besitzer an, der die Erbpacht zahlte. Wir verabredeten uns am nächsten Tag, damit er sich orientieren konnte.

Am nächsten Tag kam Herr J. und schaute sich um. Inzwischen war schon viel ausgeräumt und es sah gar nicht mehr so schlimm aus. Er war natürlich schon geschockt über den Zustand der Küche. Wir erzählten ihm von unserem Vorschlag, in den kleinen Raum ein Bad mit Toilette einzubauen. Er war damit einverstanden und wollte sogar die Kosten übernehmen. Hocherfreut fuhr ich ins Krankenhaus, um Frau C. von den Neuigkeiten zu berichten. Als ich ihr den Vorschlag mit dem Bad unterbreitete, bekam sie einen Tobsuchtsanfall und fing an, zu schreien. Sie wollte kein Bad und keine Toilette, nur ihr Plumpsklo draußen im Garten. Das solle wieder in Ordnung gebracht werden. Ich erinnerte mich, dass im Garten ein Häuschen stand, wie es früher üblich war. Es war ziemlich windschief und die Tür hing aus den Angeln. Wahrscheinlich lief es schon über und konnte nicht mehr benutzt werden. Ich rief Herrn J. an und erklärte ihm, was Frau C. wollte. Er lehnte dies natürlich ab. So war die Sache für ihn – und mich – erledigt.

Die Entrümpelung machte gute Fortschritte und nach zwei Tagen war auch die Küche ausgeräumt. Als der Herd zum Vorschein kam beziehungsweise abgeräumt war, stand ein wunderbares altes Schmuckstück vor uns. Ein Traum von einem Bauernofen, sehr groß, die Umrandung aus Messing und Kupfer mit zwei riesigen Wasserschiffchen an den Seiten. Dank der Abdeckung war er wie neu, blitzblank poliert. Das andere Mobiliar – Eckbank, Tisch, Stühle, Sessel etc. – brach in sich zusammen, da alles morsch und verfault war. Zwei Küchenschränke konnten sich gerade noch auf den Beinen halten. Der Elektroherd, mit dem Frau C. nicht kochte, sondern heizte, war auch total versaut und unter dem Backrohr lag eine vertrocknete Katzenleiche. Bis auf die beiden Schränke und den Bauernofen wurde alles entsorgt. Da ich es wieder einigermaßen wohnlich herrichten wollte, fuhr ich in die Hausratsammelstelle, wo man sehr günstig gute Möbel bekam. Ich hatte auch Glück, denn es war genau das da, was ich brauchte: ein fast neuer Elektroherd, eine Eckbank mit Tisch und Stühlen, ähnlich wie gehabt, und ein kleiner Schrank. Ich ließ die Sachen reservieren, damit sie zum entsprechenden Zeitpunkt geliefert würden. Momentan konnte ich sie noch nicht brauchen, da noch richtig sauber gemacht werden musste.

Ein Problem waren die Wände, da überall durch die Feuchtigkeit der Putz weg war. Zudem waren zwei Drittel der Fensterscheiben zerschlagen. Wir konnten natürlich in der Kürze der Zeit keine größeren Baumaßnahmen vornehmen. So entschlossen wir uns, die Wände mit Styropor zu verkleiden. Es sah sauber aus und hielt auch warm. Es war aber eine fürchterliche Arbeit. Wir mussten sämtliche Tricks anwenden, damit die Platten nicht dauernd umfielen.

Endlich war die Küche – bis auf die Möbel – fertig.

Am nächsten Tag holte ich den Geldbeutel, da ich ja die Arbeiter und die Möbel bezahlen musste. Vorsichtshalber ließ ich mir über die Entsorgung, ebenso wie für die Möbel, eine Rechnung geben.

Dann kamen die Möbel. Ich freute mich, als ob es meine eigene Wohnung wäre. Die Küche sah nun super aus. Die Eckbank und der Tisch paßten wie gemacht für den Raum. Ich legte eine Tischdecke auf, stellte eine Blumenvase mit Blumen auf den Tisch und *Madame* konnte kommen. Draußen hatten wir auch alles aufgeräumt und verschiedene große Schüssel für das Futter und die Milch hingestellt. Alles sah freundlich und sauber aus.

Am Abend rief sie mich dann an, dass sie noch einiges bräuchte und Anfang der nächsten Woche entlassen würde. So hatte ich noch ein paar Tage Zeit, alles vorzubereiten. Da ich die Geldbörse nicht behalten wollte, fuhr ich zu der Bank, von der ich annahm, dass Frau C. dort Kundin sei. So war es denn auch. Ich meldete mich beim dortigen Leiter, um mit ihm die Sache zu klären. Ich erzählte ihm die ganze Story. Frau C. war ihm bestens bekannt. Ich bat ihn, sich um die finanzielle Angelegenheit zu kümmern. Ich erklärte ihm auch, dass ich nicht wüsste, wieviel Geld in der Börse war. Über meine Ausgaben hatte ich genau Buch geführt, mitsamt den Rechnungen, und auch über das Geld, das ich ihr ins Krankenhaus gebracht hatte. Die beiden Sparbücher waren auch mit dabei, ebenso sämtliche Unterlagen, die noch in der Börse waren. Der Mann bedankte sich im Namen seiner Kundin, bemerkte auch, dass ich sehr korrekt gehandelt hätte, und wir trennten uns im besten Einvernehmen.

Nun fuhr ich wieder ins Krankenhaus. Frau C. brauchte einige Kleidungsstücke für ihre Entlassung. Da ich nicht gewillt war, noch einmal Geld auszugeben, versprach ich ihr, die entsprechende Kleidung zu bringen, die ich aber nicht kaufen wollte. Am nächsten Tag brachte ich ihr von mir die gewünschten Klamotten – Hose, Pullover, Winterjacke et cetera –, die sie ohne Kommentar in Empfang nahm. Ich versprach ihr, sie am Montagmorgen abzuholen. Bevor ich ging, sagte ich noch, dass ich ihre Geldbörse dem Direktor ihrer Bank gegeben hätte.

Mittlerweile fuhr ich zweimal am Tag auf den Hof, um die Katzen zu füttern und nach den Kühen zu sehen.

Am Montagmorgen um neun läutete das Telefon und Frau C. war dran. Ein Redeschwall an Schimpfworten überfiel mich und ich wusste gar nicht, um was es ging. Es stellte sich heraus, dass sie jemanden beauftragt hatte, sie eher als geplant abzuholen. Nun war sie zu Hause. Sie verlangte, dass ich sofort zu ihr kommen sollte. Mit einer unguten Vorahnung machte ich mich auf den Weg (am liebsten hätte ich mich unter Polizeischutz stellen lassen). Sie stand vor dem Haus und wartete auf mich. Was sie alles sagte, möchte ich nicht wiederholen. Tatsache war, dass sie unbedingt ihre Eckbank und den Tisch wiederhaben wollte. Auf meinen Einwand, dass alles zu Bruch gegangen sei und bereits entsorgt wurde, antwortete sie nur, dann wolle sie die kaputten Teile haben. Das war natürlich unmöglich. Als die Situation zu eskalieren drohte, drehte ich mich um und ging einfach. Sie schrie mir noch nach, dass sie mich wegen Diebstahls anzeigen wolle. In meiner Panik ging ich zu den Nachbarn, die teilweise schon etwas mitbekommen hatten. Sie beruhigten mich, da ich total aufgelöst war, wegen dieser Unverschämtheit. Da sie Frau C. ja kannten, war ihr Verhalten nichts Neues für sie. Sie sagten auch, dass sie mich bestimmt anzeigen werde, nicht nur wegen der Möbel, sondern auch wegen des Geldes. Das waren schöne Aussichten.

Für mich war der Fall eigentlich erledigt, doch Undank ist der Welten Lohn. Nach ein paar Tagen rief die Polizei an, ich solle vorbeikommen. Die Beamten waren sehr nett und lasen mir die Anklageschrift vor. Es war genau, wie die Nachbarn vorausgesagt hatten. Es ging um das Geld, die Eckbank sowie den Tisch, was ich angeblich alles gestohlen hätte. Ich erzählte den Beamten die ganze Geschichte, dass ich Zeugen wegen des Mobiliars hätte und das Geld auf der Bank sei. Da Frau C. kein unbeschriebenes Blatt bei der

Polizei war – sie hatte schon öfters Menschen angezeigt – glaubten die Beamten mir und ich konnte wieder gehen.

Anschließend habe ich nie wieder etwas von Frau C. gehört.

Nachdem dieses Trauerspiel zu Ende war, hatte ich eine Weile die Nase voll vom Tierschutz. Es kamen zwar immer wieder kleinere Aktionen, wo die Tierhaltung kontrolliert werden musste, aber es war alles überschaubar.

Eine Aktion fällt mir noch ein, bei der ich mich sehr blamiert habe. Beim Büro unseres Tierschutzvereins ging ein Anruf ein, dass in der Nähe ein großer Bauernhof sei, wo die Kühe bis zu den Knien im eigenen Mist stünden. Meine Kollegin und ich fuhren hin, um uns ein Bild zu machen. Wir hatten zwar keine Ahnung von Ackerbau und Viehzucht, aber ansehen wollten wir uns das schon.

Wir kamen zu einem riesigen Gebäude, das aussah wie eine Fabrikhalle, ganz neu. Als wir ausstiegen, kam uns ein sehr netter Mann entgegen und fragte uns ganz freundlich nach unseren Wünschen. Wir zeigten ihm unsere Ausweise und sagten ihm, dass wir vom Tierschutzverein kämen, da dort eine Anzeige wegen schlechter Tierhaltung vorläge. Der Bauer lächelte und führte uns in die Halle, wo die Kühe standen. Wieviele es waren, konnten wir nicht feststellen, sie standen eingezäunt in einem Kreis, machten einen friedlichen und ausgeglichenen Eindruck. Sie waren nicht angebunden und konnten im Stall umherlaufen. Auf dem Boden lag, wie beschrieben, Heu und Mist. Als wir das beanstandeten, klärte uns der Besitzer auf, dass dies üblich sei, da aus dem Mist eine Matte wurde, die wärmend wirkte. Das sei die neue Art der Tierhaltung. Seine Erklärung war einleuchtend und wir bedankten uns für die Information. Es war ja schon ein Fortschritt, dass die armen Tiere nicht mehr angebunden oder eingepfercht waren. – So einfach ist das: Man wird älter wie eine Kuh, und lernt immer noch dazu.

Meine Freundin wurde verständigt, dass in der Gegend eine junge Frau wohne, die verschiedene Tiere hätte, aber fast nie zu Hause sei. Sie versuchte selbst, die Tierhalterin anzurufen beziehungsweise besuchte sie auch des Öfteren, diese war aber nie anzutreffen. Irgendwann wurde es ihr zu bunt und sie bat mich, mit ihr hinzufahren. Sie hatte die Adresse und wir fuhren am frühen Abend dorthin. Sie kannte die Umstände ja schon und machte mich kurz vor dem Objekt auf die zu erwartenden Schwierigkeiten aufmerksam. Es war ein älterer kleiner Wohnblock mit fünf Parteien, sehr ungepflegt. Ich denke, die meisten Wohnungen standen leer. Wir läuteten an verschiedenen Türen, aber es gab keine Reaktion. In besagter Wohnung meldete sich auch niemand, als wir läuteten, man hörte nur eine Katze miauen. Wir warteten eine Weile, ob nicht doch jemand im Hause sei, aber es rührte sich nichts. So entschlossen wir uns, die Wohnung aufzubrechen. Da ich die Stärkere von uns beiden war, nahm ich Anlauf und rammte mit der Schulter die Tür auf. – Es war eine morsche Tür, die noch ein altes Schloss hatte. In der Wohnung herrschte völliges Chaos. Eine Katze, die sich aufgrund des Lärms versteckt hatte, kam, als wir sie lockten. In einem Terrarium waren zwei Ratten. Nirgends war Futter oder Wasser. Wir schrieben einen Zettel, dass wir die Tiere aufgrund der schlechten Haltung abgeholt hätten. Wir waren uns zwar einig, dass wir nicht ganz legal gehandelt hatten und auch belangt werden konnten, das war uns aber in diesem Fall egal. Wichtig war, dass die Tiere gerettet wurden.

Meine Freundin übernahm die Katze. Da ich mit Ratten überhaupt nichts anfangen konnte, brachte ich sie ins Tierheim. Die Besitzerin der Tiere hat sich nie bei uns gemeldet und auch sonst wurden wir wegen des gewaltsamen Einbruchs nie belangt.

Es vergingen ungefähr zwei Jahre und eines Tages hieß es, Frau C. sei verstorben und man müsste sich um die verbliebenen Tiere kümmern. Ich fuhr mit unserer Vorsitzenden Frau V. auf den Hof, um mir ein Bild von der neuen Situation zu machen. Es sah zwar noch nicht so schlimm aus wie damals, aber man merkte schon, dass Frau C. wieder am Werk war. Überall lagen Dosen, Plastik und Kartons. Die Kühe standen auch wie eh und je im Stall und Katzen waren wieder jede Menge da. Ins Haus ging ich gar nicht, da mich das nichts anging. Ich kümmerte mich um die Kühe, gab ihnen Wasser und Heu und Frau V. fütterte die Katzen, die wie wild durcheinanderliefen. Nun mussten so schnell wie möglich die Kühe abgeholt werden, denn es machte keinen Sinn, sie weiterhin dort stehen zu lassen Frau V. organisierte einen Viehhändler, der die Tiere am Nachmittag abholte. Da der neue Besitzer des Anwesens darauf bestand, dass die Katzen sofort wegmussten, war natürlich Eile geboten. Der Hof war anscheinend an einen neuen Interessenten verkauft worden, und sollte so schnell wie möglich umgebaut werden. Da die Katzen schon einmal eingefangen wurden, waren sie jetzt sehr vorsichtig und gingen nicht mehr so schnell in die Falle. Zudem waren sie eigentlich wild, da sie nur eine Bezugsperson hatten und die war nicht mehr da.

Frau V. und ich wechselten uns jeden Tag ab. Ich fütterte aber nur, Frau V. fing die Katzen. Wenn die Katzen gefangen waren, kamen sie ins Katzenhaus in Quarantäne, nach einer bestimmten Zeit wurden sie dann in den Zimmern verteilt. Sobald sie etwas zahm waren, konnten sie vermittelt werden.

Das ging ein paar Tage ganz gut, bis mir Frau V. plötzlich vorschrieb, wie ich die Katzen zu füttern hätte. Da ungefähr 35 Katzen auf dem Hof lebten, kann man sich ja ungefähr vorstellen, was sie an Futter brauchten. Da die meisten Katzen erst kamen, wenn wir wieder weg waren, sah Frau V. die Tiere gar nicht und glaubte mir nicht, dass noch so viele Katzen dort seien.

Eines Tages sprach mich die Nachbarin an, ob wir aus Versehen ihre Katze eingefangen hätten. Da ich mit dem Fangen nichts zu tun hatte, sah ich im Tierheim nach. Zu meinem Entsetzen war tatsächlich Nachbars Katze in der Quarantänestation. Frau V., darauf angesprochen, ob es ein Versehen war, meinte: »Diese Katze ist so lieb, dass sie ein besseres Leben verdient hat als auf einem Bauernhof, sie gehört auf ein Sofa.« Auf mein Argument, dass sie der Tochter der Nachbarin gehöre, ins Haus dürfe und das Mädchen sehr traurig sei, meinte sie nur, das ginge mich nichts an und ich dürfe der Nachbarin nichts davon sagen. Nach einer längeren hitzigen Debatte gab sie mir dann für den Bauernhof *Hausverbot*, das hieß, ich durfte nicht mehr dorthin fahren und die Katzen fütterte sie nur noch alleine.

Seitdem ging ich nicht mehr ins Tierheim und hatte auch keinen Kontakt mehr zu Frau V. Wenn ich benötigt wurde, verständigte mich Frau Q., mit der ich bis heute ein sehr gutes Verhältnis habe.

Die beiden Hunde Rocco und Plümo verstanden sich sehr gut. Jetzt merkte man aber Rocco schon an, dass er alt wurde: Wenn Plümo mit ihm spielen wollte, streikte Rocco und auch beim Spazierengehen hatte er Probleme. Er war etwa elf Jahre alt – für Hunde seiner Größe eigentlich ein gutes Alter. Sein Verfall kam von einer Stunde auf die andere. Ich merkte es schon, als ich morgens aufstand, denn er kam mir nicht wie sonst entgegen. Ich ging zu ihm. Er lag auf seinem Bett und wedelte mit dem Schwanz, stand aber nicht auf beziehungsweise versuchte er es, kam aber nicht in die Höhe. Ich versuchte, ihn hinten hochzuheben, hatte aber keine Chance, da er sehr schwer war. Es war ein Sonntagmorgen und mein Tierarzt hatte keine Sprechstunde, deshalb musste ich den Bereitschaftsarzt anrufen. Ich erklärte ihm die Situation und er machte sich sofort auf den Weg. Er kam, sah sich den Hund an und meinte, in diesem Alter käme jede Hilfe zu spät. Ich könne froh sein, dass bis jetzt noch alles so gut funktioniert habe. Da es keine andere Alternative gab, mussten wir wieder einmal einen Schlussstrich unter ein Hundeleben ziehen. Er fragte mich, wie schwer der Hund sei, 90 Kilo, und bemaß danach seine Spritze. Ich legte mich zu Rocco auf den Boden, wie immer, und wartete, dass er einschlief. Es dauerte und dauerte. Er schlief nicht ein, anscheinend hatte der Arzt die Dosis zu gering gehalten. Er ging noch einmal in sein Auto und holte eine neue Spritze. Diesmal dauerte es fünf Minuten – endlos – bis die Spritze wirkte. Nachdem Rocco endlich eingeschlafen war, gab der Arzt ihm die Todesspritze. Ich war stinksauer auf den Arzt, habe ihn auch nie wieder in Anspruch genommen. So etwas darf nicht passieren, dass die Dosis falsch berechnet wird. Dann lieber etwas zu viel. Anschließend fuhr ich Rocco nach München ins Tierheim, wo er verbrannt wurde. Rocco fehlte uns sehr, wir hatten aber eine schöne Zeit mit ihm.

Michaela hatte in der Zwischenzeit ihren jetzigen Mann kennengelernt, einen Italiener. Sie wohnten in der Nähe von Bologna in einer kleinen Stadt in einer schönen Dachgeschosswohnung mit einer riesigen Terrasse, die aber leider nur sehr wenig genutzt werden konnte. Entweder war es zu heiß, was meistens der Fall war, oder es ging ein unangenehmer Wind. Zu ihrer Hochzeit waren wir eingeladen und es war sehr schön. Dario, ihr Mann, hatte einen kleinen, sehr lieben und witzigen Mischling in die Ehe mitgebracht. Pongo, er war öfter bei uns zu Hause, hatte sich in eine Doggendame verliebt, die wir öfter trafen. Er war zwar kastriert, aber es war unglaublich, wie er diese riesige Hündin umschwärmte. Die Dogge wollte auch mit ihm spielen, aber wir hatten Angst, dass er platt wäre, wenn sie aus Versehen auf ihn trat. Es war faszinierend, wie die beiden so unterschiedlichen Hunde miteinander spielten. Pongo hatte die Größe eines Rehpinschers und war auch dementsprechend schnell. In diesem Falle traf das Sprichwort *Gegensätze ziehen sich an* voll ins Schwarze. Es war erstaunlich: Selbst nach Monaten, wenn wir hier spazierengingen und der Dogge begegneten, fiel er in einen Freudentaumel. Kein anderer Hund konnte ihn so freudig erregen. Ich wollte damals Pongo bei uns behalten, aber Dario gab seinen Liebling nicht her, was auch verständlich war.

Michaela hatte eine Freundin, die ebenfalls Tierschützerin war und sich sehr für Hunde und Katzen einsetzte. Sie wohnte in Riccione und hatte dort ein riesiges Anwesen, wo sie arme Hunde und Katzen betreute. Wir besuchten sie einmal und ich war fasziniert, was Menschen alles für Tiere tun. Ich muss allerdings auch sagen, dass diese sehr betucht war und sich auch für ihre Tiere nur das Beste leistete. So kam zum Beispiel einmal in der Woche eine Lieferung Bio-Putenfleisch nur für ihre Tiere. Den Wintergarten hatte sie in eine Katzenküche umfunktioniert. Die Hunde lebten paarweise in großen Zwingern und zweimal am Tag wurde mit allen Hunden Gassi gegangen. Das konnte sie auch nur, da sie in der Pampa lebte, wo kein Mensch hinkam. Die meisten Hunde, die sie hatte, waren Maremanos, das sind italienische Hirtenhunde. Sie sind größer als Berner Sennenhunde und haben schneeweißes langes Fell. Charakterlich sind sie sehr ruhig und angenehm in ihrer Art. So einen Hund wollte ich eigentlich haben und meinte, ihr einen Gefallen zu tun, wenn ich von ihr einen nähme. Als ich ihr den Vorschlag machte, fing sie an zu lachen und sagte, dass sie eigentlich darauf gewartet hätte. Sie gab keinen Hund her. Sie kannte aber einen älteren Mann, der im Tierheim arbeitete und selber Hunde hatte, sie aber nicht mehr halten konnte. Es waren ein Maremano, ein Setter und ein Husky. Ich war einverstanden und wir verabredeten uns am übernächsten Tage mit dem älteren Herrn bei sich zu Hause.

Meinem Mann gefiel die Maremano-Rasse auch und so fuhren wir zusammen mit Michaela und ihrer Freundin hin. Als wir in die Einfahrt einbogen, empfing uns schon lautes Hundegebell. Drei weiße Hunde und ein älterer Mann waren im Garten und spielten zusammen. Es sah richtig gemütlich aus. Als sie uns sahen, waren sie plötzlich ruhig. Der Setter wollte sich sofort verstecken und lief in eine Ecke ins Gebüsch. Der Maremano sah uns ganz ruhig an und der Husky blieb bei seinem Herrn. Wir stiegen aus, und gingen in den Garten.

Die Hunde machten nichts, waren sehr ruhig. Wir unterhielten uns eine Weile mit dem Mann, der uns erklärte, dass er die Hunde selbst nicht mehr halten könne, deshalb müssten sie ins Tierheim, was er aber eigentlich verhindern wollte. Er arbeitete selbst im Tierheim und wisse, was da laufe. Die Hunde waren auch nicht mehr sehr jung, schon etwa fünf Jahre alt. Auf die Frage, was mit dem Setter sei, der immer noch in einer Ecke stand, erzählte er, dass er jagduntauglich sei und deshalb *weggeworfen* wurde. Man konnte mit ihm auch nicht im Wald spazierengehen, da er totale Panik hatte, ganz zu schweigen, wenn geschossen wurde.

Ich ging auf ihn zu und redete ganz ruhig mit ihm. Er sah mich an, hatte den Schwanz aber ganz eingezogen und zitterte. Ein großes Häufchen Elend. Wir machten mit dem Besitzer aus, dass wir nachmittags noch einmal vorbeikämen und ihm Bescheid geben würden, wie wir uns entschieden hätten. Der Maremano war sehr zutraulich, die beiden anderen weniger.

Wir fuhren dann in die Stadt, um uns ein wenig umzusehen. Riccione hat einen sehr schönen Stadtkern, den die meisten wahrscheinlich gar nicht kennen, da jedem nur die Strandpromenade bekannt ist. Wir gingen in ein kleines Café und beratschlagten, was wir machen sollten. Da meinem Mann Dago, der Maremano, sehr gut gefiel und mir der Setter Rasky sehr leidtat, kamen wir zu dem

Entschluss, beide Hunde zu nehmen. Ich konnte es vor Ungeduld nicht mehr aushalten und so fuhren wir anschließend wieder zu dem Besitzer.

Die vier waren noch so, wie wir sie verlassen hatten, im Garten und spielten. Der Mann sah uns erwartungsvoll an. Als wir ihm erklärten, Dago und Rasky mitzunehmen, brach er in Tränen aus. Es war verständlich, einesteils aus Schmerz über den Verlust seiner Hunde, andererseits aber auch aus Glück, da ihnen das Tierheim erspart blieb. Da er Michaelas Freundin kannte und wusste, dass sie bestimmt einen guten Platz für seine Hunde ausgesucht hatte, war er glücklich. Er umarmte und küsste seine beiden Lieblinge noch einmal, dann war es so weit. Wir nahmen die beiden an die Leine, was sie sich ohne Weiteres gefallen ließen. Rasky schaute zwar etwas ängstlich, da aber Dago mit dabei war, hatte er keine große Angst. Wir tauschten noch die Telefonnummern und Adressen aus, luden ihn ein, dass er jeder Zeit bei uns willkommen sei, gaben ihm noch eine Spende für seinen Husky und verabschiedeten uns von ihm. Als wir gingen heulte er wie ein kleines Kind, ich aber auch.

Michaelas Freundin fuhr mit dem Auto vor und wir gingen zu Fuß. Wir verabredeten uns an einem bestimmten Platz, den Michaela auch kannte. Es war sehr witzig, fast jeder dritte Mensch, dem wir begegneten, begrüßte die Hunde mit Namen und fragte, ob wir sie mitnehmen würden. Da Michaela perfekt Italienisch spricht, konnte sie die Leute aufklären. Die meisten wünschten uns viel Glück mit den Hunden. Man hatte das Gefühl, eine große Familie zu sein. Die Hunde gingen auch brav an der Leine, als ob sie uns schon ewig kannten, und begrüßten die Leute schwanzwedelnd.

Nach einem Glas Prosecco, das wir auf unsere neuen Familienmitglieder tranken, bedankten wir uns bei Michaelas Freundin für ihre Hilfe und fuhren zu ihr nach Hause.

Dort war die Freude groß, als wir mit unseren beiden Hausgenossen ankamen. Pongo war anfangs etwas skeptisch, denn die beiden waren sehr viel größer als er und vor allem Männer, zudem noch bei ihm zu Hause. Wir gingen anschließend zusammen spazieren und alles war wieder okay. Rasky hatte auch keine Angst und lief brav mit.

In der Nacht mussten wir sie vorsichtshalber in die Wohnung nehmen, da die Terrasse nicht so hoch war und man ja nie weiß, wie ein Tier reagiert, wenn es in eine ungewohnte Umgebung kommt. Beide bekamen noch ihr Futter und dann war Feierabend. Sie lagen neben der Couch und schliefen.

Früh am nächsten Morgen weckten sie mich auf – ich schlief auf der Couch – und wollten anscheinend Gassi gehen. Ich denke, sie waren es nicht gewöhnt, in einer Wohnung zu schlafen. Das Gassigehen war kein Problem. Dago hatte ich an der Leine, Rasky ging hinter uns. Pongo war natürlich auch mit dabei und zeigte uns den Weg.

Wir blieben noch einen Tag und fuhren dann am nächsten Morgen nach Hause.

Christine erwartete uns schon mit Plümo. Der schaute etwas erschrocken, als er die beiden Hunde sah. Sie begrüßten sich aber schwanzwedelnd und alles war gut. Sie liefen im Garten herum, orientierten sich und beschnupperten alles, ebenso im Haus. Anscheinend roch es noch nach Gundi und Rocco. Abends ging ich dann mit ihnen noch Gassi – Rasky ohne Leine, der ging immer schön nebenher, Dago leinte ich an, da ich nicht wusste, wie er auf fremde Leute und Autos reagieren würde. In der Nacht hatten sie ihre Schlafstelle im Haus.

Am nächsten Tag kamen meine Freundinnen und begutachteten meine neuen Hausgenossen. Alle waren begeistert von den beiden Hunden. Rasky war der absolute Frauenliebling, durch seine unterwürfige und liebenswerte Art. Alles in allem waren wir mit unseren neuen Hunden zufrieden und glücklich. Mit Rasky hatten wir überhaupt keine Probleme, er ging sogar mit in den Wald. Dago war sehr dominant und lief hin und wieder auch mal davon. Er war zwar nicht der Schnellste und auch keine Gefahr für das Wild, aber wenn er weg war, konnte es schon mal Stunden dauern, bis er wieder zurückkam.

Des Öfteren bekamen wir anonyme Hinweise von Leuten, die ihre Nachbarn ärgern wollten und den Tierschutzverein wegen schlechter Tierhaltung zu ihnen schicken. Wir hatten wieder einen solchen Hinweis erhalten. So fuhren meine Kollegin und ich hin, um das besagte Objekt, einen Kettenhund, zu begutachten.

Da die Adresse nicht genau angegeben wurde, fuhren wir zuerst zu einer falschen Adresse und befragten die Hausbesitzerin nach einem angeblichen Kettenhund. Wir wurden aufgeklärt, dass ihr Hund im Hause gehalten würde, aber zwei Häuser weiter ein Kettenhund sei. Aufgrund der vielsagenden Mimik der Hausbesitzerin ahnten wir nichts Gutes. Wir bedankten uns und fuhren zu besagtem Hof.

Das Anwesen machte einen etwas ungepflegten Eindruck. Beim Näherkommen bemerkten wir einen großen Misthaufen, auf dem eine Plane lag. Obenauf saß ein kleiner schwarz-weißer Hund, den man mit etwas Fantasie als Pudel erkennen konnte. Der Hund war mit einer zwei Meter langen Kette am Stall festgebunden. Keine Hütte, kein Unterschlupf – gar nichts. Es war Winter und die Tagestemperaturen betrugen zu der Zeit teilweise bis minus 18 Grad. Wir gingen auf den Hund zu, der von seinem Misthaufen runtersprang und uns freundlich anwedelte. Auf Rufen, Klopfen und Läuten meldete sich niemand. Uns beiden tat das Herz weh und wir hätten ihn am liebsten mitgenommen, was aber nicht ging, da es Diebstahl gewesen wäre. Wir hätten enorme Schwierigkeiten bekommen. Es gab nur eine Möglichkeit: Wir mussten das sofort dem Veterinäramt melden. Voller Entrüstung berichteten wir dem diensthabenden Tierarzt von unserer Kenntnis, mit der Bitte, möglichst schnell für Abhilfe dieser grausamen Haltung zu sorgen.

In der Annahme, dass nun alles seinen schnellen geregelten Weg gehe, meldete ich mich nach acht Tagen dort wieder, um nachzufragen, was passiert sei. Man sagte mir, der ansprechbare Veterinär habe nur vormittags Dienst und sei nicht erreichbar.

Am nächsten Morgen versuchte ich es wieder und nun war diese Dame in Urlaub. – Ich war kurz vorm Platzen, aber das half auch nichts.

Nach acht Tagen rief ich wieder an und, man glaubt es kaum, Frau Doktor war anwesend. Auf meine Frage, was nun dort passiert sei, sagte sie, es seien Auflagen gemacht worden. Hundehütte, Laufleine und frisches Wasser. Auf meine Bedenken, dass es doch keine artgerechte Haltung für einen Pudel sei, an der Kette gehalten zu werden, bekam ich die Auskunft, dass im Tierschutzgesetz nicht verankert sei, welche Hunderasse angekettet werden darf. Sie gab aber zu, dass der Besitzer sich überlege, ob er den Hund nicht weggeben wolle, da er keine Zeit für ihn hätte. Meine Überlegung, dass ich nochmals hinfahren und mich selbst über den Zustand des Hundes informieren wolle, wollte sie noch bremsen, das ging aber nicht mehr. Ich konnte fast keine Nacht mehr schlafen, da der arme Hund mir bei diesen eisigen Temperaturen nicht mehr aus dem Kopf ging. Als sie einsah, dass ich mich von meinem Plan nicht abbringen ließ, gab sie mir den guten Rat, den Hundebesitzer *sehr vorsichtig mit Samthandschuhen* anzufassen. – Es ist ein Hohn, dass man Leuten, die eigentlich bestraft werden müßten, auch noch in den Hintern kriechen muss, um deren Tiere zu retten.

Glücklich, etwas unternehmen zu können, informierte ich unsere Vorsitzende vom Tierschutzverein und brachte eine weitere Tierfreundin dazu, mit mir auf den Hof zu fahren. Ich hatte mir vorgenommen, die Besitzer von der Abgabe des Hundes zu überzeugen. Dort angekommen, saß er nicht mehr auf dem Misthaufen, sondern auf einer Hundehütte, die im Sinne der Auflagen aufgestellt worden war. Er sah zwar deswegen auch nicht besser aus, aber dem Tierschutzgesetz war Genüge getan. Allerdings hatte der kleine Pudel eine Laufkette, die für einen Bernhardiner bestimmt war. Wir gingen zu dem Hund, der freudig wedelnd zu uns kam, und gaben ihm Leckerlis, die er aber nur zögernd nahm. Ausgehungert war er nicht. Er hatte eine Plastikschale vor der Hütte, in der etwa zwei Kilo Trockenfutter lagen, teilweise angefroren, sowie eine Schüssel voll Eis.

Plötzlich ging die Tür auf und eine alte Frau sowie ein Mann traten aus dem Haus. Wir begrüßten sie freundlich und stellten uns vor. Als sie hörten, dass wir vom Tierschutzverein waren, sagten beide, dass ihnen der Hund leidtäte, er aber ihrer Enkelin gehöre, die sehr aggressiv sei. Die Enkelin käme alle 14 Tage vorbei, da sie woanders wohne, und füttere den Hund. Die Oma selbst war 80 Jahre alt, gehbehindert und konnte sich um den Hund nicht kümmern. Sie war damit einverstanden, dass der Hund wegkäme. Wir erklärten ihr, dass wir den Hund zu uns nehmen und dann an einen guten Platz vermitteln würden. Wir machten mit der Frau (der Mann, der noch dabei war, war ihr Sohn, der die gleiche Meinung vertrat) einen Abgabevertrag und sie bekam eine Bestätigung von uns. Beide waren froh, dass das Problem gelöst wurde, hatten aber insgeheim Angst vor der Besitzerin. Wir nahmen alle Schuld auf uns und sagten ihr, dass sie sich an uns wenden solle, falls sie

Schwierigkeiten mit der Enkelin bekäme. Nachdem die Formalitäten erledigt waren, verabschiedeten wir uns, glücklich, den kleinen Pudel mitnehmen zu können.

Da wir den Gesundheitszustand ärztlich festhalten wollten, fuhren wir zu unserer Tierärztin, die ihn untersuchte. Bis auf die enorme Verwahrlosung und etwas zu wenig Fleisch auf den Rippen fehlte ihm anscheinend nichts, zumindest auf den ersten Blick. Meine Kollegin hatte ihn während der Fahrt auf dem Schoß.

Anschließend gingen wir mit ihm noch spazieren – was heißt gingen: Meine Kollegin lief mit ihm um die Wette, da er nicht zu bremsen war. Ein ganz neues Lebensgefühl: laufen, laufen, laufen. Da wir keine Leine dabei hatten, hatten wir von der Oma einen Strick bekommen, der nicht allzu lang war und an dem er dementsprechend zog.

Nachdem wir uns einigermaßen ausgetobt hatten, fuhren wir nach Hause. Ich erklärte mich bereit, den Hund mit zu mir nehmen, da meine Freundin bereits mehrere Hunde und Katzen hatte. Bis zu seiner Vermittlung konnte ich ihn leicht behalten.

Wir Tierschützer sind schon einiges gewohnt, der Gestank von unserem kleinen Neuzugang übertraf aber alles, zumal er den ganzen Hintern und das Fell mit Kot verklebt hatte.

Zu Hause angekommen machte ich ihn erst einmal mit meinen eigenen Hausgenossen bekannt. Für Rasky und Dago war er kein Problem. Plümo grantelte ihn etwas an, was der Pudel aber übersah. Anschließend gingen wir alle zusammen Gassi. Ich hatte diesmal eine lange Laufleine dabei und der Pudel tobte sich im Schnee richtig aus. Man sah ihm förmlich die Lebensfreude an.

Da es unmöglich war, dieses kleine stinkende Etwas im Haus zu halten, hatte ich mir vorgenommen, ihn am Abend zu baden. Er ließ sich alles gefallen, sogar beim Föhnen machte er keine Probleme. Zum Schluss schnitt ich ihm noch die gröbsten Verfilzungen aus dem

Fell. Er brauchte aber eine komplette Schur, damit er wieder einigermaßen aussah. Das Aussehen war aber das kleinere Übel, zumindest konnte man ihn jetzt im Haus halten und er stank nicht mehr.

Nach dem Füttern übergab ich ihm seinen Hundekorb, den er sehr aufmerksam beschnupperte, da sonst die Katzen darin lagen. Ich hatte schon Befürchtungen wegen der Katzen, er sah sie aber nicht mal an. Die Oma hatte erzählt, dass Katzen, Ratten und er gemeinsam das Trockenfutter fraßen. Umgekehrt hatten meine Katzen schon etwas Angst vor ihm, da er durch das zottelige Fell etwas wild aussah.

Abends legte er sich ganz genüsslich in seinen Korb oder auf die Kaminbank und man sah ihm an, dass er mit der Welt zufrieden war. Er war ein ganz liebenswerter braver Hund, der es verdient hatte, dass es ihm gut ging. Da er keinen Namen hatte, nannten wir ihn *Bärli*. Mein Mann war über die ganze Aktion stinksauer und es herrschte Funkstille, das nahm ich aber gerne in Kauf. Ich war glücklich, dass wir Bärli von seinem Elend erlöst hatten.

Mit der Tierärztin hatten wir einen Termin vereinbart, um Bärli zu kastrieren und zu scheren. Morgens um neun Uhr waren wir da und kamen sofort dran. Ich hielt ihn fest, als er die Narkose bekam. Anschließend sollte er in der Narkose geschoren werden, da er sich sonst nicht ruhig hielt. Mittags konnten wir ihn wieder abholen.

Als wir wiederkamen, trauten wir unseren Augen nicht: Bärli war nur noch ein Schatten seiner selbst. Es stellte sich heraus, dass er ein reinrassiger Harlekinpudel war. Er sah sehr hübsch aus, war nur etwas dünn – aber besser als zu dick.

Da es noch immer etwas kalt war, kam er mit dem Zittern gar nicht nach, wenn wir spazierengingen. Ich habe ihm einen wunderschönen roten Hundemantel gekauft und er schaute süß damit aus. Normalerweise bin ich für solche Übertriebenheiten nicht zu haben, aber in diesem besonderen Fall war es nötig.)

Er stand zwar da wie ein Häufchen Unglück, aber langsam gewöhnte er sich daran und ging damit auch spazieren. (Lieber den komischen Frack anhaben, als frieren oder zu Hause bleiben müssen.)

Mittlerweile hatte er sich sehr gut eingelebt und es gab keine Probleme, weder mit Katzen noch Hunden. Kinder mochte er auch sehr gerne. Nur mit dem Folgen funktionierte es noch nicht so ganz. Wenn ich ihn ohne Leine laufen ließ und andere Hunde kamen, ist er weg. Er kam zwar nach einer Weile wieder, man musste aber Geduld haben. Wo sollte er den Gehorsam denn auch her haben, als Kettenhund.

Wir hatten in der Tageszeitung und anderen Informationsblättern inseriert, dass ich einen Pudel zum Vermitteln hätte. Eine junge Frau, angeblich Pudelfan mit Kind und Mutter meldeten sich bei mir. Sie wollten sich Bärli ansehen. Wir machten einen Termin für den nächsten Tag aus.

Als sie kamen, waren die Hunde im Garten, auch Bärli. Schon beim Gartentor sah ich an ihren Gesichtern, dass sie enttäuscht waren vom Aussehen des Hundes. Ich weiß nicht, was sie sich vorgestellt hatten, Bärli war ein absolut hübscher und liebenswerter Pudel und freute sich auch, als er die Leute sah. Das Kind machte überhaupt keine Anstalten, den Hund anzusehen geschweige denn zu streicheln. Bärli freute sich über den Besuch, sprang lustig hin und her, aber von der Gegenseite kam keine Resonanz. Die beiden Frauen schauten den Hund nicht einmal an.

Nach fünf Minuten war alles vorbei und die junge Frau meinte: »Wir überlegen es uns noch und rufen sie dann an.« Ich war froh, als die drei wieder abmarschierten, denn die sollten unseren Bärli nicht bekommen. Sie haben sich auch nie wieder gemeldet.

Am nächsten Tag war Bärli's Bild in der Zeitung. Abends rief mich Frau V. an und teilt mir mit, dass sich ein älteres Ehepaar für

Bärli interessiert hätte. Wir machten für den nächsten Tag einen Termin aus und trafen uns im Tierschutzbüro. Das Ehepaar war ganz angetan von Bärli und schlug vor, dass ich mit zu ihnen nach Hause fahren sollte, um den neuen Wirkungskreis von Bärli kennenzulernen. Für die Frau war es Liebe auf den ersten Blick und es war klar, dass sie Bärli bekommen würden.

Dort angekommen, empfing uns der Herr des Hauses, ein zweiter Pudel. Beide Hunde begrüßten sich freundlich, als wenn sie sich schon kennen würden. Bärli hatte einen *Sechser im Lotto*. Dieser Platz war das Beste, was ihm im Leben passieren konnte. Die Eheleuten waren genau die richtigen Menschen für den Hund. Sie waren Pudelkenner und hatten als Vorgänger schon einen Harlekinpudel. Beide waren total glücklich über ihren Neuzuwachs. Bärli inspizierte die sehr große Wohnung, die wie ein Puppenhaus hergerichtet war. Er bekam genau wie der andere Pudel ein Kissen auf der sehr breiten Fensterbank, von wo aus sie alles beobachten konnten, was sich draußen abspielte. Überall lagen Kissen und Decken, auf die sich die Hunde legen konnten. Ein Platz an der Sonne war auch auf der Terrasse und im Wintergarten. Wir tauschten noch einige Hundeerfahrungen aus, ich machte sie auch darauf aufmerksam, dass Bärli noch nicht verkehrssicher sei und, wenn er Gelegenheit hätte, davonlaufen würde. Das Gartentor sollte die erste Zeit immer geschlossen sein.

Nun hieß es Abschied nehmen – es fiel mir nicht leicht. Im Hinblick auf seine neue Familie war ich aber sehr zufrieden und das machte das Ganze erträglich. Meine Mission war erfüllt und ich hinterließ ein glückliches Ehepaar und einen nicht so glücklichen Bärli – da er mit mir gehen wollte – aber das änderte sich nach kurzer Zeit.

Bald hatte er sich aber bestens eingelebt, einen Hundekurs mitgemacht und war ein glücklicher kleiner Racker. Ich habe ihn allerdings seither nicht mehr gesehen, das wollte ich nicht. Seine neue Besitzerin rief mich aber des Öfteren an und berichtet mir, was alles geboten war.

Als Sillina, meine Enkelin, von der Schule kam und der Hund nicht mehr da war, war sie sehr traurig und machte Opa Vorwürfe, dass es seine Schuld sei, dass der Hund weg musste. Noch Wochen danach bekam sie feuchte Augen, wenn die Rede auf Bärli kam. Letztlich fand sie es dann aber auch super, dass er so einen guten Platz bekommen hatte.

Als Tierschützerin wird man zu allen möglichen und unmöglichen Zeiten angerufen, wenn Menschen ihre Tierliebe ausleben wollen. So auch bei mir. Eine Frau rief mich ziemlich spät am Abend an, bei ihr unter der Garage hätte eine Katze drei Junge. Auf meine Frage, was ich denn machen solle, kam die Antwort, sie füttere ab und zu die Mutter, die Jungen solle ich aber einfangen und wegbringen.

Am nächsten Morgen besah ich mir den *Tatort* und stellte fest, dass es schlimm war. Die Kätzin war eine Wildkatze, die beim leisesten Anschleichen schon weglief. Die Jungen hausten buchstäblich unter der Garage auf Beton und waren noch scheuer als die Mutter. Da es noch Winter war, der Boden teilweise noch gefroren, war es sehr kalt. Ich sah ein, dass die Kätzchen wegmussten. Sie waren noch sehr klein und tranken noch bei der Mutter. Zuerst mussten sie sich an mich gewöhnen. Ich stellte eine Falle auf, entschärfte sie und fütterte jeden Tag die Katzen darin. Da das Futter jeden Tag weg war, merkte ich, dass sie in die Falle gingen. Nach ungefähr acht Tagen war alles vorbei. Das Futter war noch da, die Kätzin mit ihren Jungen aber weg. Katzen sind schlau. Die Mutter hatte bemerkt, was da vor sich ging, und ihre Jungen verschleppt. Ich verständigte die besagte Dame und kündigte meinen Rückzug an.

Nach ungefähr vier Wochen rief die Frau wieder an, die Kätzchen seien wieder unter der Garage. Nun begann das Spiel von Neuem: Ich stellte meine Falle auf und stellte fest, dass die Mutter nun nicht mehr dabei war. Die drei Kleinen waren nun alleine, deshalb waren sie wahrscheinlich auch wieder zurückgekommen. Mittlerweile waren sie schon etwas größer und vor allem viel schneller und wilder. Schon beim Anblick von mir fingen sie an zu fauchen. In solchen Situationen ist man versucht, die Flinte ins Korn zu werfen. Man denkt sich: *Ihr blöden Viecher, ich will euch helfen und ihr führt euch auf wie Minitiger.* Wenn ich die drei aber laufen lasse, sind bestimmt zwei Kätzinnen dabei, die im Frühjahr und Herbst wieder Junge bekommen. Es ist wie mit dem Reiskorn und dem Schachbrett, die Vermehrung ist unendlich. Also Geduld haben und warten.

Das Futter wurde jeden Tag angenommen und sie hielten sich fast immer unter der Garage auf. Nach 14 Tagen hatte ich sie so weit, dass sie in die Falle gingen und fraßen, wenn ich dabei war. Nun machte ich die Falle scharf, musste aber so geschickt vorgehen, dass sie mich nicht bemerkten, wenn ich die Falle auslöste. Da die Kleinen noch zu leicht waren, wurde der Mechanismus von ihnen nicht ausgelöst. Zudem mussten alle drei gleichzeitig in der Falle sein. Ich band die Glasscheibe mit einer Schnur fest, damit ich den Mechanismus auslösen konnte, wenn die Katzen drin waren. Die Schnur musste aber so lang sein, dass ich mindestens fünf Meter von der Falle entfernt diese bedienen konnte.

Am nächsten Tag kam ich extra spät zum Füttern und mit besonders gut riechendem Katzenfutter. Ich merkte schon, dass sie hungrig und neugierig waren. Ich füllte den Teller und stellte ihn ganz an die Rückseite, damit sie recht weit in die Falle gehen mussten. Es war ein Geduldspiel. Zuerst kam eine, dann die zweite, aber beim leisesten Geräusch waren sie wieder weg. Nach einer Stunde, ich wollte mein Unterfangen schon aufgeben, waren schließlich alle drei drin. Ich ließ die Schnur los und mit einem Schlag war die Falle zu. Die drei Kleinen rotierten in der Falle wie ein Ventilator, es war unglaublich.

Ich brachte ich sie nach Hause in ein Zimmer, das ich schon vorbereitet hatte, ein großer heller Raum, der nur für Katzen bestimmt war. Dort wurden alle meine Katzen heimisch gemacht.

Ich stellte die Falle hin und öffnete sie. Kaum draußen, waren sie schon verschwunden. Futter, Wasser, Katzenklo – alles war ein Katzenherz begehrt, war vorhanden, ebenso Kratzbaum und etliche Verstecke. Ich ließ sie allein, damit sie in Ruhe ihre neue Umgebung kennenlernen konnten.

Am nächsten Morgen waren die Futternäpfe leer, das Katzenklo in Gebrauch genommen, aber keine Katze zu sehen. So ging es die ersten zwei Wochen: Ich bekam keine Katze zu Gesicht. Langsam wurde es mir zu dumm und ich setzte mich ein paar Mal am Tag auf den Boden und spielte mit einem kleinen Ball. Ab und zu schaute eine unter dem Schrank hervor und versuchte, den Ball zu fangen. Sobald ich mich aber bewegte, war sie wieder verschwunden.

Ich setzte mich nun jeden Tag eine Stunde zu ihnen und langsam gewöhnten sie sich an mich. Es waren zwei Kätzinnen und ein Kater. Die beiden Mädchen nannte ich *Gisa* und *Gigi*, den Kater *Gustav*.

Der Kater wurde als Erster sehr zutraulich. Er setzte sich auf meine Knie und ließ sich streicheln. Sobald ich mich bewegte, war er aber wieder weg.

Die ganze Gewöhnungszeit dauerte ungefähr vier Monate. Eigentlich wollte ich sie schon längst freilassen. Nachdem aber keine Aussicht bestand, dass sie jemals zahm würden, wollte ich sie sterilisieren lassen, dann konnten sie machen, was sie wollten. Sie waren im Grunde noch genauso scheu wie am Anfang und ließen sich nicht einmal streicheln. Die Katzenkörbe ließ ich immer im Zimmer stehen, damit sie etwas zum Verstecken und Schlafen hatten. Es war daher ein Leichtes, sie damit zu fangen und zum Tierarzt zu bringen.

Die Fahrt zum Tierarzt war für sie sehr stressig. Sie schrien, miauten und knurrten in den Körben. Ich hatte schon Angst, dass sie eventuell rauskämen, das wäre das Ende gewesen, einfangen können hätte ich sie dann nicht mehr. Es ging aber alles gut, und in der Praxis angekommen, verhielten sie sich sehr ruhig. Ich wurde nicht gebraucht und konnte sie nachmittags wieder abholen.

Als ich sie abholte, waren sie zwar wach, aber noch etwas benommen. Ich stellte die Körbe in ihr Zimmer und machte die Klappe auf. Die Zimmertür ließ ich noch zwei Tage geschlossen, damit sie sich von ihrer Operation erholen konnten. Am dritten Tag öffnete ich die Tür. Es war lustig zu sehen, wie neugierig und teilweise ängstlich sie aus dem Zimmer schlichen. Sobald sich im Hause etwas bewegte, flüchteten sie in ihr vertrautes Zimmer.

Da wir unten im Haus Katzenklappen hatten, konnten unsere Katzen ungehindert in die Wohnräume und nach außen. Die erste Begegnung mit den anderen Katzen lief glimpflich ab, es wurde nur kurz gefaucht und dann die Kurve gekratzt. Bei den Hunden liefen sie allerdings zur Höchstform auf, denn sie waren plötzlich doppelt so groß, das Fell war gesträubt und jede von ihnen hatte einen riesigen Buckel. Da die Hunde aber keine Reaktion zeigten – sie waren Katzen gewöhnt – war die ganze Situation nur eine momentane Angelegenheit.

Insgeheim hatte ich geglaubt, dass die drei eventuell wieder verwildern würden, sobald sie ihre Freiheit hatten. Die Kätzinnen waren auch noch sehr lange scheu. Der Kater wurde aber zusehens zahmer. Beim Fernsehen setzte er sich auf meinen Schoß und entwickelte sich zu einem richtigen Schmusekater. Eines Tages kam er nach Hause und ich stellte fest, dass er humpelte. Bei genauerer Betrachtung merkte ich, dass der Schwanz verletzt und das Fell beschädigt waren. Es sah aus, als ob er in einer Tür eingeklemmt gewesen wäre und sich dann rausgezogen hätte. Es waren zwar keine lebensbedrohlichen Verletzungen, aber es war etwas mit ihm passiert. Er fraß aber und war genauso verschmust wie immer. Die Wunde am Schwanz verheilt, und er konnte auch wieder normal gehen.

Nach ein paar Wochen merkte ich aber, dass Gustav immer dünner wurde. Er fraß zwar, aber er hatte sich verändert. Er ging nicht mehr mit seinen Geschwistern raus und spielte auch nicht mehr mit ihnen. Als ich zum Tierarzt ging – ich ahnte schon etwas – wurde mein Verdacht bestätigt: Gustav hatte Katzen-AIDS. Auf meine Frage, wieso und warum und ob die Geschwister auch diese Krankheit haben könnten, sagte mir die Ärztin, dass viele Katzen den Virus in sich hätten, die Krankheit aber nicht zum Ausbruch kämme. Durch Stresssituationen könne die Krankheit aber ausbrechen. Für Gustav war sein Unfall mit Sicherheit Stress und somit der Auslöser. Mit Gustav verlor ich eine meiner liebsten und nettesten Katzen.

Mittlerweile waren Gigi und Gisa wie ihr Bruder: zwei liebenswerte, verschmuste, zärtliche und verspielte Katzen. Die anfängliche Mühe hatte sich gelohnt und ich war froh, dass ich sie hatte. Ich hoffte, dass sie das Los ihres Bruders nicht teilen müssten.

Eigentlich hatte ich nicht vorgehabt, die drei Kleinen zu behalten. Es wurde mir aber bald klar, dass so wilde Katzen unvermittelbar waren. Als sie dann zahm waren, konnte ich mich nicht mehr von ihnen trennen. Zudem möchte ich behaupten, dass es kaum etwas Schöneres und Netteres gibt, als kleinen Katzen beim Spielen zuzusehen. Es gibt kein Tier, das so geschmeidig, akrobatisch und lustig spielt. Darum sollte man nie eine Katze alleine halten; sie brauchen zwar den Menschen zum Schmusen, spielen aber am liebsten mit ihren Artgenossen.

Seit einiger Zeit hatte Rasky Probleme mit dem Schnaufen. Er war zwar noch nicht alt, etwa elf Jahre, aber ich kannte seine Vorgeschichte ja nicht. Er bekam seit einiger Zeit Herztabletten, die aber fast keine Wirkung mehr hatten. Immer öfter legte er sich vor Erschöpfung beim Spazierengehen nieder, obwohl wir nur ganz langsam gingen. Er freut sich zwar, wenn er merkte, dass wir Gassi gehen wollten, und trabte vor Freude mit, aber man merkte, dass es für ihn eine Plage war. Abends hustete er, als ob er etwas verschluckt hätte. Wenn ich beim Fernsehen saß, stellt er sich vor mich und sah mich an, als ob er sagen wollte: *Kannst du mir denn nicht helfen?*

Daher hatte ich mich am Wochenende entschlossen, die kommende Woche zum Tierarzt zu fahren und ihn noch einmal genauer untersuchen zu lassen. Meine Tierärztin behandelte ihn schon seit einiger Zeit und ich hatte auch volles Vertrauen zu ihr. Meine Hunde sind es gewöhnt immer gemeinsam mit dabei zu sein, also musste ich auch diesmal alle drei mitnehmen. Da die Praxis in der etwas entfernten Stadt war, machten wir unterwegs eine Pause und gingen im Wald spazieren.

Bei der Praxis angekommen, ließ ich Dago im Auto und nahm nur Plümo und Rasky mit, damit der sich nicht aufregte, weil er alleine war. Vom Parkplatz bis zur Praxis waren es etwa 30 Meter und Rasky legte sich zweimal hin, da er keine Luft mehr bekam. Bei der Untersuchung stellte die Ärztin unter anderem fest, dass er auch Wasser in der Lunge hatte. Es gab für ihn keine Alternative mehr. Nun brachte ich Plümo zum Auto. Anschließend hoben wir Rasky auf den Tisch, er bekam eine Beruhigungsspritze und schlief ganz ruhig ein. Währenddessen hielt ich ihn im Arm und sprach ganz leise mit ihm. In meinen Augen war es ein erlösender Tod.

Das Problem war nun Dago, ich wusste nicht, wie er reagieren würde. Beide Hunde waren seit ewiger Zeit zusammen und einer war ohne den anderen nicht denkbar. Auf der Rückfahrt gingen wir wieder spazieren und man merkte schon, dass sich Dago verwundert umsah und nach Rasky suchte. Wieder zu Hause lief Dago im Garten und im Haus umher und suchte Rasky.

Es dauerte eine Zeit, dann hatten die beiden verbleibenden Hunde sich an das Zweier-Team gewöhnt. Unterschiedlicher konnten sie nicht sein. Dago war groß, stattlich, weiß, hatte eine Superfigur, war sehr ruhig und nicht aus der Ruhe zu bringen. Plümo dagegen war klein, schwarz, dick (wie eine gelockte schwarze Leberwurst) und sehr aufbrausend. Plümo hatte aber einen Vorteil: Er lief nicht weg. Dago musste man dagegen immer im Auge behalten.

Jetzt, da Rasky nicht mehr da war – der hatte ihn meist gebremst, da er nicht mitlaufen wollte – versuchte Drago bei jeder Gelegenheit, in den Wald abzuhauen. Ab und zu gelang es ihm auch und dann hieß es warten. Er jagte zwar nicht, hatte aber eine gute Nase und lief einfach einer Spur nach. Ich weiß es, weil einmal im Wald fünf Meter vor uns plötzlich ein Reh stand, das genauso erschrocken war wie wir. Rasky war der Erste, der losrannte, da er aber sehr folgsam war, kam er sofort wieder zurück. Dago hingegen machte genau wie Plümo keinerlei Anstalten, auf das Reh loszugehen. Maremanos sind Hirtenhunde und somit nicht für die Jagd geeignet.

Irgendwann merkte ich, dass Dago nicht mehr der Alte war. Er war zwar noch nie der Schnellste, aber in letzter Zeit ging er zwar noch gerne Gassi, jedoch im Zeitlupentempo. Wir hatten auch nicht das Gefühl, dass er Schmerzen hatte, denn er animierte uns weiterhin zum Spazierengehen.

Dann fiel mir eines Abends auf, dass er sehr unruhig war. Im Gegensatz zu sonst, wenn er gefressen hatte – da lag er immer bei mir und schlief – ging er ununterbrochen im Zimmer hin und her. Er konnte keine Ruhe finden. Des Öfteren kam er zu mir und sah mich fragend an, als ob ich ihm helfen sollte. Sein Verhalten war mir ein Rätsel und ich wusste es nicht zu deuten. Ich versuchte, ihm gut zuzureden und streichelte ihn, was aber alles nichts half, er hatte eine innere Unruhe.

Am nächsten Tag merkte ich, dass im Garten überall hingekotzt worden war. Im Sommer stand bei uns die Haustüre ja immer offen, damit die Hunde raus konnten. An diesem Tag fraß er fast nichts, ging aber nach wie vor gerne mit spazieren. Am Abend war er dann wie immer, er lag bei mir und schlief ganz ruhig.

Als mein Mann am nächsten Morgen ins Wohnzimmer kam, machte Drago keinerlei Anstalten, mit ihm spazieren gehen zu wollen. Er stand nur auf und legte sich in den Garten. Das war sein letzter Gang, ab da stand er nicht mehr auf. Auch als ich kam und ihn animierte, war keinerlei Reaktion da. Wir hoben ihn dann ins Auto, was er sich problemlos gefallen ließ, und ich fuhr zu meiner Tierärztin. Dort trugen wir ihn in die Praxis und er wurde untersucht. Die Ärztin tastete ihn überall ab und meinte, einen Tumor festzustellen. Ausschlaggebend war aber, dass er nicht mehr stehen und gehen konnte. Das war leider sein Ende. Dago war etwa zwölf Jahre alt, für seine Größe ein gutes Alter. Ich setzte mich wie immer zu ihm auf den Boden, nahm seinen Kopf in den Arm und er blieb ganz ruhig liegen und schlief auf die Spritze hin ein. Ein humaner und ruhiger Tod.

Nun waren meine beiden Italiener tot, nach fast sechs Jahren. Wir hatten eine schöne Zeit mit ihnen. Mit Sicherheit werden wir uns wieder arme Hunde aus einem Tierheim holen.

Wir fuhren nach Italien zu Davides Taufe. Davide war Michaelas kleiner Sohn. Am Nachmittag hatte ich Plümo zu Christines Schwiegervater nach Dachau gebracht, da ich ihm die lange Fahrt bei dieser Hitze nicht zumuten wollte. Er hatte es dort sehr schön, war mit dem alten Herrn alleine und mochte ihn sehr gerne. Als ich mich von ihm verabschiedete, machte er keinerlei Anstalten, mit mir zu gehen. Die Fahrt verlief problemlos und wir kamen spät nachts an.

Wir waren zu dem Entschluss gekommen, dass Michaela, Christine und mein Mann ohne mich in ein Tierheim gehen und die Hunde aussuchen sollten. Mein Mann wollte wieder einen Maremano und bei dem anderen war die Rasse egal. Die Hunde mussten allerdings drei Eigenschaften haben: Sie mussten kinderlieb sein und sich mit Katzen und Hunden vertragen. Wir erkundigten uns, wo das nächste Tierheim war, und die ganze Mannschaft, einschließlich Sillina, der Tochter von Christine, und Laura, der Tochter von Michaela, fuhren hin, und zwar nach Imola. Wir konnten die Hunde zwar nicht gleich mitnehmen, da das Auto dafür nicht geeignet war, wollten sie aber ein paar Tage später mit meinem Auto abholen. Es ging nur darum, schon mal die Kandidaten auszusuchen und zu wissen, was für uns in Frage käme. Die Kinder hatten auch eine Kamera dabei, um mir zu zeigen, wer eventuell unsere nächsten Hausgenossen wären.

Voller Ungeduld wartete ich auf meine Familie. Endlich kamen sie, alle mit langen Gesichtern und sehr enttäuscht. Im Tierheim hatte man ihnen die Auskunft erteilt, dass sie keine Hunde ins Ausland abgeben dürften. Jeder Platz musste überprüft werden und dies war in diesem Falle nicht möglich. Es waren die gleichen Auflagen wie bei uns in Deutschland. In diesem Tierheim waren über 200 Hunde und wir bekamen keinen. Selbst als Michaela angab, in der Nähe zu wohnen, und ich beim Tierschutzverein in meiner Heimatgemeinde sei, hatten wir keine Chance.

Im Nachhinein erklärte mir Michaela die Situation: Die Region, in der das Tierheim war, war die reichste in Italien. Das soziale Netz war ausgesprochen gut, alte Leute wurden kostenlos gepflegt, die ärztliche Versorgung war ebenfalls kostenlos. Somit wurden die Tierheime auch vom Staat gefördert und es musste über jedes Tier ein Nachweis erbracht werden, wenn es vermittelt wurde. Nach Jahren erfuhr ich durch die Tierschutzorganisation *Pro Animals*, dass das Tierheim drei Euro am Tag pro Hund bekam

Am nächsten Tag war die Taufe. Davide hatte einen Matrosenanzug an und sah süß aus. Mit ihm wurden noch ungefähr 15 andere Babys getauft. Die ganze Kirche war voll und die Messe wurde sehr schön, aber locker gehalten. Die Kinder waren verhältnismäßig ruhig und brav und nach einer Stunde war alles vorbei. Anschließend fuhren wir, einschließlich des Taufpaten, zum Essen. Etwas außerhalb, in den Bergen, lag ein kleines malerisches Dörfchen, dort hatte Michaela ein Lokal für uns reserviert. Ich liebe die Toskana, man kann hinfahren, wo man will, jedes noch so kleine Lokal hat seinen Reiz. Das Ambiente ist unvergleichlich. Der ganze Tag war wie ein Märchen. Morgens die festliche Taufe, feierlich, aber nicht übertrieben, Mittags ein wunderschönes altes Lokal mit hervorragenden selbst gemachten Speisen, wunderschönes Wetter und in der Familie eine gute Stimmung. – Alles paßte.

Wir blieben noch ein paar Tage, machten Ausflüge in die nähere Umgebung und fuhren dann nach Hause. Ich wollte Plümo so schnell wie möglich wieder abholen.

Am nächsten Tag brachte der Schwiegervater unseren Plümo zurück und er freute sich sehr, als er uns sah und wieder zu Hause war. Es ging ihm aber anscheinend während unserer Abwesenheit gut, denn er schwänzelte andauernd um sein *Ersatzherrchen* herum.

Am Montag rief ich dann im Tierheim der nächstgrößeren Stadt an und erklärte dem dortigen Chef, den ich gut kannte, die Situa-

tion. Auf meine Erläuterungen, was ich mir vorstellte beziehungsweise wie die Hunde sein sollten, sagte er sofort. »Ich habe was für
Sie, und zwar einen Bernhardiner und eine kleine Schäferhündin.«

Wir machten einen Termin aus und so fuhr ich am nächsten Tag
mit Plümo – der hatte auch etwas zu sagen – ins Tierheim. Nun
muss ich dazu sagen, dass dieses Tierheim in meinen Augen eines
der best geführtesten Heime überhaupt war. Dort ging es vielen
Hunden besser als in Privathand. Der Leiter war für mich einer der
besten Hundekenner und Vermittler. Außerdem war das Tierheim
optimal gelegen und auch von der inneren Struktur sehr großzügig
angelegt. Die problemlosen Hunde durften fast alle frei laufen.

Dort angekommen, zeigte mir der Leiter meine Kandidaten. Die
Schäferhündin lief frei umher, der Bernhardiner war in einem großen Gehege in einem Rudel mit größeren Hunden. Er ließ den
Bernhardiner aus dem Gehege und wir machten mit den drei Hunden einen Spaziergang. Plümo war – wie immer – momentan interessiert an der Schäferhündin, beschnupperte sie kurz, zeigte aber
keinerlei Regung. Der Bernhardiner war ihm zu groß für eine nähere Untersuchung. Da alles glatt verlief, kamen wir zu dem Entschluss, dass der Heimleiter uns abends die Hunde bringen wollte.
Es war Hochsommer und sehr heiß, darum wollte er mit dem
Transport bis abends warten.

Zurück zu Hause erzählte ich meinem Mann von unseren neuen
Hausgenossen. Mit dem Bernhardiner war er einverstanden, den
Schäferhund wollte er aber nicht.

Pünktlich um 19:00 Uhr stand der Tierschutz-Wagen vor unserem
Haus. Mein Mann hatte sich wohlweislich verzogen. Der Leiter und
ein Helfer standen mit den beiden Hunden vor dem Garten. Ich öffnete das Tor und ließ sie herein. Plümo bellte wie verrückt, als er die
beiden Hunde sah. Die beiden zeigten aber keinerlei Angstgefühle
und auch sonst keine Reaktion. Im Garten ließ der Leiter sie dann

von der Leine und der Bernhardiner sprang herum wie ein Kalb. Jetzt fiel mir erst auf, wie riesig er war. Die Größe war schon gewöhnungsbedürftig – insgeheim dachte ich, es stünde eine Kuh im Garten. Die Schäferhündin fiel gar nicht auf, da sie sehr ruhig war.

Die Hunde beruhigten sich nach einiger Zeit, als sie alles beschnüffelt hatten. Ballou, so hieß der Bernhardiner, war fertig mit der Welt, er seiberte still vor sich hin und legte seinen riesigen Kopf in meinen Schoß. Da ich ja früher schon Boxer hatte, war mir die Seiberei bekannt, aber das waren ganze Ergüsse, die er von sich gab. Ich war nass, als ob mir jemand eine Schüssel mit Wasser in den Schoss geschüttet hätte. Der Leiter bemerkte meinen Ekel, lachte nur und meinte, daran müsse ich mich gewöhnen. Zur Vorgeschichte des Bernhardiners wusste er nur, dass er von einem Bauernhof kam und etwa fünf Jahre alt war.

Am Ende unserer Verhandlungen kam mein Mann doch noch dazu und Ballou gefiel ihm. Wir kamen dann überein, den Bernhardiner zu nehmen, die Schäferhündin aber nicht. Ich denke auch, dass für sie bestimmt leichter ein Platz gefunden werden konnte, als für Ballou. Ich hätte sie gerne genommen, da sie ein lieber unaufdringlicher Hund war, musste aber die Entscheidung meines Mannes akzeptieren. Meine Überlegung war auch, dass, wenn ich die anderen Hunde von Christine und Michaela da hätte und mit fünf Hunden, davon einer riesig, einer groß, einer mittelgroß und zwei eher klein, spazierengehen würde, hätte ich bald die ganze Nachbarschaft gegen mich.

Nachdem wir den Abgabevertrag über Ballou gemacht hatten, verabschiedeten wir uns, die beiden Männer nahmen den Schäferhund wieder an die Leine und Ballou legte sich vor die Haustür, als ob er sagen wollt: *Ich bleibe hier.*

Bevor ich ihn fütterte, gingen wir noch eine kleine Runde spazieren. Man konnte ihn gut an der Leine führen.

Nachdem die Hunde gefüttert waren, ging ich ins Haus zum Fernsehen. Da die Haustür immer offen stand, konnten sie rein oder raus. Plümo war immer im Haus. Ballou kam kurz rein, sah sich um, schnupperte alles an, kam zu mir, als ob er sagen wollte *Ich leg mich lieber draußen hin* und ging raus. Ich hatte ihm unter dem Carport ein Lager gemacht, das er auch benutzte. Er legte sich zufrieden hin und schlief, fühlte sich zu Hause.

Als die ersten Katzen kamen und das Ungeheuer sahen, ergriffen sie schleunigst die Flucht. Ballou reagierte auf die Katzen aber überhaupt nicht, da er sie anscheinend gewohnt war.

Nach drei Wochen hatte sich Ballou bestens eingelebt. Keine Katze hatte mehr Angst vor ihm, er folgte sehr gut, war wachsam und die Kinder konnten mit ihm spielen. Ab und zu, wenn er seine Anfälle hatte, sprang er umher wie ein Fohlen und nichts war vor ihm sicher. Ich konnte nur noch in Deckung gehen, denn er rannt dann alles um, fast so, wie damals mit dem Boxer Astor, bei dem man sich bei Ausbruch seines Temperaments ebenfalls in Sicherheit bringen musste. Ballous Seiberei war sehr unangenehm und mein Verbrauch an Küchentüchern stieg enorm – ohne Handtuch war ich nicht unterwegs. Natürlich fraß er mir die Haare vom Kopf – Gott sei Dank hatte ich noch viele.

Ansonsten war ich mit meiner Wahl sehr zufrieden. Er hatte in seiner Art doch sehr viel Ähnlichkeit mit Dago und war ein sehr liebenswerter und braver Genosse. Das Einzige, was mich an ihm störte, war seine *schweinische Art*. Er fraß wie ein Schwein, suhlte sich in den größten Drecklachen wie ein Schwein und stank teilweise auch. Er wurde nur draußen gefüttert und es sah jedes Mal aus wie auf einem Schlachtfeld, er selbst beschmutzte sich dabei ebenfalls extrem.

Da er sehr dichtes Fell hatte und im Sommer auch schwitzte, entschloss ich mich, ihn zu scheren. Ich erzählte dies meiner Tierärztin. Die meinte zwar, sie hätte noch nie einen Bernhardiner geschoren, aber man könne es ja mal probieren. Schaden konnte es auf keinen Fall. So bestellte sie mir eine Schermaschine, die für diese Art von Fell geeignet war. Sie war zwar sehr teuer, aber ich habe den Kauf nie bereut. Die erste Rasur dauerte fast den ganzen Tag. Ich musste ab und zu eine Pause einlegen, denn für Ballou war es schon etwas anstrengend, stundenlang ruhig dazuliegen und sich rasieren zu lassen. Es war ein Riesenberg Wolle, der sich da ansammelte. Es hatte sich aber gelohnt: Ballou sah aus wie ein Riesenbaby, einfach zum Knuddeln. Er selbst fühlte sich anscheinend auch sehr wohl. Er sah richtig sauber und gepflegt aus. Anschließend bekam er wieder seine Anfälle und stürmte im Garten umher. Es fehlte nur noch, dass er einen Purzelbaum schlug, sonst war alles mit dabei.

Nun wurde er im Frühjahr und Sommer immer geschoren. Für ihn war das kein Problem, er legte sich dann hin und ließ alles über sich ergehen. Inzwischen dauerte es auch nicht mehr so lange und wir waren in ein paar Stunden fertig. Die Wolle, die er verlor, sammelte ich in drei riesigen Plastiktüten, in der Hoffnung, irgendetwas daraus zu machen. Es war eine schöne Wolle, rotbraun-weißschwarz.

Durch Zufall traf ich auf bei einer Veranstaltung eine Strickerin, die wunderschöne Handarbeiten ausgestellt hatte. Ihre Produkte waren aus den unterschiedlichsten Materialien und Wollsorten. Ich unterhielt mich mit ihr und fragte sie, ob man nicht auch Hundehaare verspinnen könnte. Sie meinte, das wäre kein Problem, man müsste die Wolle nur entsprechend lange waschen. Ein Spinnrad wäre leicht zu bekommen. Ich bedankte mich für ihren Rat und hatte insgeheim schon Pläne, was ich aus Ballous Wolle stricken wollte.

Am nächsten Morgen traf ich meine Freundin und erzählte ihr die Geschichte. Sie zauderte zwar etwas, als sie hörte, was ich machen wollte – Hundejacke –, aber egal. Sie hatte andere Bekannte, die einen Bobtail hatten und dessen Wolle ebenfalls verarbeiteten. Mehr wusste sie auch nicht darüber, gab mit aber die Adresse. Ich verabredete mich mit diesem Ehepaar und fragte nach ihren Erfahrungen mit der Verarbeitung von Hundehaaren. Beide lachten und amüsierten sich sehr. Sie hatten einen Herrenjanker gestrickt, sehr schön, sehr warm und sehr edel. Sobald dieses Teil aber nass oder feucht wurde, stank man genauso wie ein Hund, wenn er im Regen nass wird. Es war nicht auszuhalten. Selbst mit chemischen Mitteln war dem Gestank nicht beizukommen. Was half der schönste Pullover, wenn man damit nicht unter die Leute gehen konnte. So ließ ich meine Pläne fallen und entsorgte Ballous schöne Wolle.

Wie sich im Laufe der Zeit herausstellte, hatte Ballou eine *Supernase*. Er spürte jedes Wild auf. Im Wald konnte man ihn nicht frei laufen lassen, denn er war sofort weg. Meinem Mann folgte er zwar sehr gut, aber hin und wieder entkam er auch ihm. Er ging sehr raffiniert vor, wenn er abhauen wollte. So konnte er stundenlang ohne Leine neben einem her laufen, aber plötzlich roch er etwas, gab Gas und war weg. Es passierte zwar nicht sehr oft, aber so ein-, zweimal im Monat hatte er seine Anfälle und lief davon. Was mich an ihm am meisten faszinierte: Egal wo wir waren, er fand immer wieder nach Hause zurück, obwohl wir ja meist mit dem Auto irgendwohin fuhren und er den Weg nicht kannte.

Mir sind noch zwei Situationen in Erinnerung, in denen ich Blut und Wasser geschwitzt hatte.

Einmal war die ganze Familie einschließlich Hunden in der Nähe von Hohenwart beim Schwammerln suchen. Es war ein heißer Herbsttag und im Wald war es angenehm kühl. Wir fanden auch Pilze, mussten dazu aber auch ins Unterholz kriechen. Da ich Ballou an der Leine hatte, war es etwas beschwerlich, da er sich dauernd zwischen den Bäumen verhedderte. Kurz entschlossen leinte ich ihn ab und mein Mann nahm ihn unter seine Fittiche, Ballou ging schön brav neben ihm her. Nach einer Stunde hatten wir genug Pilze und gingen wieder in Richtung Auto. Ballou ging immer noch schön brav neben meinem Mann. Beim Auto angekommen, begutachteten wir unsere Ausbeute, beratschlagten, ob wir noch zum Brotzeitmachen irgendwohin fahren wollten und beim Einsteigen war Ballou dann verschwunden. Binnen weniger Minuten. Wir liefen in alle Himmelsrichtungen, riefen, pfiffen, aber kein Hund da. Anschließend fuhren wir die Waldwege ab, hielten auch, um zu lauschen, ob nicht irgendwo ein Geräusch war – nichts. Nach einiger Zeit gaben wir die Suche auf, und fuhren nach Hause.

Immer wenn Ballou abgängig war, verständigte ich die Polizei und den Tierschutzverein. Ich war schon überall bekannt wie ein bunter Hund – ebenso Ballou. Ballou war überhaupt stadtbekannt, da er zur damaligen Zeit der einzige Bernhardiner in der Gegend war.

Am nächsten Tag rief mich ein Mann an, er hätte Ballou an der B 300 in der Nähe von Waidhofen aufgegriffen. Ballou trug eine Plakette am Halsband mit Namen, Adresse und Telefonnummer. Wir waren überglücklich und ich machte mich sofort auf den Weg, um ihn zu holen. Wie sich herausstellte, war besagter Mann Hundeführer bei der Polizei und auch Hundeausbilder. Deshalb hatte er auch keine Angst und konnte Ballou einfangen. Ballou lag ganz gelöst und brav – wie immer – im Hausgang. Er freute sich zwar, als er mich sah, hatte aber keinerlei schlechtes Gewissen. Meine Wut war inzwischen auch verraucht und ich war nur froh, dass ich ihn wiederhatte. Ich bedankte mich, übergab noch ein kleines Präsent für die Mühe und fuhr mit meinem Ausreißer in Richtung Heimat. Was hatten wir wieder einmal Glück gehabt. Die B 300 ist eine der verkehrsreichsten Straßen in unserem Landkreis. Da es Samstag Abend war, gab es – Gott sei Dank – keinen Berufsverkehr mehr.

Das andere Mal waren wir in der Gegend von Geroldsbach. Ich war mit den Kindern und den Hunden an einem kleinen Weiher beim Baden. Es war ein schöner warmer Nachmittag und alles war in bester Ordnung. Wir hatten unseren Spaß im Wasser. Ballou ging auch gerne ins Wasser, aber nur bis zu den Knien, dann legte er sich ganz rein. Als wir aus dem Wasser kamen, spielten wir Federball und liefen auf der Wiese herum. Die Hunde tollten mit uns durchs Gras. Plötzlich hatte Ballou eine Spur, gab Gas und war binnen Sekunden weg. Sämtliches Schreien und Pfeifen half nichts – wie gehabt. Da um uns nur Felder und Wiesen waren, konnten wir genau beobachten, wo er hinlief. In der Nähe waren einige Bauernhöfe, die ihre Kühe alle auf der Weide hatten. Er lief auf die Weiden, ging aber nicht zu den Kühen, es war eine andere Spur, die er verfolgte. Ich denke, es war ein Hase oder Reh, da er Zick-Zack lief. Als die Kühe ihn sahen, stutzten sie erst, um ihm dann gemeinsam nach zu galoppieren. Es sah richtig lustig aus. Wieder einmal konnten wir nichts machen. Wir warteten eine Weile und fuhren dann die Bauernhöfe ab, um nachzufragen, ob ein Bernhardiner aufgetaucht sei, und hinterließen unsere Telefonnummer falls sie ihn sahen.

Zu Hause angekommen wieder das gleiche Spiel: Polizei und Tierschutzverein.

Am nächsten Morgen rief die Polizei an. Ich weiß noch heute, was der Beamte sagte: »Frau Schweiger, ihr Hund Ballou ist auf dem Heimweg, wir haben ihn gerade gesichtet. Er wird gleich zu Hause sein.« Super. Also brauche ich mich nicht auf den Weg zu machen, da er ja sowieso gleich kommen würde. Nach zehn Minuten wurde ich unruhig, da er schon längst hätte da sein müssen, und setze mich aufs Fahrrad, um ihn zu suchen. Ich traute meinen Augen nicht. Gleich hinter unserem Haus um die Ecke lag Ballou mitten auf der Straße und schlief. Als ich ihn weckte, schaute er mich kurz an, wedelte einmal mit dem Schwanz und wollte sich wieder hinlegen. Mit einiger Mühe brachte ich ihn hoch und nach Hause. Anscheinend war er die ganze Nacht auf den Beinen gewesen, denn an diesem Tag konnte ich ihn fürs Gassigehen nicht mehr begeistern. Ebenso verweigerte er sein Futter.

Grundsätzlich fand ich seine Ausreißerei sehr unangenehm und mit Stress verbunden, doch hatte ich eine gewisse Beruhigung, dass er mit Sicherheit keinem Tier etwas zuleidetat. Er war für Rehe und Hasen viel zu langsam, hatte keine Ausdauer und konnte auch nicht zubeißen. Einmal beobachtete ich ihn, als er an der Ilm wieder eine Spur hatte, die in einem größeren Loch endete. Er buddelte und buddelte, bis plötzlich ein kleiner Bisam vor ihm lag, Ballou war genauso erschrocken wie der Bisam, beschnupperte ihn und sah dann zu, wie der Bisam ganz gemächlich ins Wasser ging.

In diesem Jahr hatten wir ein recht verregnetes Frühjahr. Ich ging mit den Hunden in einer meiner Lieblingsgegenden spazieren, auf der einen Seite war Wald, auf der anderen Seite riesige Maisfelder. Ich wusste, dass dort viele Rehe waren, und hatte Ballou meist an der Leine. An diesem Tag regnete es beziehungsweise hatte es schon die ganze Woche geregnet und überall war Hochwasser. Ballou lief frei herum. Plötzlich nahm er Witterung auf und war im Maisfeld. Auf mein Schreien kam er wieder zurück und hatte zu meinem Schreck ein kleines Kitz im Maul. Bei näherer Betrachtung merkte ich aber, dass das Tier schon länger tot war, denn es war eiskalt. Ich nahm an, dass es an Unterkühlung gestorben war. Da auch keine Geiß vor Ballou davon gelaufen war – was in diesem Falle eigentlich normal gewesen wäre – war das tote Kitz anscheinend schon zurückgelassen worden. Er hatte es zwar gewittert, aber umgebracht hatte er es nicht. Ich nahm ihm das Kitz ab, was er sich ohne Weiteres gefallen ließ, und legte es auf einen Holzstock.

Eines Tages rief meine Freundin an, dass ein Herzenswunsch von mir in Erfüllung gegangen sei. Ich konnte es nicht fassen.

Vor drei Monate ging im Tierschutzverein eine Meldung über eine sehr schlechte Tierhaltung ein. Da ich für solche Fälle zuständig war, fuhr ich umgehend mit meinem Schwiegersohn Norbert dorthin. Am Ziel angekommen, fanden wir einen sehr ordentlichen und sauberen Bauernhof mit angemessenem Hundezwinger vor, in dem sich auch ein Hund mittlerer Größe befand. Vor der Haustür stand eine ältere Frau, der wir uns vorstellten, dass wir vom Tierschutzverein kämen und die Hundehaltung überprüfen wollten. Wir hatten nicht mal ausgesprochen, da fing sie an zu schreien und beschimpfte uns aufs Übelste. Wir wussten gar nicht, um was es überhaupt ging. In diesem Moment kam ihr Mann aus dem Stall. Er war zwar auch etwas aggressiv, aber man konnte mit ihm reden.

Als wir näher zum Stall gingen, sahen wir eine kleine Hundehütte. Auf meine Frage, was in der Hütte sei, ging er hin und zog an der Eisenkette einen kleinen Hund hervor. Norbert und ich waren ihm ersten Moment sprachlos. Es war Februar, also sehr kalt. In der Hütte waren weder Stroh noch eine Decke. Der kleine Hund humpelte mit seiner Kette – die schwerer war als er – einen Meter vor uns her, setzte sich hin, machte sein kleines Geschäft und schlich wieder in die Hütte. Auf unseren Vorwurf, dass dies Tierquälerei im höchsten Grad sei, meinte der Mann: »Der ist schon fünfzehn Jahre an der Kette und lebt immer noch.« Wir baten ihn, doch wenigstens eine Decke oder Stroh in die Hütte zu legen, damit der Hund nicht auf dem blanken Boden liegen musste, doch dazu sagte er nur, dann läge das Stroh im ganzen Hof herum und das ginge nicht. Auch auf den Vorschlag, eine Leine statt der Kette anzubringen, ging er überhaupt nicht ein. Er meinte nur, wir sollten uns um etwas anderes kümmern, zum Beispiel um das neue Tierseuchengesetz, da er Zebus habe, die im Zuge von BSE auch geimpft und dafür jedes Mal dazu narkotisiert werden müssten. Letztes Mal sei ein Zebu früher aus der Narkose aufgewacht und habe ihn umgerannt. Meine Reaktion war eigentlich sehr logisch: »Halten sie sich ganz normale Rinder, die müssen nicht narkotisiert werden, somit werden sie auch nicht umgerannt.« Kurz und gut, es war kein Übereinkommen mit diesen Leuten zu erzielen. Wir zogen unverrichteter Dinge wieder ab.

Zu Hause angekommen rief ich sofort meine Freundin an und erzählte ihr die furchtbare Geschichte von diesem armen kleinen Hund. Sie war ein sehr besonnener ruhiger Mensch, ganz im Gegensatz zu mir, und ich bat sie, es noch einmal im Guten mit den Leuten zu probieren. Prompt fuhr sie am nächsten Tag hin, mit dem Ergebnis, dass die Bäuerin sie nur durch die Sprechanlage abfertigte und auch noch auf das Übelste beschimpfte. Meine Freundin bat sie innigst, ihr den kleinen Hund doch zu geben, da er mit Sicherheit kein Wachhund mehr sei. Aber dieser böse Mensch kannte kein Erbarmen und so musste sie ergebnislos abziehen.

Am gleichen Tag ging ich zum Veterinärarzt und schilderte den Fall. Da es sehr kalt war, machte ich es sehr dringend und bat auch darum, den Hund möglichst freizubekommen. Ich wollte ihn unbedingt haben. Seit ich diesen Fall kannte, konnte ich nicht mehr schlafen, dauernd kreiste der kleine Hund mit seiner schweren Kette, die eigentlich für einen Bernhardiner gedacht war, in meinen Gedanken.

Nach zwei Tagen meldete ich mich beim Veterinäramt und erkundigte mich. Es wurden zuerst einmal Auflagen gemacht, wie immer. Ich konnte es nicht glauben. In diesem Falle hätte jeder mutige und verantwortungsvolle Tierarzt den Hund enteignet. Aber in der Hoffnung, dass diese arme geschundene Kreatur sowieso bald das Handtuch wirft und sich somit der Fall ohne großen Aufwand von selbst erledigt, werden diese Tierquäler dann auch noch mit Samthandschuhen angefasst. Es ist ein Problem unserer Zeit, keiner hat mehr Rückgrat und Verantwortung will auch niemand übernehmen.

Nach 14 Tagen erkundigte ich mich nach den Auflagen und ob sie erfüllt wurden. Ja, sie wurden erfüllt. Stroh in der Hütte und Laufkette. Der Hund kann nicht weggenommen werden, da die Auflagen erfüllt sind. – Der Zustand des Hundes spielte anscheinend keine Rolle.

Heimlich machten wir Pläne, diesen kleinen Hund zu entführen, was aber unmöglich war, da der andere Hund am Eingang des Hofes im Zwinger war und wir somit gar nicht in das Anwesen hineinkamen. Mittlerweile redete ich mir ein, dass es ihm jetzt gut gehe, da er Stroh in der Hütte hatte und außerdem das Leben so gewohnt war.

Und nun, drei Monate später, kam diese arme kleine Hündin zu mir. Wir nannten sie Jenny. Ich konnte es nicht fassen, es war wie ein Wunder. Meine Freundin kam und erzählt mir Folgendes: Zehn Kilometer hinter der Ortschaft, in der Jenny lebte, fand man sie vor einem Bauernhof schlafend, in dem eine Tierärztin wohnte. Diese nahm den Hund mit in die Praxis und er wurde zwei Tage lang untersucht und beobachtet. Da das Tier gute Blutwerte hatte, hielt man es für unnötig, den Hund einzuschläfern. Körperlich war er zwar am Ende, hörte nichts mehr, konnte schlecht sehen, aber bei guter Haltung gaben sie ihm noch einige Zeit. Da die Ärztin wusste, dass meine Freundin im Tierschutz tätig war, meldete sie sich bei ihr. Uns allen war unbegreiflich, wie dieses Häufchen Unglück genau da hin kam, wo ihm geholfen wurde. Ein kleiner, alter Kettenhund läuft zehn Kilometer – es war wirklich ein Wunder.

Die arme kleine Jenny zitterte erst mal nur, ein Häufchen Elend. Sobald man sie aufhob, wollte sie beißen. Ich hob sie hoch und stellte sie auf den Boden. Sie ging, na ja, sie wackelt, als würde sie jeden Moment umfallen. Wir brachten sie in den Garten und setzen uns zu ihr. Sie beachtet uns gar nicht. Ballou und Plümo registrierte sie auch nicht. Meine Freundin ging wieder und ich blieb bei Jenny sitzen.

Sie lief etwa vier Stunden im Garten auf und ab, bis sie nicht mehr konnte. Mittlerweile hatte ich ihr einen Korb hergerichtet und ins Bad gestellt. Sie legte sich schließlich vollkommen fertig in ihr neues Bett. Wasser und Futter rührte sie nicht an. Ich ließ sie in Ruhe und schloss die Tür.

Am nächsten Morgen merkte ich schon, dass sie unruhig im Bad herumlief. Sie stand vor der Tür und wollte unbedingt raus. Kaum war sie draußen, ging die Lauferei schon wieder los.

Es dauert mehrere Tage, bis sie sich an ihre neue Umgebung gewöhnt hatte. Ich hatte das Gefühl, dass sie nur darauf wartete, dass das Gartentor auf war, damit sie weglaufen konnte.

Nach einer Woche ging Jenny schon alleine ins Haus. Ich war ganz happy. Nach vier Wochen merkte ich, dass Jenny ganz extrem meine beiden Rüden anmachte. Beide waren kastriert und konnten damit leider nichts anfangen. Ballou war ihr Liebling und sie bedrängt in enorm. Ich war fassungslos: Jenny war läufig! Da sie sehr aufdringlich war, biss Plümo sie in die Nase, was zur Folge hatte, dass sie nicht mehr richtig durchschnaufen konnte. Ballou gab ihr ab und zu einen Schlag mit der Pfote, der sie etwas vergrämte, aber nicht von ihrer Anmacherei abhielt. Ich versuchte, die Situation etwas zu entschärfen, indem ich Jenny separat ausführte und die beiden Jungs etwas entfernt von ihr hielt. Das Ganze dauerte zwei Wochen, dann war es vorbei. Wahrscheinlich war dieser Zustand auch der Grund, dass sie von zu Hause ausgerissen war. Ich hatte noch nie gehört, dass eine Hündin mit 15 Jahren noch läufig wird.

Nach zwei Monaten hatte sie sich sehr gut eingelebt und es ging ihr den Umständen entsprechend gut. Beim Gassigehen passte sie auf, wo wir waren. Zuerst ist sie in die falsche Richtung losgelaufen, ohne auf die beiden anderen Hunde oder mich zu achten. Ich musste sie dann überholen, aufheben und umdrehen, dann lief sie wieder in die richtige Richtung – ein Kettenhund ohne Orientierung. Bald aber lief sie ohne Leine mit uns und wusste auch, wo sie hingehörte. Autofahren mochte sie sehr gerne. Sie genoss es, wenn ich sie trug.

Als ich sie bekam, merkte ich, dass sie sehr schlechte Zähne hatte, deshalb entschloss ich mich, wenn ihr körperlicher Zustand einigermaßen stabil sei, ihr die Zähne ziehen zu lassen. Es war furchtbar. Da sie eine Vollnarkose brauchte, blieb ich solange, bis sie eingeschlafen war. Dieser kleine alte Hund hatte sich so sehr gewehrt, dass wir ihn zu zweit halten mussten. Ich hoffte sehr, dass Jenny nicht starb, da sie in ihren letzten wachen Minuten einen fürchterlichen Kampf hatte. Gott sei Dank, konnte ich sie am Nachmittag wieder abholen, wenn auch etwas lädiert, da der Ärztin etwas sehr Unangenehmes passiert war: Sie wollte ihr die Knoten aus dem Haar frisieren und dabei hatte sich die Kopfhaut gelöst, Jenny wurde skalpiert, da sie eine Pergamenthaut hatte. Sie wurde daraufhin an beiden Ohren genäht und sah nun aus wie eine Fledermaus. Das tat aber unserer Liebe keinen Abbruch und ich war froh, dass sie wieder da war. Die schlechten Zähne wurden entfernt – fast alle bis auf die Eck- und Backenzähne –, die gereinigt wurden und dann schneeweiß waren. Nach dieser Strapaze schlief sie und hatte auch keinen Hunger.

Am nächsten Tag hatte sie sich wieder einigermaßen erholt und fraß auch. Anscheinend hatte sie vorher auch Zahnschmerzen beim Fressen gehabt, denn sie fraß jetzt viel schneller. Wäre nicht die Blessur am Kopf gewesen, hätte sie richtig gut ausgesehen.

In den Ferien hatte mich Michaela nach Italien eingeladen. Sie hatten sich im Apennin ein Haus gekauft und wohnten seit acht Tagen dort. Nach reiflicher Überlegung entschloss ich mich, mit Jenny und Plümo hinzufahren. Ballou blieb bei meinem Mann zu Hause, da ich ihm die weite Fahrt ersparen wollte. Da Jenny und Plümo sehr gerne Auto fuhren und auch sonst sehr pflegeleicht waren, war Michaela einverstanden, dass ich die Hunde mitbrachte.

Die Fahrt war problemlos. Wir machten mehrmals Pause und nach sieben Stunden waren wir am Ziel. Die letzten fünf Kilometer waren allerdings etwas schwierig, da es sehr kurvig und teilweise sehr steil war, denn wir mussten auf eine Anhöhe.

Die Lage des Hauses war ein Traum. Die Einfahrt des Grundstückes war durch ein riesiges Eisentor begrenzt und man musste dann rund zwei Kilometer auf einer schmalen Straße über die Lehmberge zu dem Haus fahren. Das Haus stand ganz alleine auf einem riesigen Plateau, umgeben von Wiesen und Akazienwäldern – dem Himmel nahe. Ich sah das Objekt zum ersten Mal und hatte mich sofort verliebt. Das ganze Areal war gut 50 Hektar groß. Es war ein ehemaliger Bauernhof, eine große Scheune und Stallungen vorhanden. Das Haus selbst wurde umgebaut, sehr schön und großzügig, aber Michaela wollte die ehemalige Scheune als Wohnzimmer umbauen, dazu fehlte aber noch das nötige Kleingeld. Da es relativ hoch lag, merkte man die Hitze nicht, da immer eine leichte Brise ging.

Pongo, Michaelas Hund begrüßte uns stürmisch, doch Jenny nahm keine Notiz von ihm, da er ihr anscheinend zu klein war (er hatte ihre Größe). Nach einer Eingewöhnungszeit von ein paar Stunden fand sie sich ganz gut zurecht. Bei einem Erkundungsversuch hatte sie allerdings einen Absturz aus zwei Meter Höhe, den sie aber gut überstand, da sie in einem Gebüsch landete. Man merkte ihr aber an, dass es ihr gut ging. Sie konnte sich in die Sonne oder den Schatten legen, spazieren gehen, war nie alleine, wurde von allen liebkost und hatte vor allem ein sehr gemütliches Lager beziehungsweise Bett.

Die Tage vergingen wie im Flug und wir genossen die wunderschöne Landschaft und das herrliche Wetter. Morgens machten wir immer einen Spaziergang zu einem nahegelegenen Weiher, wo die Hunde ab und zu kurz ins Wasser gingen.

Montags war immer Bauernmarkt in Castel San Pietro und ich war ein Fan davon. Wir gingen meist erst zum Einkaufen und anschließend traf man sich in einem Straßencafé. Dieser Markt war riesig und es gab alles. Die Hunde ließen wir aber zu Hause, da es für beide Stress pur gewesen wäre.

Nach 14 Tagen fuhren wie wieder nach Hause. Dort war es auch schön und vor allem Ballou freute sich sehr, als wir kamen. Nun lief alles wieder seinen gewohnten Gang.

Ab und zu hatte Jenny Tage, an denen sie nichts fraß und auch nicht ansprechbar war. Anfangs hatte ich die Befürchtung, dass sie starb. Schließlich gewöhnte ich mich daran und ließ sie dann einfach in Ruhe. Sie lag dann viel und ging nur im Garten spazieren. Am nächsten Tag holt sie aber alles nach und fraß umso mehr.

Zusehens wurde sie aufgeschlossener ihrer Umwelt gegenüber. Mittlerweile beobachtete sie uns beim Spazierengehen und lief auch nicht mehr so planlos umher. Abends kam sie ins Wohnzimmer und legte sich zu meinen Füßen. Ich hatte das Gefühl, dass sie unser Familienleben richtig genoss, da sie immer mit dabei war.

Ende September merkte ich, dass Jenny irgendwie schwächelte. Sie gefiel mir mit ihrer Fresserei und beim Spazierengehen nicht mehr. Ich ließ sie in Ruhe und stellte ihr Futter hin, was sie aber nur sehr mäßig annahm. Insgeheim hoffte ich, dass sie vielleicht einschlafen und nicht mehr aufwachen würde, da sie zusehens schwächer wurde.

Eines Tages entdecke ich, dass sie aus dem Maul blutete. Meine Freundin und ich fuhren daraufhin mit ihr zu der Tierärztin, die sie nach ihrem Aufgriff behandelt hatte. In der Hoffnung, doch noch etwas Positives zu erfahren. Um die Ursache des Blutes festzustellen, hätte aber eine größere Untersuchung gemacht werden müssen, was ich ihr ersparen wollte. Außerdem machte die Ärztin mir auch keine Hoffnung, da ihr Zustand sehr kritisch und sie auch schon sehr alt war. Meine Freundin und ich sahen uns nur schweigend an und gaben die Zustimmung zum letzten Schritt. Wir hatten es zwar geahnt, doch gehofft, dass es noch eine andere Lösung gab. Jenny bekam erst eine Narkosespritze und führte sich wieder auf, wie beim letzten Mal. Es ist unglaublich, was dieser kleine Hund noch für eine Energie hatte. Nach ein paar Minuten war sie dann eingeschlafen und bekam die endgültige Spritze.

Wir waren beide sehr traurig, aber auch etwas erleichtert, da ja voraus zu sehen war, dass dieser kleine Hund keine allzu lange Lebensdauer mehr hatte. Ich habe alles versucht, um ihm am Schluss seines Lebens noch ein paar schöne Monate zu schenken. Ich hoffe nur, dass diese bösen Menschen, die diese kleine Kreatur so schlecht behandelt haben, ihre gerechte Strafe bekommen.

Als ich ohne Jenny nach Hause kam, schaute mich Plümo ganz fragend an. Durch ihren gemeinsamen Urlaub in Italien hatte sich eine gewisse Zusammengehörigkeit zwischen den beiden entwickelt. Als wir Jenny im Garten begruben, waren Ballou und Plümo nicht dabei. Ich denke aber, dass sie etwas bemerkten, denn ihr Geruchssinn lässt sich nicht täuschen.

Nun waren meine beiden Männer wieder alleine.

Seit Michaela in ihrem Haus wohnte, wurde ich jedes Jahr eingeladen. Es war für mich immer der schönste Urlaub. Ich konnte meine Hunde mitnehmen und die grenzenlose Freiheit genießen. Michaela hatte inzwischen auch zwei neue Hunde: Kira, eine sehr imposante Cane-Corso-Hündin, sehr lieb und folgsam, und einen wunderschönen Deutschen Schäferhund, den sich eigentlich ihre Schwiegermutter zugelegt hatte. Nach einiger Zeit stellte sie aber fest, dass sie mit dem Hund nicht umgehen konnte. Beide Hunde waren gleich alt. Der absolute Chef war aber nach wie vor Pongo. Er war auch der Einzige, der im Haus schlafen durfte. Die beiden *Draußenschläfer* hatten aber wunderschöne isolierte Hundehütten und konnten immer frei herumlaufen. Da dort oben sehr viel Wild war – Rehe, Wildschweine, Hasen, Stachelschweine – war für die Hunde immer etwas geboten. Zudem gab es in dieser Region auch die freilaufenden Rinder, die des Öfteren zum Saufen an den Weiher kamen. Das war dann für die Hunde eine Kampfansage und sie stürmen los. Am Tag war weniger geboten, das Wild kam meist in der Nacht und dann ging es mit Hurra rund.

Nun war es wieder einmal so weit. Ich packte meine Hunde Ballou und Plümo ins Auto und auf ging's nach Italien. Ballou war zum ersten Mal mit dabei. Die Fahrt verlief wie immer und dauerte, mit einigen Pausen, rund sieben Stunden. Es war Hochsommer und dementsprechend heiß. Als ich auf der Anhöhe – der Berg hieß Montecerere – bei Michaela war, ließ ich die Hunde aus dem Auto, damit sie in den Weiher gehen konnten. Ballou stieg aus, sah den Weiher und war schon im Wasser. Ich fuhr den Wagen auf den Parkplatz und ging zurück. Nach einer Weile kam Ballou aus dem Wasser, schüttelte sich, sah sich genauer um und lief dann den Berg hinunter. Ich hatte es geahnt, aber er musste seine eigenen Erfahrungen machen. Da die Berge aus Lehm bestanden, waren sie nur sehr schwer begehbar, man konnte nur auf den vorgegebenen Wegen und Straßen fahren oder gehen.

Michaela, die Kinder und die Hunde freuten sich, als sie mich sahen. Wir gingen ein Stück die Straße entlang und sahen Ballou wie einen kleinen Punkt ganz weit unten im Tal. Na ja, er hatte ja Zeit, um zu uns zu kommen. Die anderen Hunde begrüßten Plümo, Pongo kannte ihn ja schon.

So nach ungefähr zwei Stunden hatte Ballou es geschafft. Er kam buchstäblich auf *allen vieren* daher, war fix und fertig, freute sich aber, als er uns wiedersah und auch über die beiden jungen Hundedamen. Selbst die konnten ihn aber nicht davon abhalten zu schlafen, denn er war am Ende. Er legte sich hin und schnarchte wie ein Bär. Das war eine Lektion, die er so schnell nicht vergaß.

Da das Wetter wunderschön war, hatten wir vor, in den nächsten Tag nach Ravenna zum Baden zu fahren. Mein Schwiegersohn Dario blieb zu Hause, da er noch einige Termine hatte. Die Hunde blieben ebenso da, sie waren es gewohnt, des Öfteren alleine zu sein. In Ravenna besuchten wir erst die Kathedrale mit den Mosaiken, dann machten wir einen kleinen Stadtbummel, anschließend liehen wir uns Fahrräder aus, um damit die Gegend zu erkunden. Da es bis zum Strand nur knapp zehn Kilometer waren, entschlossen wir uns, hinzufahren. Die Gegend war zwar sehr flach, aber die zehn Kilometer mussten auch gefahren werden, zumal es schon Nachmittag war und der Fahrradverleih um 20:00 Uhr schloss. Wir kamen ans Meer, vergnügten uns eine Stunde im Wasser und mussten dann wieder zurückradeln. Davide fuhr voraus und er war spitze. Wenn er nicht so flott gewesen wäre, hätten wir mit Sicherheit den Termin um 20:00 Uhr nicht einhalten können.

Als wir Abends nach Hause kamen, begrüßten uns alle Hunde außer Plümo. Ich muss dazu anmerken, dass er sehr schlecht hörte, das heißt, rufen half nichts. Plümo war ein ausgesprochen treuer Hund und würde nie weglaufen. Es konnte sein, dass er uns auf der Straße entgegenkam, aber weglaufen war unmöglich. Wir suchten also die ganze Umgebung ums Haus ab, suchten im Haus, aber er war nicht da. Eines war mir klar: Freiwillig war er nicht weg, zumal er auch Beschwerden beim Gehen hatte. Bevor wir nach Italien fuhren, musste ich ihn noch ärztlich behandeln lassen, da er sehr schlecht aufstehen konnte.

Es war uns allen ein Rätsel, wo Plümo war. Dario hatte ihn noch gesehen, bevor er in die Stadt fuhr, das war vor drei Stunden gewesen. Mittlerweile war es 23:00 Uhr und dunkel. Mit Taschenlampen suchten wir in verschiedenen Richtungen die Gegend ab, aber selbst die Hunde konnten nichts ausrichten. Da Vollmond war, konnte man verhältnismäßig gut sehen. Wir alle waren ratlos und sehr traurig, es musste etwas passiert sein.

Da wir nun nichts mehr unternehmen konnten, warteten wir auf den nächsten Tag, in der Hoffnung, dass Plümo am Morgen vor der Tür stehen würde.

Dem war aber leider nicht so. In aller Frühe machte ich mich mit meiner Enkelin Laura auf den Weg, um die Nachbarn – der nächste war etwa drei Kilometer weit entfernt – zu befragen, ob sie einen schwarzen Hund gesehen hätten. Nebenbei schauten wir auch in den Straßengraben, ob er vielleicht angefahren worden war, aber weit und breit war kein Plümo zu finden. Bei der Aktion fuhr ich auch noch in einen Graben und verbeulte mir den Kotflügel.

Keiner der Nachbarn hatte einen schwarzen Hund gesehen, wir hinterließen aber überall unsere Telefonnummer. Zuletzt fuhren wir noch zur Polizei nach Castel San Pietro, um den Verlust zu melden.

In der Zwischenzeit hatten Michaela und Dario das Gelände ums Haus noch einmal sondiert, auch ohne Erfolg. Er war wie vom Erdboden verschluckt. Da ich keine Ruhe hatte, lieh ich mir von Dario seinen Geländewagen und fuhr durchs Gelände. Nichts. Mittlerweile gab ich die Hoffnung auf, Plümo jemals wieder zu sehen.

Nachmittags – es war ein sehr schöner heißer Tag – sagte Michaela, sie gehe mit Dario und ihren Hunden nochmals auf die

Suche. Mir war es recht, ich glaubte aber nicht mehr an einen Erfolg.

Nach einer Weile kamen die Hunde alleine zurück, total verdreckt und müde. Drei Stunden später kam ein Auto angefahren. Dario stieg aus, ohne ein Wort zu sagen, holte sich seinen Jeep und fuhr wieder los. Nach weiteren zwei Stunden kamen Michaela und Dario wieder zurück – und ich traute meinen Augen nicht: Im Wagen war mein Plümo! Sie hoben ihn aus dem Auto und er kam schwanzwedelnd, sehr verdreckt und müde zu mir. Ich weinte vor Freude. Es war das Wunder von Montecerere.

Michaela und Dario waren den Abhang hinter dem Parkplatz hinabgestiegen, der aber so steil war, dass selbst die Hunde nicht mitgehen wollten und daher zurückliefen. Nach einer Stunde Abstieg hörten sie ein leises Wimmern, dem sie nachgingen. Plümo stand auf einem Felsvorsprung, wo er nicht mehr wegkonnte. Er musste buchstäblich den Abhang runtergefallen sein. Für ihn war es besonders schwierig, da die Abhänge mit Sträuchern, Büschen und Hecken bewachsen sind, da kam er mit seinen kurzen Beinen nicht einmal auf den Boden. Deshalb mussten sie ihn auch tragen. Der Abstieg bis zum nächsten Haus dauerte dann auch noch mal Stunden. Dort trafen sie dann einen hilfsbereiten Menschen, der Dario nach Hause brachte, wo er sein Auto holte. Es war wirklich ein Wunder, weil das Gelände 50 Hektar umfasste und sie genau dorthin abstiegen, wo Plümo war.

Plümo hat das Ganze gut überstanden, wenn man bedenkt, dass er fasst zwei Tage und eine Nacht ohne Wasser auskommen musste. Nach einem ordentlichen Bad, Futter und sehr vielen Streicheleinheiten war er fast wieder der Alte. Seitdem ging er aber nie wieder auf diesen Parkplatz. Ballou hatte auch keinerlei Ambitionen, das Gelände unterhalb zu erkunden. Er nahm zwar hin und wieder eine Spur auf, sobald es ihm aber zu steil wurde, kehrte er wieder um.

Nach 14 Tagen hieß es dann wieder Abschiednehmen und wir fuhren in Richtung Heimat. Es war jedes Mal ein wunderschöner unkomplizierter Urlaub.

Wie schon gesagt, gab es in der Gegend um Michaelas Haus sehr viel Wild. Unter anderem auch Wildschweine, die keine natürlichen Feinde hatten – außer den Menschen. Ende des Sommers begann die Wildschweinjagd. Obwohl es Privatgelände war und mit einem riesigen Tor versehen, kamen die Jäger doch auf das Grundstück. Mein Schwiegersohn war gegen die Jagd, hatte aber keine Chance, da das ganze Grundstück hätte eingezäunt sein müssen, um den Zutritt zu verhindern. 50 Hektar einzuzäunen wäre zu teuer geworden und so kamen jedes Jahr Dutzende von Jägern mit ihren Jeeps und Jagdhunden, die in Käfigen auf den Ladeflächen untergebracht waren. Sobald sie an ihren Zielen ankamen, wurden die Käfige geöffnet und die Hunde liefen ziellos durch die Gegend. Jeder Hund hatte am Halsband ein Glöckchen, damit man ihn hören konnte. Sie waren nur dazu da, das Wild aufzustöbern und zu treiben. Alle paar Hundert Meter stand ein Jäger mit schussbereiter Flinte und wartete auf sein Opfer. Diese Hunde kannten keinen Gehorsam und auch keine Disziplin. Manchmal gelang es ihnen, ein Wildschwein aufzustöbern, manchmal nicht Es war auch des Öfteren vorgekommen, dass ein Wildschwein auf einen Hund losging, der natürlich keine Chance hatte und anschließend wegen seiner schweren Verletzungen erschossen werden musste. Deshalb hatten die meisten Jäger auch mehrere Hunde. Nach der Jagd ging es für die Hunde wieder in die Käfige und nach Hause in den Zwinger. Im Grunde waren es ganz arme Kreaturen, die wie Gegenstände behandelt wurden.

So war es auch im Herbst des Jahres 2007. Nach etlichen Treibjagden war endlich Schluss und die Jäger zogen mit ihren Hunden ab. In der gesamten Jagdsaison hatten sie zwei Wildschweine erlegt. Wohl oder übel musste mein Schwiegersohn ihnen erlauben, mit den Jeeps auf das Gelände zu fahren, um die Beute aufzuladen.

Nach zwei Tagen tauchte plötzlich ein neuer Hund bei Kira und Sissy auf. Beide Hunde machten nichts und duldeten ihn. Anfänglich war er sehr scheu, wenn es aber ums Futter ging, war er der Erste. Komischerweise machten sie auch nichts, als er ihnen alles wegfraß. Er war total ausgehungert und sah dementsprechend aus, ein laufendes, braunes Gerippe. Nachdem er seine eigene Schüssel bekam, war alles in bester Ordnung. Michaela und Dario nahmen an, dass er nach einer gewissen Zeit wieder nach Haus laufen würde. Er hatte sich aber anscheinend anders entschieden, denn er blieb. Inzwischen erkundigten sie sich, ob nicht bei einem Jäger ein Hund fehlte, aber es gab keine Resonanz. Es war üblich, dass die Jäger mehrere Hunde hatten und gar nicht bemerkten, wenn einer fehlte. Michaela hatte einen Bekannten, der 30 Jagdhunde hatte. Sie waren Tag und Nacht im Zwinger und wurden nur in der Jagdsaison rausgelassen.

Kurz und gut, Kastanie – wie die Kinder den Hund nannten – fühlte sich wie zu Hause und war ein freundlicher netter Hund. Es war aber ein Jagdhund, der immer wachsam war. Ein unkastrierter Rüde. Wie sich herausstellte. Da Michaela aber selbst schon drei Hunde hatte, war ihr der vierte zu viel, zumal er für zwei fraß. Wir überlegten deshalb, ob ich ihn nicht zu mir holen sollte, um ihn weiterzuvermitteln. Ich setzte mich mit meiner Freundin in Verbindung, die meinte, so einen Hund bekäme man mit Sicherheit leicht los, da diese Hunde gerade sehr beliebt waren – er war ein Whistler.

Da es noch vor der kalten Jahreszeit sein musste, da er ja keine Hütte hatte, entschlossen wir uns, ihn bald zu holen und verbanden das Angenehme mit dem Nützlichen. Damit keiner soweit fahren musste, trafen wir uns auf dem Christkindlmarkt in Bozen. Da ich nicht alleine fahren wollte, fuhr Christine mit Sillina und Emma auch mit.

Es war ein wunderschöner Herbsttag und die Menschen waren fröhlich und guter Dinge. Man konnte überall den Duft von gebrannten Mandeln, Maroni und Bratwürsten riechen. Es war ein kleiner, aber sehr schöner Weihnachtsmarkt. Da wir sehr früh dort waren, schlenderten wir noch über den Markt und schauten uns die hübschen Verkaufsstände an. Plötzlich hörte ich eine Frauenstimme neben mir sagen: »Ja schau nur diesen dürren Hund an, das ist ja eine Schande, so einen armen Hund zu haben.« Ich drehte mich um und sah Michaela mit Kastanie und den Kindern auf uns zu kommen. Nach einer freudigen Begrüßung drückte sie mir die Leine in die Hand mit dem Kommentar, sie wolle nicht dauernd von den Leuten angesprochen und beschimpft werden.

Kastanie ging neben uns, die Nase bei jedem Wurststand in die Höhe, um die leckeren Gerüche zu genießen. Das Tier sah wirklich zum Gotteserbarmen aus. – Ich glaube, noch nie hat ein Hund so viele Bratwürste gefressen wie Kastanie an diesem Tag. Fast an jedem Stand kauften wir Würste und gaben sie ihm heimlich, da die Leute uns beobachteten. Irgendwann hatte er dann genug und wir gingen mit ihm spazieren. Da er es aber nicht gewöhnt war, an der Leine zu gehen, war es eine ziemliche Strapaze.

Am späten Nachmittag trennten sich unsere Wege wieder. Michaela fuhr nach Castel San Pietro und wir nach Hause. Kastanie hatte ich hinten im Kofferraum ein Bett hergerichtet und er ging ohne Problem ins Auto. Ich denke, für ihn war das Ganze doch sehr ungewohnt gewesen und so genoss er jetzt ihre Ruhe. Während der Fahrt war er sehr brav und man bemerkte ihn gar nicht.

Spät Abends kamen wir zu Hause an. Meine Hunde schliefen schon und ich wollte die Begegnung nicht in der Dunkelheit stattfinden lassen. Da wir unterwegs mit Kastanie noch spazieren waren und er auch getrunken hatte, ließ ich ihn im Auto schlafen. Zu dieser Zeit hatte ich fünf Katzen und drei Hunde. Plümo musste ein paar Monaten zuvor eingeschläfert werden, da er nicht mehr gehen konnte und sehr krank war. Er hatte natürlich Schwierigkeiten, da er zu dick war, aber Fressen war sein Hobby und in dieser Beziehung war er nicht zu bremsen. Ich denke aber, dass er ein gutes Leben bei uns hatte. Von Christine bekam ich dann einen West-Highland-Terrier, den sie von einer Familie bekam, die eigentlich nicht mit Hunden umgehen konnte. Dieser Hund war total verstört, teilweise ängstlich, aber dann auch wieder sehr aggressiv. Christine wollte ihn zwar, da er ihr leidtat, er war aber nichts für die Kinder. Er hieß *Baffy*. Der zweite im Bunde war auch ein Neuzugang, Whisky. Ein Pudel-Mix, den ich aus Mitleid nahm und jetzt zwei Monate hatte.

Das kam so: Eine Freundin von mir hatte eine Bekannte, die Stewardess war und am Flughafen arbeitete. Diese hatte einen Flug von Mallorca nach München und betreute einen Hund, der von einer Tierschutzorganisation am Flughafen abgeholt werden sollte. Der Hund kam aus einer Tötungsstation auf Mallorca. Am Münchner Flughafen wurden sie bereits von den Tierschützern, die dies organisiert hatten, und der angeblichen neuen Besitzerin des Hundes empfangen. Als die neue Besitzerin den Hund sah, stieß sie einen Schrei aus und sagte, so einen hässlichen Hund wolle sie nicht. Alles gute Zureden half nichts, der Hund wurde nicht akzeptiert. Nun war guter Rat teuer, denn damit hatte keiner gerechnet. Die beteiligten Personen, die Tierschützer sowie die Stewardess versuchten es bei allen Bekannten, ob nicht jemand Platz für einen kleinen Hund hätte. So kamen sie auf mich und ich kann sehr schlecht Nein sagen. Mein Mann war zwar immer etwas sauer nach so einer Aktion, aber es legte sich dann wieder. Mir wurde der Hund am nächsten Tag gebracht. Er sah zwar nett aus, schwarz-weiß, hatte aber ein Gebiss wie ein Vampir, ein totaler Vorbeißer und war total schüchtern. Die Tierschützerin, die ihn brachte, setzte ihn auf die Bank und er blieb sitzen, als ob er angeklebt wäre. Ich war völlig fasziniert von so einem braven ruhigen Hund. Sie erzählte mir, dass eine Architektin aus München, die ehrenamtlich in diesem Heim in Mallorca arbeitete, es organisiert hätte, dass er in München vermittelt wurde. Er hieß *Mystie*. Da mir dieser Name nicht gefiel, nannte ich in *Whisky*. Ich sagte ihr auch, dass ich ihn so lange behalten würde, bis sie einen guten Platz für ihn gefunden hätten.

Whisky lebte sich gut ein, vertrug sich mit den Katzen, mit Baffy und Ballou und vor allem mit meinen Enkeln. Nach vier Wochen rief mich die Architektin aus München an und wollte Whisky besuchen. Es war unglaublich. Schon als sie an der Tür stand und sich vorstellte, fing Whisky wie verrückt an zu bellen. Als er sie sah, sprang er ihr fast bis zum Hals. Ich habe noch nie so eine emotionale Begrüßung von einem Hund gesehen. Die Frau war auch den Tränen nahe, als sie ihn sah. Sie erzählte mir von Mallorca, dass er niemanden an sich ranließ außer ihr und dass er schnell zubiss. Er hatte keinerlei Freunde, auch unter den Hunden nicht, da er sehr aggressiv sei. Das waren lauter neue Erkenntnisse, die ich bis jetzt nicht hatte. Nach einer Stunde verabschiedete sie sich und wir begleiteten sie zum Gartentor. Als sie gegangen war, saß Whisky eine Stunde vor der Tür und war nur am Winseln. Da schwor ich mir, dass er nie wieder Abschied nehmen musste von Menschen, die er liebte. Ich wollte ihn bis an sein Lebensende behalten. Der Tierschützerin aus München sagte ich, dass ich ihn behalten würde, was sie mit Erleichterung aufnahm.

Inzwischen hatte sich sein wahrer Charakter rausgestellt. Er war sehr schlau, raffiniert, eifersüchtig, dominant, verschmust, liebesbedürftig, und aggressiv. Er musste im Sommer geschoren werden, da sein Fell sehr ungepflegt war. Er ließ sich nicht kämmen, nicht baden und nicht bürsten. Im Sommer, in der Zeckenzeit, war es eine Katastrophe, ich konnte ihm keine Zecken entfernen. Ich hatte noch nie einen Hund, der so aggressiv war, er biss sofort, wenn ich ihn nur berührte und er das nicht wollte. Ansonsten war er ein ausgesprochener Schoßhocker. (Bei mir nicht, ich mag das nicht, aber bei meiner Freundin durfte er das.)

Als er das erste Mal geschoren wurde, bekam er eine Vollnarkose. Mittlerweile hatte ich eine Hundefriseuse, die mit ihm sehr gut umgehen konnte. Sie wohnte etwas außerhalb und sobald er aus dem Auto stieg und das Haus sah, wollte er umkehren, sodass ich ihn reintragen musste. Ich gab ihn nur ab und nach einer Stunde holte ich ihn wieder. Er sah super aus, war geschoren und gebadet. Ich wunderte mich jedes Mal, dass er sie noch nicht gebissen hatte. Sie hatte aber keine Probleme mit ihm, war ein Mensch, der mit Hunden umgehen konnte.

Meine drei Hunde hatten von dem Neuzugang aus Italien also noch nichts bemerkt, da er ja im Auto schlief. Am nächsten Morgen ging mein Mann mit den drei Hunden Gassi und als er zurückkam, ging ich ihm mit Kastanie entgegen. Alle drei Hunde stutzten, als sie mich mit Kastanie sahen. Sie beschnupperten sich gegenseitig und das war's dann auch schon. Wir gingen zusammen in den Garten und auch ins Haus. Kastanie drehte ein paar Runden in Haus und Garten, um sich an den Gerüchen zu informieren, dann legte er sich auf einen Sessel. Nach ein paar Minuten kam die erste Katze, um ihren Sessel zu belegen. Als sie Kastanie sah, stutzte sie kurz und schlich leise wieder raus. Kastanie reagierte in keiner Weise auf die Katze – Gott sei Dank – und so wußte ich, dass er Katzen nichts tat. Ab da war er voll integriert, und der Sessel gehörte ab sofort ihm.

Im Haus war Kastanie kein Problem. Im Grunde hatte ich mich in ihn verliebt und wollte ihn behalten. Das Problem war das Spazierengehen. Meine Hunde folgten sehr gut und brauchten keine Leine. Kastanie war aber keine Leine gewöhnt und zog dementsprechend. Wenn man ihn losmachte, war er sofort weg.

Eine Situation ist mir heute noch in Erinnerung: Ich ging mit den Hunden sehr oft an den Fluss, da ich annahm, das Wasser würde Kastanie bremsen, da er nicht schwimmen wollte. Dies war aber eine Fehleinschätzung. Ich konnte zwar nicht feststellen, wie er über den Fluss kam, kann mir aber vorstellen, dass er so weit lief, bis er eine Brücke fand. Alles Suchen und Rufen half nichts, er blieb verschwunden. Mittlerweile hatte sich die Ausreißerei von Ballou erledigt, dafür war jetzt ein neuer Kandidat da. Also meldete ich mich bei Polizei und Tierschutzverein. In weiser Voraussicht hatte ich Kastanie die Hundemarke von Ballou am Halsband befestigt.

Tatsächlich rief am nächsten Morgen eine Frau an, bei ihr läge ein Jagdhund vor der Garage mit dieser Telefonnummer auf der Marke. Ich konnte es kaum fassen, es waren fast 15 Kilometer bis dorthin. Wollte er wieder nach Italien zurück? Ich holte ihn ab, er zeigte aber keinerlei Regung, als er mich sah – weder Angst noch Freude. Er nahm es in Kauf, dass ich ihn an die Leine nahm, und ging brav mit mir mit. Ich war heilfroh, dass ich ihn wiederhatte. Man darf gar nicht daran denken, was alles hätte passieren können, zumal er noch nicht versichert war.

Meine Freundin hatte mittlerweile einen Interessenten für Kastanie. Das hatte sich gut angehört und wir waren zuversichtlich, dass es ein guter Platz für den Hund sei. Es war ein älterer Mann, der in Rente war und viel Zeit hatte. Bevor ich Kastanie aber abgab, fuhr ich noch zu meiner Tierärztin, um das Alter und den Gesundheitszustand des Hundes feststellen zu lassen. Außerdem sollte er kastriert werden, damit er ruhiger würde. Die Aussage der Ärztin war deprimierend: Kastanie musste am Hoden operiert werden, außerdem sei er sehr dünn, etwa fünf Jahre alt. Bei guter Pflege könnte aber alles in Ordnung kommen. Ich ließ ihn entwurmen, eine Aufbauspritze geben und sagte der Ärztin, dass ich ihn eigentlich vermitteln wollte. Sie meinte, ich solle den neuen Besitzer aber schon von der notwendigen Operation in Kenntnis setzen. Ich erklärte mich bereit und war auch gewillt, meinen Teil finanziell dazu beizutragen.

Am nächsten Tag rief ich den Interessenten an und machte einen Termin bei ihm aus. Wir trafen uns am Telefonhäuschen in seiner kleinen Ortschaft und gingen dann zu Fuß zu seiner Wohnung in einem Zweifamilienhaus mit schönem Garten. Kastanie war mittlerweile leinenführig und ging brav neben mir her. Der Mann erklärte mir, dass er seit kurzer Zeit geschieden sei und vorübergehend hier lebe. Die Wohnung lag im ersten Stock, war zwar klein, aber mit Liebe hergerichtet. Er hatte für Kastanie eine Schlafecke und einen Futterplatz vorbereitet. Wir unterhielten uns über seinen zukünftigen Hausgenossen und er erzählte, dass er viel spazierenginge und auch schon Hundeerfahrung hätte. Seine Frau habe seinen Hund mitgenommen. Ich versprach ihm, wenn er Kastanie operieren lasse, würde ich meinen Teil dazu beitragen. Vor allem müsse er aber versuchen, Kastanie Disziplin beizubringen, damit er ihn ohne Leine laufen lassen konnte. Da er ja Hundeerfahrung hatte, ebenso Zeit, waren die Aussichten diesbezüglich bestens. Wir verabschiedeten uns mit der Versicherung, dass er mich bei eventuell Problemen sofort verständigen würde. Ich meinerseits wollte mich am Wochenende wieder bei ihm melden. Kastanie sah mich verständnislos an, als ich ihn noch einmal liebevoll umarmte, streichelte und dann ging. Mir blutete das Herz, aber es musste sein. Ich redete mir ein, dass es ihm hier doch viel besser ginge als in Italien, das ganze Jahr im Zwinger.

Auf dem Nachhauseweg ließ ich mir noch einmal alles durch den Kopf gehen. Eigentlich hatte ich eine gute Menschenkenntnis und Kastanies neuer Besitzer hatte einen guten Eindruck auf mich gemacht.

Nach drei Tagen rief der Mann an. Er klang vollkommen aufgelöst und hektisch. Er erzählte, dass Kastanie die ganze Wohnung vollgeschissen hatte. Ich fuhr sofort hin. Er stand wie beim ersten Mal vor dem Telefonhäuschen, mit Kastanie an der Leine, und war den Tränen nahe. Er sagte, dass er den Hund nicht behalten könne. Es stellte sich heraus, dass er einen großen Teil seiner Zeit in einem Reitstall verbrachte und den Hund nicht mitnehmen konnte, da er mit dem Roller dorthin fuhr. Kastanie war viel allein in der Wohnung. Er ging zwar mit ihm spazieren, aber das war zu wenig. Er hatte den Hund unter falschen Voraussetzungen genommen und das war nun das Ergebnis. Kastanie freute sich sehr, als er mich sah, und noch mehr, als er ins Auto sprang. Sein kurzzeitiger neuer Besitzer verabschiedete sich mit Tränen in den Augen. Ein anderer Hund wäre geeigneter gewesen. Da er ja mit Hunden umgehen konnte, wusste er auch, was er falsch gemacht hatte. Er tat mir sehr leid, auch aufgrund seiner Lebenssituation, die sich unter Umständen durch einen Hund mildern ließe. Auf alle Fälle hatte ich Kastanie wieder und war im Grunde froh, dass der Mann den Mut hatte, seinen Fehler einzugestehen.

Zu Hause angekommen, war meine Meute überrascht, dass ich diesen *Fremdkörper* schon wieder dabei hatte. Sie taten ihm zwar nichts, akzeptierten ihn, aber eifersüchtig waren sie schon. Nur Ballou war wie immer sehr souverän. Im Grund gab es nichts, was Ballou hätte aus der Ruhe bringen können.

Nun war Kastanie wieder bei uns. Mein Mann nahm sich seiner an und fuhr mit dem Rad mit ihm an der Leine, denn er brauchte viel Bewegung. Für mich war es teilweise sehr anstrengend, mit vier Hunden zu gehen.

Mein Mann hatte *Kastanie* in *Fritz* umgetauft, was sehr gut zu ihm passte. Inzwischen hatte er auch an Gewicht zugelegt und sich zu seinem sehr schönen Hund entwickelt. Nun hatte meine Tierschutzfreundin wieder einen neuen Interessenten für Fritz ausfindig gemacht. Es war eine Familie, die schon eine Whistler-Hündin hatte, die sehr ruhig war und eventuell von ihm gedeckt werden sollte. Wir vereinbarten einen Termin für Freitag Nachmittag; die Dame war sehr erfreut, dass ich mich so schnell bei ihr gemeldet hatte. Voller Aufregung und Nervosität fuhr ich los. Einesteils suchte ich einen guten Platz für ihn, andererseits hatten wir uns an seine liebenswerte ruhige Art gewöhnt. Es tat mir leid, ihn wieder in fremde Hände geben zu müssen.

Nach einer Stunde war ich am Ziel, es war eine kleine Ortschaft. Das Haus machte einen gepflegten Eindruck, der Garten war sehr groß, auf den ersten Blick sah alles optimal aus. Ich brauchte gar nicht zu läuten, denn die Familie hatte mich schon gesehen und kam gleich heraus. Als Erstes kam der Hund, eine kleine aber hübsche Whistler-Hündin, die sofort auf Fritz losging – was natürlich war, da sie ihr Revier verteidigte. Fritz nahm die Attacke gelassen hin und schwänzelte nur. Sie beruhigte sich schnell und beschnupperte ihn anschließend. Da sie läufig war, kam er ihr sehr gelegen. Die Familie selbst war sehr nett, zwei größere Töchter, Mutter und Vater. Für mich der ideale Platz für einen Hund. Ich ließ Fritz von der Leine, in der Annahme, dass er merkte, was jetzt geboten war. Er beschnupperte die Hündin – weiter nichts – und lief schnuppernd im Garten umher. Der Mann meinte, man solle die zwei etwas alleine lassen, da sie sich kennenlernen müssten. Wir anderen gingen also ins Haus, er blieb derweilen draußen und beobachtete die beiden heimlich. Die Hündin machte zwar Annäherungsversuche, Fritz blieb aber nach wie vor desinteressiert und machte keinerlei Anstalten, sie zu decken. Er lief nur die ganze Zeit aufgeregt im Garten umher und setzte sich nach einer Weile, als er müde war, vor die Haustür. Nach drei Stunden kamen wir zu dem Entschluss, es am nächsten Tag nochmals zu probieren. Da sie ja anfangs sagten, sie wollten noch einen zweiten Hund, baten sie sich aus, das Ganze bis zum nächsten Tag zu überlegen.

Am nächsten Tag fuhr ich wieder mit Fritz hin. Die gleiche Prozedur wie vom Vortag. Diesmal bellte die Hündin Fritz nicht an, sondern begrüßte ihn schwanzwedelnd. Fritz freute sich auch und sie spielten kurz zusammen. Der Sinn und Zweck unseres Kommens wurde aber nicht erfüllt. Die Familie war zwar begeistert von Fritz, sie merkten aber auch, dass es deutlich anstrengender war, zwei Hunde zu haben, zumal ihre Hündin ihr Liebling war. Es war auch klar, dass sie Fritz jetzt nur duldete, weil sie läufig war, unter normalen Umständen hätte sie ihn bestimmt weggebissen. Wir beratschlagten noch eine Weile, kamen aber zu dem Schluss, dass die Hunde nicht zusammenpassten. Der Hausherr war Jäger, Fritz war als Jagdhund aber nicht geeignet, da er nicht abgerichtet war. Solche Hunde hatten bei unseren Jägern keine Chance. Wahrscheinlich war er auch zu alt, um das noch zu lernen. So packte ich meinen Fritz wieder ein, verabschiedete mich freundlich und fuhr nach Hause. Insgeheim war ich froh, ihn wieder dabei zu haben, denn mir war bewusst, dass er dieser Familie enorme Schwierigkeiten gemacht hätte.

Während meines Urlaubs in Italien war ich zu dem Entschluss gelangt, mich von meinem Mann zu trennen. Ich war zwar nicht mehr die Jüngste und in diesem Alter trennt man sich eigentlich nicht mehr, ich konnte und wollte aber nicht mehr so weiterleben. Ich wollte die letzten Jahre meines Lebens ohne Streit und Ärger verbringen. Wir führten nur noch eine Ehe auf dem Papier. Unsere Gegensätzlichkeiten wurden im Alter noch intensiver. Wir hatten zwar genügend Räumlichkeiten, um uns aus dem Weg zu gehen, ich fand es aber nicht schön, sich nur wegen des lieben Friedens gegenseitig zu meiden. Da die Kinder auch schon ausgezogen waren, hatte ich nur noch meine Tiere um mich. Das war aber auch ein Punkt, bei dem ich ein schlechtes Gewissen meinem Mann gegenüber hatte. Ich kam zwar für alle Kosten auf, aber nicht jeder hat Verständnis für so viel Tierliebe.

Als ich meinem Mann meinen Entschluss mitteilte, war er geschockt und versuchte, mich umzustimmen, was aber nichts half. Ich hatte es mir lange überlegt und blieb dabei. Mit den Kindern hatte ich schon vorher darüber gesprochen und sie hatten Verständnis dafür. Sie machten mir nur zum Vorwurf, dass ich es nicht schon früher getan hatte.

Meine Tochter Christine wohnte damals mit ihrer Familie in meinem Haus und sie mussten sich eine neue Bleibe suchen. Da die Familie auch sehr tierlieb war, brauchten sie ein größeres Haus mit großem Garten. Zudem wollten sie nicht mehr in der Stadt wohnen. So entschieden sie sich für einen Einödhof im Altmühltal. Inzwischen sind sie dorthin gezogen. Er ist sehr idyllisch gelegen und sie können ihrer Tierliebe freien Lauf lassen. Mittlerweile haben sie einen ganzen Zoo: Esel, Ziegen, Hunde und Katzen. Für Kinder ein Paradies.

Ich zog 2008 in mein neues Haus und fühlte mich sehr wohl. Ich musste zwar jeden Handgriff alleine machen, aber ich hatte gute Freunde, die mir notfalls halfen.

Meine Hunde Buffy, Whisky und Ballou nahm ich mit. Mein Mann wollte Fritz behalten, da er sich schon öfter um ihn gekümmert hatte und die beiden sich mochten. Ich fand es in Ordnung, so war er nicht ganz alleine.

Die Katzen wollte ich später holen, da ich Angst hatte, dass sie Probleme mit der Bahn hätten, da ungefähr 100 Meter von dem

Haus die Gleise verliefen. Zudem war eine von den Geschwistern eine raffinierte Jägerin, die alles fing, was sich bewegte: Vögel, Mäuse, Ratten, Fische, Frösche … Bei mir gab es viele Vögel und die wollte ich nicht verscheuchen, zumal es Frühjahr war, und überall Nester mit jungen Vögeln waren. Ich kam mit meinem Mann überein, dass ich mich um das Futter kümmerte und sie irgendwann abholte, da es ja nicht eilte.

Ab und zu trafen wir uns beim Spazierengehen und die Hunde freuten sich, wenn sie sich sahen. Fritz wusste aber genau, wohin er gehörte, er ging immer zu seinem Herrn. Er wurde auch am Hoden operiert, und alles war okay. Fritz hatte trotz des Jagdinstinkts eine gute Eigenschaft: Wenn er davonlief, kam er nach Stunden wieder zu dem Ort zurück, wo er aus dem Auto gestiegen war. Wir stellten dies fest, als ich den gleichen Weg gehen wollte, wie mein Mann. Er ging Stunden vorher. Als ich an den Parkplatz kam, wo das Auto gestanden hatte, saß Fritz wie eine Statue dort und wartete. Ich lud ihn ein und brachte ihn zu seinem Herrn. Dies passierte uns öfter, er freute sich jedes Mal, wenn er zu mir ins Auto steigen konnte und seine drei Freunde als Beifahrer hatte. Zu Hause lieferte ich ihn dann bei meinem Mann ab.

So lief alles seinen gewohnten Gang und mir ging es super. Ich fühlte mich richtig glücklich. Meine Kinder besuchten mich oder ich fuhr zu ihnen.

In Urlaub konnte ich natürlich jetzt nicht mehr so einfach fahren. In der Zwischenzeit hatte ich wieder zwei Katzen bekommen, Mutter und Sohn, die von ihrem Platz weg mussten und nicht getrennt werden sollten. *Tiger* und *Panther*. Panther war ein Kater, der aussah, als hätte er einen Fußball verschluckt. Ich nannte ihn *Otti*. Tiger war seine Mutter, eine schwarze ältere Katze. Beide waren sehr problemlos und brav. Nun musste ich immer jemanden haben, der sich um die Pflanzen und die Katzen kümmerte. Die

Hunde nahm ich ja immer mit in Urlaub, da ich meist zur Michaela nach Italien fuhr. Bis März 2009 ging alles gut.

Eines Tages rief mich meine Tochter Christine an und teilte mir mit, dass mein Mann in der Nacht einen Schlaganfall gehabt hätte und im Krankenhaus läge. Er war fast nicht ansprechbar, da man ihn ziemlich spät am Morgen gefunden hatte und er stundenlang am Boden lag.

Ich fuhr sofort ins Krankenhaus und war sehr bestürzt, ihn so hilflos zu sehen. Es war vorauszusehen, dass er jetzt nicht mehr alleine in seinem Haus leben konnte.

Nach dem Klinikaufenthalt wollte Christine ihn zu sich nehmen. Es war klar, dass ich mich jetzt um die Tiere kümmern musste. Fritz nahm ich sofort mit, die Katzen konnten einstweilen bei täglicher Fütterung dort bleiben. Nun hatte ich meine Crew wieder zusammen. Fritz fügte sich auch sofort wieder in die Gemeinschaft ein, als wäre er immer schon dabeigewesen. Aber ohne Leine konnte ich ihn nach wie vor nicht laufen lassen, nur mein Mann konnte mit ihm ohne Leine gehen.

Eines Tages marschierten wir wie immer, Fritz an der Leine, die drei anderen vorne und hinten, im Sauseschritt durch die Gegend. Da begegnete mir eine Bekannte, die ich von früher kannte, als ich Fritz noch nicht hatte. Wir begrüßten uns und sie erkundigte sich, warum ich so kurz vor dem *Abheben* sei. Auf meine Antwort, dass ich das nicht freiwillig mache und mein *Zugpferd* für mich zu schnell sei, erzählte ich ihr die Story von Fritz und dass ich unbedingt einen Platz für ihn suchte. Sie hörte sich die Geschichte an, überlegte und sagte dann: »Ich kenne ein Ehepaar, die hatten einen Hund, der gestorben ist. Sie wollten zwar nicht unbedingt einen neuen, aber wenn ihnen einer über den Weg liefe, könnte es schon sein.« Meine erste Reaktion war: »Dann müssen wir halt schauen, dass Fritz ihnen über den Weg läuft«. Sie versprach mir, sich mit dem Ehepaar in Verbindung zu setzen und den Vorschlag mit Fritz zu machen. Ich würde wieder von ihr hören.

Ein paar Tage später läutete das Telefon und eine sehr sympathische Stimme stellte sich als Frau Ö. vor, es ginge um Fritz. Sie fragte, ob es mir recht sei, dass die Familie sich den Hund ansehen wolle. Wir machten einen Termin aus und zwei Tage später besuchte mich die ganze Familie: Vater, Mutter und zwei größere Mädels. Fritz lag wie immer – wie der Herr Graf – auf seinem Sofa und schlief. Die anderen drei Hunde bellten und freuten sich über den Besuch. Familie Ö. ging zu Fritz, sprach ihn an, streichelten ihn, aber er hob nicht einmal den Kopf, sondern schlief weiter.

Inzwischen hatte er sich zu einem wirklich schönen, eleganten Hund entwickelt. Er war schlank, aber nicht dürr, hatte wunderschönes glänzendes braunes Fell, einen klassischen Kopf und vor allem diese Augen, die immer noch einen traurigen Blick hatten. Irgendwann merkte er doch, dass es um ihn ging, und sprang von dem Sofa zu den Menschen, um sich gleich bei ihnen einzuschmeicheln. Das heißt, er legte den Kopf auf den Schoß der Frau und sah sie wohlwollend an. Er hatte eine angenehme ruhige Art, in die sich jeder, der Hunde mochte, sofort verliebte. Familie Ö. war hin und weg von ihm. Ich erklärte ihnen, warum ich Fritz nicht mehr haben konnte und dass dies die einzige Unart von Fritz sei: seine Lauferei. Mit viel Geduld, Ausdauer und Strenge (die mir fehlt) könnte man es vielleicht in den Griff bekommen. Familie Ö. kam zu dem Entschluss, sich alles zu überlegen und mich dann zu verständigen. Ich habe selten eine so nette harmonische Familie gesehen. Es wäre für Fritz wie ein Sechser im Lotto.

Tatsächlich: Ein paar Tage später rief Frau Ö. an und fragte, ob sie mit Fritz spazieren gehen dürften, was ich natürlich bejahte. Sie holten ihn mit dem Auto ab und brachten ihn nach drei Stunden wieder. Da sie ihn nicht von der Leine ließen, lief alles bestens. Am Wochenende wollten sie ihn zur Probe zu sich nach Hause holen, da sie noch verschiedene andere Tiere hatten. Ich war ganz happy, denn anscheinend hatte es bis jetzt gut funktioniert. Am Samstagabend rief mich Frau Ö. dann an, dass sie sich entschlossen hätten, Fritz zu behalten. Sie luden mich ein, damit ich mich informieren konnte, wo Fritz sein neues Zuhause hatte.

Das neue Heim war ein Traum. Ein wunderschönes großes Haus mitten in einem schönen Garten, in dem Fritz sich austoben konnte. Die Familie selbst war schon ein Glücksfall, sie hatten ein Ferienhaus in Tirol, wohin Fritz natürlich mitfahren durfte. Wir haben uns später öfter getroffen und sie erzählten mir, dass Fritz ab und zu einen *Ausrutscher* in Tirol hatte, der Herr des Hauses hatte ihn aber meist im Griff.

Endlich hatte Fritz den Platz, den er verdient hatte. Ich bin Familie Ö. bis an mein Lebensende dankbar, dass sie ihn genommen haben.

Meinem Haus gegenüber liegt eine große Wiese, ein Weg führt am Bahndamm entlang. Wenn ich nicht so viel Zeit hatte, ging ich dort mit den Hunden spazieren. Es war Hochsommer, sehr heiß und ich wollte nicht so weit laufen. Die Hunde fanden es auch gut und nach einem kurzen Spaziergang legten sie sich wieder im Garten unter die Bäume.

Nach ungefähr einer Stunde fing Baffy plötzlich an zu spucken und hatte Schaum vor dem Maul. Ich stellte ihm eine Schüssel mit Wasser hin, was er zwar soff, aber trotzdem erneut spuckte. Er lief hin und her, drehte sich, wälzte sich auf dem Boden und man merkte, dass es ihm sehr schlecht ging. Es war mir ein Rätsel, was mit ihm los war. Eines wusste ich aber: Meine kleineren Hunde – Plümo, Baffy und Whisky – hatten alle die schlechte Angewohnheit, alles zu fressen, was sie fanden. Whisky fraß zum Beispiel Papiertaschentücher, am liebsten, wenn sie gebraucht waren. Obwohl sie genügend zu Fressen bekamen, konnte ich ihnen diese Blödheiten nicht abgewöhnen. Meine großen Hunde machten das nie, weder die Boxer noch Ballou oder Gundi.

Da es im Laufe des Tages nicht besser wurde, fuhr ich nachmittags zu meiner Tierärztin. Nach den ersten Anzeichen meinte sie, es sei eine Vergiftung, was sich nach eingehender Untersuchung auch nachweisen ließ. Sie konnte zwar nicht feststellen, mit was er vergiftet wurde, aber es war zu spät und man konnte ihm nicht mehr helfen. Zur genaueren Feststellung musste man ihn obduzieren und das war mir ehrlich gesagt zu teuer. Geholfen hätte es ihm ja auch nicht mehr.

Da ich an diesem Tag nirgendwo anders spazieren gegangen war, musste das Gift in unmittelbarer Nähe von uns sein. Die nächsten Tage achtete ich darauf, dass die Hunde nicht mehr auf diese Wiese gingen.

Nun musste ich meine Katzen holen. Ich stellte es mir sehr einfach vor, da sie sofort kamen, wenn ich sie rief. Beim Füttern waren sie sofort da und ließen sich auch streicheln. Ich stellte schon einmal zur Gewöhnung die Körbe auf und stellte das Futter hinein. Ich musste beide gleichzeitig fangen, da ich nicht wusste, wie sie bei einer Trennung reagieren würden. Eine der beiden war etwas zutraulicher. Ich konnte sie auf den Arm nehmen. Früher kamen beide auf meinen Schoß, inzwischen hatte sich das Verhältnis etwas geändert, da sie den menschlichen Kontakt nicht mehr so gewohnt waren. Die Zahmere ging in den Katzenkorb und ich konnte sie ohne Probleme fangen. Es war mir aber nicht möglich, die zweite Katze in die Falle zu locken und so musste ich die andere auch wieder rauslassen. So ging es drei Tage.

Dann stellte ich ihnen abends kein Futter mehr hin, damit sie am nächsten Tag Hunger hatten. Sie warteten schon auf mich und schwänzelten auch um meine Beine, als ich kam. Die Zahmere ging wieder sofort in die Falle und die andere schlich weiter um mich rum. In einem günstigen Augenblick fing ich sie mit den Händen und zwang sie in den Korb. Sie schrie, biss und kratzte, was eine Katze in ihrer Not halt mal so macht. Als ich sie endlich im Korb hatte, sah ich aus, als ob ich durch eine Dornenhecke geklettert wäre; überall Kratzer und Blutspuren. Das war mir aber egal, Hauptsache ich hatte meine Katzen. Anschließend brachte ich sie nach Hause in ihr Katzenzimmer.

Da sie eigentlich zahm waren, musste ich sie nicht lange einsperren. Als sie Otti zum ersten Mal sahen, fauchten sie wie zwei Löwen. Da aber Otti und Tiger sehr brave Katzen waren, gab es untereinander keine Probleme. So konnte ich sie nach der üblichen Eingewöhnungszeit rauslassen. Meine größte Angst, der Bahndamm, war auch nicht aktuell, da die Katzen anscheinend hörten, wenn ein Zug kam, und nicht auf das Bahngleis gingen.

Ballou war mittlerweile zwölf Jahre alt, das war für seine Größe ein biblisches Alter und dafür war er noch recht gut drauf. Er hört zwar nicht mehr so gut, ging sehr gemächlich und langsam, wenn er aber eine Spur hatte, die ihn interessierte, konnte es sein – wenn ich nicht aufpasste – dass er weg war. Beim Aufstehen hatte er Probleme und bekam dafür Tabletten. Er fraß noch gut und ging gerne Gassi.

Ende des Jahres kam es von einem Tag auf den anderen: Nach unserem morgendlichen Spaziergang fing er plötzlich furchtbar an zu schnaufen und Luft zu holen. Er kam gar nicht mehr bis zum Haus, sondern legte sich auf die Straße. Ich rief die Tierärztin an, ob sie nicht sofort kommen könnte, was natürlich nicht der Fall war Sie sicherte mir zu, nach der Praxis zu kommen.

Ballou stand nach einer Stunde wieder auf und trottete gemächlich nach Hause.

Mittags kam die Ärztin. Bei einer Untersuchung konnte sie nichts feststellen. Er war ganz ruhig und hatte auch keine Probleme mit der Atmung. Als ich ihr die vorausgegangene Situation schilderte, meinte sie, ich müsse in die Praxis kommen, um ihn untersuchen zu lassen. So könne sie nichts feststellen, er müsste geröntgt werden.

Das war für mich ein Problem, denn er konnte nicht mehr ins Auto springen. Ich hatte ihm zwar ein breites Brett mit Stoffüberzug als Laufsteg in den Kofferraum gemacht, was er aber nicht annahm. Ich selbst konnte ihn nicht reinheben. Auf der Wiese gegenüber war aber eine kleine Anhöhe. Wenn ich das Auto stellte dorthin, war es nur ein Schritt und er war im Auto. Es war mir bewusst, dass es das letzte Mal war, dass Ballou so ins Auto ging. Voller Trauer machte ich die Tür zu. Er legte sich wie immer hin und wartete geduldig, bis ich am Ziel angekommen war. Da die Praxis nur fünf Minuten entfernt war, musste er gleich wieder aussteigen. Er war etwas erstaunt, dass wir schon am Ziel waren, und wollte nicht aussteigen. Nach gutem Zureden sprang er dann doch aus dem Wagen. Ich ging ein paar Meter mit ihm, dann hatte er hatte das gleiche Problem wie zu Hause.

Wir gingen in die Praxis, die Ärztin war aber nicht da. Wir setzten uns ins Wartezimmer und als sie uns endlich aufrief, war er wieder ganz normal. Damit sie sich selber ein Bild machen konnte, ging sie mit uns raus. Nach ein paar Minuten war es das gleiche Dilemma wie zuvor. Sie konnte nicht auf Anhieb feststellen, was die Ursache war. Sie meinte, es könne Wasser in der Lunge sein oder es käme vom Herzen. Sie schlug mir vor, ihn zu röntgen, was ich aber kategorisch ablehnte, da mir die Ursache egal war. Fest stand, dass er Probleme mit der Atmung hatte und dies wahrscheinlich nicht mehr zu beheben war. Ich sagte ihr auch, dass ich nicht bereit sei, ihm Herztabletten zu geben. Nach einigen Überlegungen meinte sie, sie sehe es auch so, dass sie ihm im Grunde nicht helfen konnte. Es sei für ihn das Beste, wenn er eingeschläfert würde. Es fiel mir zwar sehr schwer, diesen Schritt erneut zu gehen, aber für Ballou war es eine Erlösung. Wir gingen in das Behandlungszimmer, er legte sich hin, ich legte mich zu ihm, nahm seinen Kopf in meinen Arm und streichelte ihn. Die ganze Prozedur dauerte höchstens zehn Sekunden, dann war alles vorbei. Ich muss sagen, das war bis dahin die schnellste und humanste Tötung, die ich mitgemacht hatte. Als es vorbei war, ließ mich die Ärztin mit Ballou noch eine Weile alleine, um Abschied zu nehmen. Es war zwar traurig, doch war ich froh, es gemacht zu haben.

Zu Hause angekommen empfing mich Whisky mit Freudengebell. Ich merkte, dass er nach Ballou Ausschau hielt. Als er ihn nicht fand, war das kein Problem für ihn, da er sowieso lieber alleine war.

Mir fehlte Ballou sehr, seine beruhigende, liebenswerte und imposante Art ging mir sehr ab. Er war mein Beschützer und ich konnte mich immer auf ihn verlassen. Der einzige Vorteil war, dass ich nicht mehr soviel Dreck und Haare im Hause hatte. Darum wollte ich auch keinen Bernhardiner mehr. So lieb diese Hunde sind, es sind keine Hunde für die Wohnung.

Da bei mir die Hunde immer im Haus waren, musste ich mir etwas anderes einfallen lassen, ich wollte auf keinen Fall mehr einen Hund mit längerem Fell. Momentan wollte ich sowieso keinen neuen Hund. Nun muss ich zu meiner Schande aber gestehen, dass ich ein absoluter Feigling bin. Ohne Hunde würde ich zum Beispiel nie in den Wald oder einsame Wege gehen. Daher fürchtete ich mich auch zu Hause, seit Ballou nicht mehr da war. Whisky meldete zwar sofort, wenn er etwas hörte, aber ich empfand ihn nicht Schutz für mich. Also brauche ich wieder einen großen Hund.

Da ich ein großer Doggen- beziehungsweise Boxer-Fan bin, sprach ich mit Christine, die im Internet schon alles Mögliche ausfindig gemacht hatte. Sie erzählte mir schon vor einiger Zeit, dass es für alle Hundearten eine *Tiere-in-Not*-Aktion gab, so auch für Doggen in Not. Eines Tages rief sie mich an, sie hätte eine Adresse in Landshut, wo man Doggen in Not vermittelte. Sie gab mir die Telefonnummer und ich meldete mich dort am nächsten Tag. Ich erzählte der Frau am Telefon von Ballou, dass ich ein Doggen-Fan sei und auch Erfahrungen mit Doggen hätte. Ich wollte aber keinen jungen Hund, sondern schon einen etwas älteren, mit dem man noch spazieren gehen könne. Sie meinte, das träfe sich gut, da sie sowieso nach München müsse und vorher noch bei mir vorbeifahren könne. Sie käme zu mir und bringe auch gleich einen Kandidaten mit. Auf meinen Einwand, dass ich mir den Hund aber erst ansehen müsse, meinte sie, der würde schon passen. Einerseits war ich etwas überrascht, so schnell wieder zu einem neuen Hund zu kommen, andererseits freute ich mich auch. Ich sagte ihr, dass der Hund verschiedene Kriterien erfüllen müsse. Ich hätte des Öfteren meine Enkelkinder bei mir, dann müsse er sich mit Whisky und den Katzen vertragen und dürfte auf keinen Fall bissig sein. Sie meinte, das gehe schon in Ordnung. Wir machten für den nächsten Tag einen Termin aus.

Am nächsten Morgen um elf Uhr hielt ein großer Lieferwagen vor meinem Grundstück, aus dem heftiges Hundegebell ertönte. Als ich zum Gartentor ging, stieg eine Frau aus dem Wagen, die mir zurief, sie käme gleich, sie müsse nur noch das Hundefutter aus dem Wagen holen. Anschließend stellte sie mir einen Sack Trockenfutter vor die Tür. Ich war so erschrocken, dass ich gar nicht wusste, was ich sagen sollte. Ich ging zu dem Auto, Whisky neben mir, und wollte eigentlich nur den Hund sehen. Sie kam dann, machte den Kofferraum auf und zog am Halsband ein Knochengerippe aus dem Auto. Whisky hatte es vor Schreck anscheinend auch die Sprache verschlagen, denn er machte keinen Muckser. Ich komplimentierte die Frau mitsamt dem Hund ins Haus, um mir diesen *Boandlkramer* genauer anzusehen. Sie hielt den Hund immer noch genauso fest, wie sie ihn aus dem Auto geholt hatte. Er stand da und zitterte nur. Es war eine graue große Dogge, die in ihrer Jugend bestimmt ein schöner Hund war, jetzt aber nur noch ein Häuflein Elend. Die Frau erzählte dann, dass diese arme Kreatur aus Portugal komme und dort jahrelang einen Lagerplatz bewacht hatte. Sie sei sieben Jahre alt und man könne mit ihr höchstens zehn Minuten am Tag spazierengehen, ansonsten liege herum. Sie bekam die gleichen Tabletten wie Ballou, die leider sehr teuer sind. Auf meine Frage, ob sie sich mit anderen Hunden verträgt, sagte die Frau, wenn sie ins Bett ginge, kämen alle ihre Hunde mit und das hätte funktioniert. Ich war so geschockt von der Situation, dass ich gar nicht wusste, was ich sagen sollte. Meine einzige Reaktion war, dass ich keinen Pflegefall wollte. Vor allem werden Doggen aufgrund ihrer Größe sowieso nicht älter als acht Jahre und was sollte ich mit diesem hinfälligen Hund – so leid er mir auch tat. Als ich meine Bedenken äußerte, wurde sie aggressiv und beschimpfte mich wütend. Ich schenkte ihr die übrig gebliebenen Tabletten von Ballou und gab ihr 20 Euro für die Fahrt, was sie ohne Dank annahm. Sie packte den Hund mitsamt Futter wieder ins Auto, ließ noch einige böse Sprüche los und fuhr dann weg.

Als sie weg war, setzte ich mich erst einmal, um diese ungewöhnliche Situation zu rekapitulieren. So etwas hatte ich in meiner gesamten Tierschützerlaufbahn noch nicht erlebt. Das durfte doch nicht wahr sein, das hatte mit Tierschutz nichts mehr zu tun. Da wurde ein todkranker, alter, gebrechlicher Hund vom anderen Ende Europas geholt und dann noch vermittelt. Dieser Hund hätte eingeschläfert gehört. Ich habe keine Ahnung, was die Vermittlung gekostet hätte. Da alles so schnell und hastig ging, hatte ich überhaupt keine Chance, mich danach zu erkundigen. Aufgrund der Eile denke ich auch, dass diese ganze Angelegenheit unseriös und nicht ganz legal war. Das aggressive Verhalten der Vermittlerin war ja auch nicht in Ordnung.

Als ich mich nach einiger Zeit wieder beruhigt hatte, rief ich meine Tierschutzfreundin an und erzählte ihr diese mysteriöse Geschichte. Ihre erste Reaktion war, dass ich sie bei meiner nächsten Aktion dabei haben sollte, damit nicht doch noch ein Unglück geschah. Sie war auch der Meinung, dass diese Angelegenheit sehr unseriös war, ganz zu schweigen von den Tierschutzaspekten. Wir wollten zuerst Anzeige gegen die Frau erstatten, aber nach genauerer Überlegung fanden wir keine stichhaltigen Beweise – außer, dass dieser arme Hund alt und krank war. Somit war ich einfach nur froh, heil aus der Affäre herausgekommen zu sein.

Vom Internet hatte ich erst mal die Nase voll. Ich überlegte mir, dass es doch am besten wäre, in das nächstgelegene Tierheim zu fahren. Den Leiter dort kannte ich gut, ein echter Hundekenner, er konnte aber auch einem Eskimo einen Kühlschrank verkaufen und ich musste aufpassen, dass er mir keinen armen Bernhardiner aufs Auge drückte. Also wartete ich erst mal noch damit.

Am nächsten Tag rief ich Michaela an und erzählte ihr auch die Story von der Dogge. Sie ließ mich ausreden, dann sagte sie in aller Ruhe: »Mama, warum nimmst du denn nicht Kira. Du weißt doch, dass sich Sissy und Kira nicht mehr vertragen.« Plötzlich fiel es mir wie Schuppen von den Augen, ich hatte es zwar mitbekommen, aber nicht registriert. Nachdem Fritz damals zu uns kam, wollte Michaela Kira und Sissy sterilisieren lassen. Sissy wurde operiert und alles war okay. Kira war trächtig und hatte ein Baby, das damals rausgeholt wurde. Fritz war der Vater. Die Kleine, es war ein

Mädchen, sah aus wieder der Vater, hatte aber das Fell, schwarz, von der Mutter. Nera, so hieß sie, entwickelte sich zu einem wunderschönen, lieben, aber sehr temperamentvollen jungen Hund. Mit einem Jahr merkte man, dass sie Probleme mit dem Rücken hatte. Sie musste operiert werden. Für den jungen Hund war es eine absolute Plagerei, er war drei Wochen in einem kleinen Käfig in einer Klinik in Modena. Das war keine Schikane – er durfte sich einfach nicht bewegen. Die Operation war gut gelungen und es ging ihm danach gut. Er musste zwar noch eine gewisse Zeit an der Leine gehen und durfte nicht einfach los rennen, aber wie heißt es so schön: Zeit heilt Wunden. So auch bei Nera. Ich denke, dass das rasante Wachstum von ihr die Ursache war. Sie war in ihrem jugendlichen Alter schon fast so groß wie die Mutter. Man merkte ihr auch an, dass sie das Temperament von einem Jagdhund hatte, sie war stets auf der Lauer. Die drei beziehungsweise vier Hunde vertrugen sich gut, nur Kira und Sissy hatten ab und zu Probleme. Da Kira die Dominantere war, Sissy sich aber nicht mehr unterordnen wollte, gab es öfter Streitereien. Früher gab es auch ab und zu kleinere Reibereien, aber nach einer gewissen Zeit war alles wieder vorbei. Jetzt konnte es aber schon sein, dass Sissy hin und wieder eine Bißverletzung hatte, und die Raufereien wurden immer häufiger. So entschieden sich Dario – Kira war sein Liebling – und Michaela, dass ich Kira bekommen sollte.

Im Prinzip war es mir egal, welchen Hund ich bekam, ich wollte nur keinen langhaarigen mehr. Außerdem war es für Kira besser, dass sie mit zunehmendem Alter ins Haus kam. Die Hunde hatten bei Michaela zwar sehr schöne große und isolierte Hundehüten, aber im Alter war ein warmes Plätzchen vor dem Kamin auch nicht zu verachten.

So kam es, dass Michaela bei ihrem Weihnachtsbesuch Kira mitbrachte. Wir kannten uns ja schon sehr lange und Whisky war ihr auch bekannt. Was sie nicht kannte, waren meine vier Katzen, die ins Haus kamen. Michaela hatte zwar auch Katzen, die außerhalb lebten, sie waren zahm, gingen auch mit spazieren und liefen bei den Hunden rum, wenn es aber darauf ankam, wurden sie auch von ihnen gejagt.

Für Kira war es ein völlig neues Wohngefühl, im Haus zu schlafen. Sie hatte von Ballou die Schlafstelle übernommen und war gleich damit einverstanden. Man merkte ihr an, dass sie sich wohlfühlte. Michaela und die Kinder waren da und es war fast wie zu Hause.

Nach acht Tagen fuhren Michaela und die Kinder wieder und es kehrte die gewohnte heimische Ruhe ein. Nun waren keine Kinder mehr da und man merkte Kira an, dass sie traurig war. Sie war es nicht gewöhnt, ohne ihresgleichen und ohne Kinder zu sein. Whisky war kein Ersatz für ihre Kameraden, da er nicht mit ihr spielte und sie ihn gar nicht ernst nehmen konnte. Die Katzen hatten sich mittlerweile an sie gewöhnt und lagen bei ihr auf der Decke.

Beim Spazierengehen hatte ich so meine Probleme. Kira kannte keine Autos, keine fremden Menschen, keinen Zug, keine Leine – im Prinzip gar nichts. Anfangs führte ich sie an der Leine, da sie sonst nicht mitgegangen wäre. Vor jedem Menschen, der uns begegnete, hatte sie Angst und wäre am liebsten davongelaufen. Zu Hause, wenn Besuch kam, machte sie gar nichts, blieb ruhig auf ihrem Bett liegen. Sobald sie aber jemanden kannte, freute sie sich und kam schwanzwedelnd auf einen zu. Mit Hunden hatte sie keine Probleme, jeder wurde freundlich begrüßt. Nur die fremden Hunde (und Herrchen) hatten vor ihr Angst. Die meisten Menschen konnten gar nicht einordnen, was für eine Rasse sie sei. Da sie kupiert war – es sah schlimm aus – hielten die meisten sie für eine Dogge. Mittlerweile ist das Kupieren ja verboten – Gott sei Dank.

Die Umgewöhnung dauerte etwa vier Monate. Ich brauchte keine Leine mehr, denn egal, wie ging, Kira war stets hinter mir. Selbst im dichtesten Verkehr war sie wie mein Schatten.

Im Frühjahr stellte ich fest, dass sie gerne ins Wasser ging. Einer meiner gewohnten Wege führte am Fluss entlang. Sie schwamm zwar nicht unbedingt, holte aber alles, was so im Wasser trieb, heraus – am liebsten große Stöcke oder Äste. Sie legt sie dann auf die Wiese und knabbert daran. Wenn sie keine Lust mehr hatte, kam Whisky und schnappte sich das Kauspielzeug.

Irgendwann konnte Kira plötzlich nicht mehr richtig gehen, sie trat mit dem linken hinteren Fuß nicht mehr richtig auf. Bis dahin konnte sie noch superschnell laufen, wenn sie ihre Anfälle hatte und mit Whisky um die Wette lief. Als es nach ein paar Tagen nicht besser wurde, ging ich zu meiner Tierärztin. Dort stellte sich heraus, dass sie am linken Knie Arthrose hatte. Die Ärztin gab ihr eine Spritze und empfahl mir die gleichen Tabletten wie Ballou sie am Schluss bekommen hatte. Aufgrund der Tabletten ging es ihr wieder besser. Ab und zu humpelte sie zwar, aber wenn sie Lust hatte und Whisky sie animierte, konnte sie noch richtig schnell laufen und einen Purzelbaum vor Übermut machen. Wasser war weiterhin ihre Schwäche.

Eine kleine Episode. Wir gingen am Fluss entlang. Ich sah auf der anderen Seite einen Bisam ins Wasser gehen. Kira sah ihn auch, sprang – schwupps – ins Wasser und schwamm auf die andere Seite. Bis sie ans Ufer kam, war der Bisam natürlich weg. Sie erklomm die Böschung und auf mein Rufen, wieder zurückzukommen, stand sie nur da und winselte. Sie war anscheinend über die eigene Courage so erschrocken, dass sie nicht wusste, wie sie wieder rüber kommen sollte. Schwimmen wollte sie nicht, da ihr das Wasser zu tief war. Ich ging am Ufer entlang, was ein sehr unangenehmes Unterfangen war, da das Gras einen Meter hoch stand. Sie lief auf der anderen Seite und ließ mich nicht aus den Augen. Verstecken half auch nichts, da sie sich dann hinstellte und weinte. So musste ich etwa 500 Meter weit gehen, bis endlich eine seichte Stelle im Wasser kam, wo sie sich rübertraute. Seither ging sie aber des Öfteren vom seichten Wasser ins tiefe und schwamm eine kleine Runde.

Eine Bekannte von mir hatte eine weitere Bekannte, die sich über das Internet einen Hund geholt hatte. Da sie Probleme mit der Wohnung bekam, ausziehen musste und den Hund nicht mitnehmen konnte, suchte sie dringend einen Platz für das Tier. So kam ich ins Gespräch. Ich wollte zwar keinen neuen Hund, aber als Übergangslösung war ich bereit, einen armen Hund kurzfristig zu übernehmen. So verabredeten wir uns am nächsten Tag um elf Uhr bei mir. Pünktlich um elf hielt ein Auto vor der Tür und zwei jungen Frauen stiegen aus. Als sie den Kofferraum öffneten, purzelte ein komisches hellbraunes Etwas auf den Boden. Sie stellten sich vor. Der Hund glich mehr einem zum Sprung ansetzenden Känguru. Ich war total geschockt, es ging mir fast so, wie mit der Dogge damals. Die Zunge hing dem Hund seitlich aus dem Maul und er sprang fröhlich umher. Die Besitzerin erzählte mir dann, dass sie ihn aus dem Internet von einer Tötungsstation aus Spanien hätte. Er war etwa zwei Jahre alt und außer der Behinderung gesund. Die komische Figur entstand dadurch, dass die Hinterbeine eingeknickt waren und er nicht gerade stehen konnte. Warum die Zunge stets raushing, wusste sie auch nicht. Er tat ihr leid und deshalb hatte sie ihn genommen.

Ich fragte mich, warum man solche armen Kreaturen überhaupt aufpäppeln musste. Es gab viele gesunde Hunde, die auch einen Platz suchten. Irgendwann würde die Behinderung zur Plage und müsste mit Medikamenten behandelt werden. Zudem wurden die Hunde aus fernen Ländern geholt, was absoluter Schwachsinn war.

Dieser hier hieß Pepito und war ein freundlicher netter und sehr temperamentvoller Hund. Whisky sah ihn etwas verständnislos an, da er nicht wusste, was er mit ihm anfangen sollte. Kira schwänzelte ihn an, in ihrer gewohnten ruhigen und freundlichen Art. Ich sagte der Besitzerin, wenn Pepito mit den Hunden und Katzen auskäme, würde ich ihn vorübergehend nehmen, bis er einen neuen Platz hätte. Sie müsste sich aber unbedingt darum kümmern, was sie mir auch versicherte. Anschließend gingen wir zusammen spazieren und Pepito flitzte wie ein Wirbelwind durch die Gegend. Er kam auch brav zurück, wenn man ihn rief. Wir verabredeten uns für den nächsten Tag noch einmal, da sie mir die Hundeutensilien bringen wollte.

Als wir zurückkamen und ins Haus gingen, waren schon die ersten Katzen da. Pepito beachtete sie gar nicht, anscheinend war er Katzen gewöhnt. Die Katzen selbst hatten keine Angst vor ihm.

Damit keine Eifersüchteleien entstanden, hatte ich ihm schon ein Lager hergerichtet. Ich hatte aber nicht mit dem Selbstbewusstsein von Pepito gerechnet: Man glaubt es nicht, er ging nicht zu dem Lager, das ich ihm offerierte, sondern legte sich zu Kira auf die Couch. Da sie sehr souverän war, duldete sie dies auch und machte keinen Mucks. – Vielleicht auch deshalb, weil es ein junger Rüde war. Wenn Sissy das gemacht hätte, wäre Kira sicher nicht so friedlich gewesen. Nachmittags gingen wir dann wieder spazieren. Einige hundert Meter weiter lief ein Jogger. Auf mein Rufen hörte Pepito nicht und lief dem Jogger hinterher. Nach einiger Zeit kam er zwar wieder zurück, aber das durfte natürlich nicht sein. Am Abend bei der Fütterung lief alles in Ruhe ab. Alle drei Hunde hatten ihre Schüsseln und es gab keinen Futterneid. Zu später Stunde ließ ich noch einmal alle drei raus und das war's dann. Kira lag jetzt auf Pepitos Lager und Pepito auf Kiras Couch.

Am nächsten Tag brachte mir die Besitzerin die Hundeschüssel und Leine. Auf meine Frage, ob er gut folge, meinte sie, wenn er nicht abgelenkt würde, käme er sofort. Er täte aber nichts, freue sich über jeden und springe die Leute an – was ja aber auch nicht jedermanns Sache ist. Wir verabschiedeten uns. Pepito machte keinerlei Anstalten, mit ihr zu gehen. Sie versprach mir nochmals, sich um die Vermittlung zu kümmern. Seit dieser Zeit hat sie sich einmal gemeldet und von Vermittlung keine Spur.

Pepito war ein liebenswerter braver Hund. Er hatte nur beim Fressen Probleme, da ihm seine Zunge im Weg war. (An seinem Futterplatz sah es fast so auch wie bei Ballou.) Da ich ja auch nicht mehr die Jüngste war, hatte ich mit Hunden, die an der Leine gehen mussten und dann noch zogen, so meine Schwierigkeiten. Pepito durfte zwar laufe, wenn wir in der Pampa waren und keiner kam, sobald aber die Lage etwas unsicher wurde, nahm ich ihn an die Leine

So war es auch an einem Sonntagnachmittag. Christine hatte angerufen, dass sie mit den Kindern nachmittags kommen wollte, deshalb ging ich vorher mit den Hunden noch eine Runde.

Ich fuhr mit dem Auto an den Fluss zu einem wunderschönen Wanderweg. Das Wetter war nicht besonders gut, darum waren auch nicht so viele Menschen unterwegs. So konnte ich Pepito problemlos laufen lassen.

Wir hatten schon die Hälfte der Strecke hinter uns, als uns plötzlich ein Radfahrer überholte, der einen Kinderwagen vor sich herschob. Das Ganze sah etwas komisch aus und war recht überraschend, weil man ihn nicht hören konnte. Er war plötzlich da, alle erschraken und schon war er wieder weg. Kira und Whisky machten keinerlei Anstalten, Pepito aber lief ihm hinterher. Ich schrie und pfiff, aber alles umsonst. Der Radfahrer hätte nur stehenbleiben müssen, dann hätte ich den Hund geholt, aber dem war nicht so, im Gegenteil: Er gab noch mehr Gas. Ich lief so gut ich konnte –einem Herzinfarkt nahe – hinterher. Das Schlimme war: Das Ende des Weges mündete in die B 13 und da war immer viel Verkehr.

Nach einer Viertelstunde kam mir ein Fußgänger entgegen, den ich nach dem Radfahrer und dem Hund fragte. Ja, meinte er, der Radfahrer mit dem Kinderwagen sei auf der B 13 in Richtung Stadtmitte gefahren, einen Hund habe er aber nicht gesehen.

Nun musste ich erst nach Hause, die beiden Hunde abliefern, und dann mein Auto holen. Christine war schon da und fuhr mich zu meinem Auto. Anschließend fuhr ich zur Polizei. Als ich dort ankam, traf mich fast der Schlag. Der Hundeführer, den ich ja gut kannte, hatte Pepito auf dem Schoß. Ich konnte es nicht glauben. Im gleichen Raum war noch ein junges Mädchen, das sich mit den Polizisten unterhielt. Der Hundeführer war sehr erstaunt, als er mich sah, da er ja wusste, was ich für Hunde hatte. Auf meine Frage, ob der Hund einen Unfall hatte, meinte er, er sei vermutlich angefahren worden. Er stellte Pepito auf den Boden und er sah aus wie immer. Ich erklärte den beiden, dass Pepito von Haus aus so aussah, mit seiner raushängenden Zunge und den verkrümmten Beinen.

Die junge Frau war auf dem Heimweg und hatte Pepito gesehen, der hilflos auf der Straße herumlief. Sie hielt ihr Auto an und versuchte, ihn zu fangen. Da es ihr nicht gelang, rief sie per Handy die Polizei an, die dann auch kam und ihn fing. Was aber das Unglaublichste war: Sie hatte sich in den Hund verliebt. Ich erzählte dann die Geschichte, wie ich zu Pepito gekommen war und dass ich ihn eigentlich vermitteln wolle. Es war unglaublich: Sie wollte ihn haben. Sie musste aber erst mit ihrem Lebensgefährten darüber reden und am nächsten Tag wollte sie bei mir vorbeikommen. Ich kam mir vor wie im Traum. Ich bedankte mich bei dem Hundeführer, schnappte mir Pepito, der etwas verstört war, und fuhr nach Hause.

Ich erzählte Christine diese unglaubliche Geschichte und wir waren heilfroh, dass nichts passiert war.

Tatsächlich kamen die jungen Leute am nächsten Tag, um sich Pepito anzusehen. Er freute sich – wie immer – und die beiden wollten eine Runde mit ihm gehen. Nach ein paar Stunden kamen sie wieder und waren beide überzeugt, dass sie Pepito haben wollten. Es gab nur ein Problem: Der Bruder der jungen Frau war mit einer Mexikanerin liiert und die beiden heirateten in sechs Wochen in Mexiko. Dazu war die ganze Familie eingeladen. Deshalb war es ihr nicht möglich, den Hund jetzt schon zu nehmen, zumal die beiden Paare zusammen in einem umgebauten Bauernhof wohnten. Da sie mir fest zusagten, den Hund anschließend zu nehmen, war es für mich in Ordnung.

In der Zwischenzeit kamen sie öfters vorbei und gingen mit ihm spazieren oder nahmen ihn mit zu sich nach Hause.

Nach ein paar Tagen riefen sie mich dann an, dass sie jetzt wieder zu Hause seien und den Hund holen konnten. Ich richtete alles her und nachmittags kamen sie. Da Pepito sie ja kannte, war es kein Problem. Ich war teilweise sehr erleichtert, dass er so einen guten Platz bekam, andererseits hatte ich mich schon an ihn gewöhnt. Ich bat mir aber noch aus, sie bald besuchen zu dürfen, um mir eine Meinung über die Haltung zu bilden, was sie auch für gut befanden.

Nach drei Tagen besuchte ich sie und musste sagen, es war ein Traumplatz. Es ging ihm so ähnlich wie Fritz: Ein Sechser im Lotto.

Nun kehrte wieder Ruhe bei uns ein. Pepito hatte trotz seiner Behinderung ein unglaubliches Temperament. Sie besuchten mich auch öfters und Pepito freute sich, wenn er mich sah, aber er wusste genau, zu wem er gehörte. Er machte keinerlei Anstalten, bei mir zu bleiben. Das fand ich auch gut so.

Mittlerweile war die Krankheit bei Kira weiter fortgeschritten und die Tabletten halfen nicht mehr. Die Ärztin hatte ihr ein neues Medikament verordnet. Ob und wie es ihr half, konnte ich nicht genau feststellen. Manchmal hatte ich das Gefühl, dass es ihr besser ging, dann war es genauso schlecht wie vorher. Wahrscheinlich ist es mit den Tieren wie mit uns Menschen: Haben wir einen guten Tag, geht es uns besser, an einem schlechten Tag fühlen wir uns mies.

So ging es ein halbes Jahr, bis mir ihr Verhalten nicht mehr gefiel. Man merkte, dass sie dauernd Schmerzen hatte. Die Ärztin meinte, das Medikament sei für ihren Zustand nicht stark genug. Sie bräuchte Cortison. Da man sich als Laie auf den Arzt verlassen muss, stimmte ich dem neuen Medikament zu, allerdings mit gemischten Gefühlen, da man ja weiß, was Cortison bedeutet. Sie verschrieb mir für drei Tage das Medikament und zusätzlich für den Magen Stärkungstabletten.

Kira nahm die Tabletten ohne Probleme. In der Hoffnung, dass sie jetzt vielleicht wieder rumspringen würde wie ein junger Hund, war ich sehr enttäuscht, als sich ihr Zustand nicht änderte. Im Gegenteil, sie ging zwar notgedrungen mit uns Gassi, hatte aber überhaupt keine Freude mehr daran. Fressen machte ihr auch keinen Spaß mehr.

Am nächsten Morgen schwänzelte sie zwar, als sie mich sah, aber ihr Blick war anders als sonst. Beim morgendlichen Gassigehen ging sie sehr behäbig und langsam, knickte ab und zu ein und wollte nach ein paar Metern wieder zurück. Da es Sommer war, das Wetter traumhaft, machte ich ihr im Garten ein Lager, von wo sie alles übersehen und mitbekommen konnte.

Am nächsten Tag hatte ich Geburtstag. Da meine Freunde und Kinder mit meinen Enkeln kamen, musste einiges hergerichtet werden. Was mir auffiel, war das Verhalten von Whisky: Er reagierte ganz anders als sonst. Normalerweise sprang er hoch und animierte auch Kira, wenn er merkte, dass ich Gassi gehen wollte. Jetzt blieb er ganz ruhig und sah Kira nur erwartungsvoll an. Er hielt in gewisser Weise auch etwas Abstand zu ihr. Man merkte ihm an, dass er mit dem Verhalten von Kira nicht klarkam.

Abends kam dann Michaela mit Familie aus Italien. Die Freude war groß, wurde aber durch den Zustand von Kira sehr getrübt, zumal Kira Darios Liebling war. Sie freute sich auch sehr, als sie ihre alte Familie wieder sah, aber die Freude war gedämpft, man merkte ihr an, dass ihr jede Bewegung Schmerzen bereitete. Wir blieben länger auf und Kira lag wieder auf ihrer Couch. Da ich ihr die Tabletten gab, musste sie unbedingt vorher Futter zu sich nehmen. Ihr normales Futter verweigerte sie und so gab ich ihr gekochtes Rinderhackfleisch. Nach gutem Zureden fraß sie es. Da es schön warm war, ließ ich in der Nacht die Haustür offen, damit sie raus konnte, wenn sie musste.

Als ich am nächsten Morgen runterkam, traf mich fast der Schlag: Im Wohnzimmer war ein riesiger schwarzer Fleck, im Nachhinein stellte sich heraus, dass es Magenblut war. Gassi gehen ging nicht mehr. Sobald Kira nur ein paar Meter ging, fiel sie um. Es sah aus, als hätte sie epileptische Anfälle. Sie verdrehte die Augen, zappelte mit den Beinen und nach ein paar Minuten war sie wieder ganz ruhig. Ich rief sofort die Tierärztin an, die aber erst am Nachmittag kommen konnte. Mittlerweile kamen schon die ersten Gäste.

Kira lag teilweise ruhig auf ihrem Bett im Garten, doch sobald sie aufstand, fiel sie um. Was für mich am Schlimmsten war, war der Blick, mit dem sie mich ansah. Ich war fertig mit der Welt und hätte am Liebsten die Geburtstagsfeier abgesagt. Meine Freunde hätten auch Verständnis dafür gehabt, denn jeder mochte Kira, damit wäre aber niemandem geholfen gewesen.

Zum Glück war Michaela da, die mich moralisch unterstützte. Selbst Dario, der sehr an Kira hing meinte, es sei besser, den Hund von seinen Qualen zu erlösen. So entschlossen wir uns, noch bevor die Ärztin kam.

Endlich kam sie und war selber erschrocken über den Zustand von Kira. Sie sah sie sich etwas genauer an und meinte, man könnte noch etwas versuchen. Ich wusste zwar nicht was, aber davon wollten wir Abstand nehmen. Keine Verlängerung der Qualen, kein Herzmittel, da das nur ein Rauszögern war. Im Endeffekt stimmte sie uns zu. Sie ging zum Auto und holte ihren Koffer. Wir schickten die Kinder und unsere Freunde in den hinteren Teil des Gartens. Michaela und ich legten uns auf den Boden zu Kira und streichelten sie. Sie war sehr ruhig und genoss die Liebkosungen. Das Ganze dauerte etwas, da die Ärztin einige Mühe hatte, eine Vene zu finden, wo sie die Spritze setzen konnte. Endlich war es ihr gelungen und es dauerte ein paar Sekunden, bis Kira eingeschlafen war. Es war eine Tragödie. Da es nicht möglich war, Kira im Garten zu beerdigen (ich hätte einen Minibagger für das Loch benötigt), nahm die Ärztin den Hund mit.

Beim Abschlussgespräch über die Ursache für den rasanten körperlichen Abbau meinte sie, es könnte an der Medikamentenumstellung gelegen haben. Eventuell war die Dosis des Cortisons zu hoch. Wenn man das so sieht, könnte man unter Umständen von ärztlichem Versagen sprechen. Kira war noch nicht alt, acht Jahre, und hatte keine Krankheit, außer den Problemen mit den Knochen, die schwerere Hunde ab und zu haben, was aber auch nicht lebensgefährlich war. Es lag mit Sicherheit an den Medikamenten. Aber was soll's, vorbei ist vorbei. Sie hatte insgesamt ein schönes Leben, erst bei Michaela und dann bei mir. Sie wurde von allen Menschen geliebt. Ich hatte noch nie einen Hund, der so folgsam, aufmerksam, liebevoll und doch zurückhaltend war. Sie war ein Goldschatz.

Als die Ärztin weg war, nahmen Michaela und ich einen doppelten Schnaps zu uns. Die Stimmung war natürlich am Boden, im

Laufe des Nachmittags wurde es aber etwas besser. Im Grunde war jeder froh, dass Kira erlöst war.

Ich habe noch nie einen so furchtbaren Geburtstag gefeiert. Selbst Whisky war sehr verstört. Im Gegensatz zu seinem sonstigen Verhalten, wenn die Kinder und Besuch da waren, sonderte er sich ab und lag meist im Haus. Emma und Davide hatten natürlich auch etwas mitbekommen, trotz des Ablenkungsmanövers von Christine. Dauernd fragten sie, wo Kira sei. Wir sagten ihnen die Wahrheit, dass sie sehr krank war und nun im Hundehimmel wäre. Sie waren sehr traurig darüber und sahen andauernd zum Himmel hinauf. Kinder sollen in gewissen Situationen nicht belogen werden und müssen lernen, auch mit den unangenehmen Seiten des Lebens zurechtzukommen. Bis zum Abend hatte sich dann die Situation etwas entspannt und sie spielten wie gewohnt zusammen.

Nun hatte ich also nur noch Whisky und die Katzen. Ich hatte zwar vor, mir wieder einen größeren Hund zuzulegen, als Schutz, war aber moralisch noch nicht so weit.

Da sich die Situation im Tierheim grundsätzlich zum Guten gewendet hatte, Katrin Q. war – Gott sei Dank – wieder Leiterin des Tierheims, war ich des Öfteren dort. Mir fiel ein Schäferhundmischling auf, der mit sehr gut gefiel. Auf meine Nachfrage stellte sich heraus, dass er etwa sieben Jahre alt war, ruhig und sehr verträglich anderen Hunden gegenüber.

Da ich allein lebte, war es für mich aber schwierig, wenn ich mal mit meinen Kollegen wegfahren wollte. Christine hätte Whisky sofort genommen, aber er kam mit Christines Hund Willi, einem Mastino, nicht klar. Wenn ich nach Italien fuhr, nahm ich Whisky mit, ansonsten musste ich mir immer einen Hundesitter bestellen. Bei den Katzen war es genauso, sie mussten aber nur gefüttert werden. Es wäre also nicht einfach gewesen, da noch einen weiteren Hund hinzuzunehmen.

Seit einigen Monaten hatte ich auch wieder einen Neuzugang, eine junge Katze. Es war ein Kater und hieß *Findus*. Christine hatte ihn mitgebracht. Sie hatte ihn von einem Bauern, der seine jungen Katzen sonst entweder ersäufte oder erschlug. Findus hatte noch eine Schwester. Da sie anfangs im Haus waren, war alles in Ordnung, sie waren sehr nett und aufgeschlossen. Erst als sie rauskonnten, geschah das Unglück: Willi, der Mastino von Christine, brachte eine der beiden um. Ich denke, dass er es nicht aus Böswilligkeit machte, sondern nur spielen wollte. Willi war ein sehr liebenswerter und braver Hund, aber etwas tollpatschig. Er war Katzen gewohnt und tat ihnen nichts, allerdings waren die Katzen seiner Familie schon etwas älter und ließen sich nichts gefallen.

Nun hatte ich Findus übernommen. Er war ein sehr verschmuster, aber anstrengender Kater. Meine anderen Katzen knurrte er anfangs nur an, mit Whisky vertrug er sich hingegen. Er ist mehr auf den Menschen bezogen als auf Seinesgleichen. Wenn meine Enkelin Emma da war, saß er nur bei ihr. Sie brauchte nur zu rufen, sofort kam er angelaufen. Er ging auch mit spazieren. Wenn es zu weit war, ging er in einen Garten und wartet, bis ich mit Whisky wieder zurückkam.

Einmal ging er morgens mit, ich kam aber nicht auf demselben Weg zurück. Mittags ging er mir irgendwie ab und ich lief zu dem Grundstück, wo ich ihn am Morgen zuletzt gesehen hatte. Ich rief seinen Namen und schon war er miauend da. Er war ein ausgesprochen lustiger Kerl. Mein Bedarf an Katzen war nun gedeckt.

Meinem Lieblingskater Rudi ging es auch gut. Er hatte sich zu einem wunderschönen roten Main-Coon-Kater entwickelt. Trotz seines blinden Auges sah er alles. Im Sommer fing er Eidechsen, Mäuse und Maulwürfe. Kastriert war er noch nicht, da er angeblich die Narkose nicht überstehen würde. Dank des Hormon-Chips hatte er keine *männlichen Ambitionen*.

Es war eine Freude, den Tieren zuzusehen, wenn sie schliefen. Rudi hat zwei Schwestern, die eine sah aus wie er, hatte auch längeres Fell und war braun-beige, die andere war eine normale Tigerkatze. Sie lagen ganz eng zusammen, wenn sie schliefen, meist hatte er seinen Kopf auf den Pfoten einer Kätzin. Die beiden Schwestern umschwärmen ihren Bruder – ich hatte manchmal sogar das Gefühl, dass sie sich Bussi gaben –, was er sich gerne gefallen ließ. Mein anderes Katzenpärchen – die beiden Schwestern von Gustav – gingen sich hingegen meist aus dem Weg, fauchten sich sogar ganz gemein an, wenn eine der anderen zu nahe kam.

So hatte ich mich entschlossen, es bei einem Hund zu belassen. Falls ein armer Hund meine Hilfe bräuchte, wäre ich zwar da, aber so wie es war, war es gut. Ich hoffte, dass ich mit Whiskey und den Katzen noch ein schönes Leben haben würde.

Eines Sonntags stand ich etwas später auf, da das Wetter nicht sehr einladend war. In der Nacht hatte es etwas geschneit und es lag kein Schnee, sondern Matsch auf der Straße. Als ich runterkam, lagen vor der Wohnzimmertür zwei Katzen und schauten ganz interessiert durch ihr Schlupfloch. (Ich hatte an jeder Tür eine Katzenklappe, durch die sie immer rein und raus konnten.) Ich machte die Tür auf und Rudi lag auf der anderen Seite. Als ich ihn ansprach, stieß er nur einen jammervollen Laut aus. Ich hob ihn auf und sein Hinterteil hing wie ein nasser Lappen runter. Ich stelle ihn hin und merkte, dass die Hinterbeine sofort einknickten, er zog sie nach. Es war ein Schock aus heiterem Himmel. Von einem Auto konnte er nicht angefahren worden sein, denn er war ganz trocken und sauber. Unter Umständen konnte er die Treppe runtergefallen sein – die war teilweise freischwebend und führte in den ersten Stock zu einer Galerie. Es konnte sein, dass er mit dem blinden Auge an der verkehrten Stelle war, nichts sah und dann fiel, obwohl oben an der

Galerie Holzgitterstäbe zur Sicherheit waren. Außerdem kannte er das Haus ja schon drei Jahre und es war ihm nicht fremd. Mir war es ein Rätsel.

Voller Panik rief ich beim Tierschutzverein an, welcher Arzt Bereitschaftsdienst hatte. Ich meldete mich bei dem diensthabenden Arzt und bekam für nachmittags einen Termin.

Inzwischen legte ich Rudi vorsichtig auf ein Lager, wo er auch ruhig liegenblieb. Futter und Wasser nahm er nicht an. Wenn ich ihn streichelte, schnurrte er ganz leise.

Als es soweit war, legte ich ihn in den Katzenkorb. Auf der Fahrt zum Arzt führte er sich unglaublich auf. So hatte ich ihn unterwegs noch nie erlebt: Er war nur am Fauchen und Schreien.

In der Praxis angekommen, hob ihn der Arzt aus dem Korb und wollte ihn hinstellen. Rudi führte sich auf wie ein Tiger. So kannte ich ihn überhaupt nicht. Der Arzt sagte, ich dürfe ihn nicht fangen, wenn er mich beiße, könne ich eine Blutvergiftung bekommen. Er zog sich Handschuhe an und hielt ihn mit Gewalt fest, um ihn abzuhören. Ich erzählte ihm, dass Rudi als Baby schon einmal mit dem Hinterbein Schwierigkeiten hatte. Damals dachte ich, dass es gebrochen sei. Er blieb meist in seinem Katzenkorb liegen, Futter, Wasser und das Klo waren in unmittelbarer Nähe. Nach ungefähr drei Wochen war dann alles wieder normal. Er konnte wieder gehen, laufen und springen. In meinen Augen hatte sich der Körper von alleine geholfen. Der Arzt meinte nun, es könnte kein Bruch gewesen sein, der sich in der kurzen Zeit von alleine regeneriert habe. Er vermutete, dass Rudi mit dem Rückgrat Schwierigkeiten hätte. Er gab ihm deshalb eine Spritze und meinte, einen Versuch wäre es wert. Ich solle am nächsten Tag wiederkommen. So packte ich meinen Rudi wieder ein, in der Hoffnung, dass die Spritze ihre Wirkung hätte.

Zu Hause legte ich ihn wieder auf seinen Platz und er war ganz ruhig, Fressen und Wasser lehnte er aber immer noch ab.

Inzwischen merkte ich auch, dass nicht nur die Beine geschädigt waren, der ganze hintere Körperteil war in Mitleidenschaft gezogen. Wenn ich ihn aufhob, sah man, dass er immer etwas Wasser verlor. Anscheinend hatte er aber keine Schmerzen, denn er jammerte nicht und lag ganz ruhig da. Nach reiflicher Überlegung kam ich zu dem Schluss, Rudi nicht noch einmal zum Tierarzt zu fahren, diese Plagerei wollte ich ihm nicht antun. Ich rief in der Praxis an, redete mit dem Arzt und er hatte auch Verständnis dafür. So machten wir einen Termin aus, wann er zu mir kommen sollte. Da Rudi keine Schmerzen hatte, wollte der Arzt am nächsten Tag kommen.

Rudi lag nach wie vor auf seinem Lager. Was mich verwunderte war, dass seine Geschwister nicht zu ihm gingen. Er lag ganz allein, ab und zu kam eine Katze vorbei, sah kurz zu ihm hin und war wieder verschwunden. Anscheinend merkten sie, dass mit ihm etwas nicht stimmte. Ich setzte mich zu ihm auf den Boden, streichelte ihn und er schnurrte wie eh und je.

Am nächsten Morgen lag er immer noch da. Er hatte sich nur einmal um seine eigene Achse gedreht und den Kopf etwas erhöht abgelegt.

Als der Arzt kam, war mir klar, was passieren würde. Der Arzt und ich sahen uns an und dachten dasselbe. Er meinte, er könne die Ursache nicht feststellen, das war aber unter diesen Umständen auch nicht nötig, da es keine Hilfe mehr gab. So verabreichte er ihm die Narkose. Rudi lag da und sah mich mit seinem einen Auge ganz ruhig an. Ich streichelte ihn, er schnurrte und schnurrte, schlief aber nicht ein. Wir konnten es nicht glauben. Der Arzt gab ihm noch eine Spritze. Er zuckte nicht einmal und schlief wieder nicht ein. Wir warteten. Es war furchtbar.

Rudi war topfit. Selbst der Arzt war ganz durcheinander, denn normal war das nicht. Die dritte Spritze gab er ihm in die Niere und nach einer Sekunde war es vorbei. Er erklärte mir, dass Rudis

Kreislauf anscheinend nicht mehr funktionierte und somit das Schlafmittel im Körper nicht weitertransportiert worden war. Anschließend gab er ihm die richtige Spritze und Rudi war – hoffentlich – im Katzenhimmel. Ich kann es bis heute noch nicht fassen, was mit meinem Lieblingskater passiert ist.

Am nächsten Tag habe ich ihn dann mit einer Freundin eingegraben. Seine Schwester suchte ihn tagelang, kam nachts nicht ins Haus. Erst nach zwei Wochen schlief sie wieder auf ihrem gemeinsamen Platz. Man merkte aber den beiden Schwestern an, dass sie noch immer Rudi im Kopf hatten.

Neulich rief mich Christine ganz verstört an und teilte mir mit, dass Willi, ihr Hund, von einer Minute auf die andere verstorben sei. Sie hatten alle zusammen im Garten gespielt. – Willi freute sich immer, wenn die Kinder draußen herumtobten und er mitlaufen konnte. Aus heiterem Himmel fiel er plötzlich um und war sofort tot. Der Tierarzt stellte einen Herzinfarkt fest. Der Hund war noch nicht alt, erst neun Jahre, topfit, auch nicht dick, nur etwas langsam, durch seine Rasse bedingt – es war ein Mastino, die von Haus aus etwas schwerfälliger sind. Die ganze Familie war geschockt.

Eigentlich wollten sie noch etwas warten mit einem neuen Hund, aber den Kindern ging das Familienmitglied sehr ab. So informierte Christine sich im Internet über einen neuen Hund. Es musste ein junger Hund sein und sie wollte ihn aus einem Tierheim oder von einer Tierschutzorganisation. In unserem Tierheim gab es leider keinen jungen Hund und so kam sie zu einer *Hunde-in-Not*-Organisation. Dort wurden alle möglichen Rassen und Hunde per Bild angeboten. Sie suchte sich einen au, und setzte sich dann mit dem zuständigen Verein in Verbindung. Innerhalb weniger Tage war ein Mitglied der Organisation bei ihr, um den Platz zu überprüfen. Er machte ihr dann einen Vorschlag, den sie auch befolgte: Da der Welpe, den sie sich ausgesucht hatte, verhältnismäßig klein bleiben würde, meinte er, bei dem großen Grundstück wäre ein größerer Hund doch von Vorteil als Wachhund, was Christine dann auch akzeptierte. So kam ein sechs Monate alter Marimano ins Gespräch. Wir hatten ja schon vor Jahren Dago, der auch ein Marimano war, und wir hatten viel Freude mit ihm.

Dieser Hund war eine Hündin. Es wurden Auflagen gemacht, der Hund durfte zum Beispiel nicht angekettet werden, nicht in den Zwinger und musste mit der Familie im Haus gehalten werden. Bei eventuell Schwierigkeiten musste er an die Organisation zurückgegeben werden. Ich fand diese Auflagen gut, damit wurden die Tiere vor schlechter Haltung geschützt. Außerdem wurden hin und wieder unangemeldet Kontrollen durchgeführt. Der Hund kostet 250,- Euro, war gechippt, geimpft und bei *Tasso* gemeldet.

Als das Schriftliche und Finanzielle erledigt war, wurde ausgemacht, wann und wo der Hund abgeholt werden konnte. Es war am darauffolgenden Sonntag um zehn Uhr an einer Autobahnausfahrt in der Nähe von München. Ich war leider nicht dabei – oder Gott sei Dank –, denn die Umstände waren schon etwas mysteriös. Pünktlich um zehn Uhr kamen zwei VW-Transporter mit etwa 30 Hunden in Käfigen, sie kamen direkt aus Italien. Jede Menge Menschen standen auf dem Parkplatz, die alle auf ihre Tiere warteten. Christine bekam ihre Raina – so hieß der neue Hund –, die total ängstlich war. Es waren alle möglichen Rassen und Mischlinge dabei, junge und alte Tiere. – Anscheinend arbeitet der Verein mit italienischen Tierheimen zusammen, die die Hunde dann übergaben. Die Hunde, die nicht sofort vermittelt wurden, kamen zu Pflegefamilien. So wurde ihnen ein erneuter Aufenthalt im Tierheim erspart. Dieser Verein existierte schon 15 Jahre – ich hörte allerdings zum ersten Mal davon, fand ihn organisationsmäßig aber super. Insgeheim war ich mit mir am kämpfen, ob ich mir nicht doch einen älteren Hund zulegen sollte. – Kommt Zeit, kommt Rat.

Auf der Rückfahrt nach Haus kam Christine mit Emma bei mir vorbei. Raina war im Auto und total verschüchtert. Christine holte sie aus dem Wagen und setzte sie im Garten auf den Boden. Whisky kam und beschnupperte sie, sie ließ sich alles gefallen. Ins Haus wollte sie nicht, also musste Christine sie wieder tragen. Katzen kannte Raina anscheinend, denn sie reagierte nicht, als zwei Katzen an ihr vorbeiliefen. Laut Auskunft der Tierschützer kam sie von einem Bauernhof. Erzählen kann man viel und ich konnte mir auch nicht vorstellen, dass die Tierheime wussten, wo die Tiere herkamen. Fest stand, dass Raina ein sehr freundlicher, aber ängstlicher Hund war und er sehr gut zur Familie passte.

Rückblickend auf mein Leben möchte ich behaupten, dass es keine bessere Konstellation gibt, als Kinder zusammen mit Tieren. Es war zwar ab und zu etwas anstrengend, aber beide lernen von einander. Grundsätzlich passen Kinder und Tiere auch zusammen, es liegt nur meist an den Eltern, die alles kompliziert machen. – Ob es um die Reinlichkeit, die Angst vor den Hunden oder auch die Rücksichtnahme auf ein Tier geht: Man muss alles in Erwägung ziehen. Tiere sind – im Gegensatz zum Menschen – ehrlich. Wenn sie einen lieben, dann bis zu ihrem Lebensende.

Ich bin sehr glücklich darüber, dass meine Kinder und Enkelkinder auch sehr tierlieb sind.